Zig Ziglar

Gemeinsam
an die Spitze

Zig Ziglar

Gemeinsam an die Spitze

So führen Sie Ihr Team zum Erfolg

Die Deutsche Bibliothek – CIP-Einheitsaufnahme

Ziglar, Zig:
Gemeinsam an die Spitze : so führen Sie Ihr Team zum Erfolg /
Zig Ziglar. [Aus dem Amerikan. übertr. von Dieter Portmann]. –
München : mvg-Verl., 1991
    (Business-Training ; 1119)
    Einheitssacht.: Top performance ‹dt.›
    ISBN 3-478-81119-8
NE: GT

© 1986 by Zig Ziglar
Die amerikanische Originalausgabe erschien unter dem Titel:
»Top Performance«
bei Fleming H. Revell Company, Old Tappan, New Jersey, USA
© für die deutschsprachige Ausgabe by Oesch-Verlag AG, Zürich
Aus dem Amerikanischen übertragen von Dieter W. Portmann.

Umschlaggestaltung: Gruber & König, Augsburg
Druck- und Bindearbeiten: Presse-Druck Augsburg
Printed in Germany 081 119/791802
ISBN 3-478-81119-8

Inhalt

Dank

Dies ist in mancher Hinsicht das ungewöhnlichste und interessanteste Buch, das ich geschrieben habe. *Ungewöhnlich*, weil ich zum ersten Mal mit einem Koautor gearbeitet habe. Und wirklich, ohne die Mitarbeit und Unterstützung von Jim Savage, unserem für firmeninterne Weiterbildung zuständigen Vizepräsidenten, wäre dieses Buch nicht entstanden. *Interessant*, weil dieses Buch aus den Motivationsprinzipien, die ich seit vielen Jahren verfechte und die Jim in seiner beruflichen Laufbahn angewendet und getestet hat, praktische Werkzeuge macht. Er ist in der Tat das klassische Beispiel für das Axiom »Wenn man mehr tut als das, wofür man bezahlt wird, bekommt man am Ende mehr bezahlt für das, was man tut«. Er ist das lebendige Beispiel für die Prinzipien, die dieses Buch vermittelt.

Als Jim Savage im Januar 1981 in unsere Organisation eintrat, bedeutete dies für ihn das Ende einer dreijährigen Zeit, in der er sich bemüht hatte, für uns arbeiten zu können. Da anfänglich kein anderer Posten offen war, stellten wir ihn für eine Aufgabe ein, die weit unter seinen Erfahrungen und Fähigkeiten lag. Er hatte zuvor elf Jahre als

7

Lehrer und Coach gewirkt, war dann als Beobachter für die Washington Redskins tätig gewesen (wofür ihm zwei Gouverneure des Staates Texas und der Bürgermeister von Dallas öffentlich Abbitte geleistet haben) und hatte danach eine leitende Position in einem anderen Unternehmen zur Entwicklung menschlicher Fähigkeiten eingenommen.

Zunächst ging Jim mit mir auf Reisen und war dabei für all unsere Aktivitäten vor Ort verantwortlich, so auch für den Verkauf unserer Produkte, wo immer ich auch meine Vorträge hielt. Jim packte jede Aufgabe mit hundertprozentigem Einsatz und großer Begeisterung an. Es war für uns klar, daß wir seine Talente und Energien in anderen Bereichen einsetzen mußten. Und so stellt Jim nun seit fünf Jahren Lehrmaterial und Handbücher zur Erweiterung unseres Produkteangebotes zusammen und entwickelte in dieser Zeit auch ein ausgeklügeltes Belohnungs- und Anerkennungssystem für unsere Mitarbeiter. Zudem verhalfen ihm seine Fähigkeiten als Redner und Berater in den letzten drei Jahren zu über dreihundert Vorträgen und Kursen bei Firmen aller Größenordnungen. Danke, Jim, für Deine hervorragende Arbeit.

Wie immer leistete auch Laurie Magers, meine treue und stets zuverlässige administrative Mitarbeiterin, ausgezeichnete Arbeit. Das gleiche gilt auch für Kay Lynn Westervelt, die eng mit Laurie zusammenarbeitete, wenn Not am Mann war. Besonderen Dank schulde ich meinem hochgeachteten Freund Fred Smith für seine Bereitwilligkeit, Gedanken und Ideen zu diesem Buch beizutragen. Ein ebenso herzliches Dankeschön verdient Leo Presley, der stellvertretende Direktor der Business and Industry Services beim Oklahoma State Department of Vocational Education, der uns immer wieder ermutigte und uns eine wichtige Hilfe war, als wir uns in der amerikanischen Geschäftswelt auf einem höheren Niveau etablieren wollten. Leo ist einer der hellsten jungen Köpfe, die ich je kennengelernt habe.

Dank gebührt auch Ron Ezinga, dem Präsidenten der Zig Ziglar Corporation, dessen ruhige Hand am Steuer und sichere Führung dafür gesorgt haben, daß wir unsere Ziele nie ganz aus den Augen verloren haben. Und dann natürlich auch meiner Frau Jean, deren Bereitschaft, auf viel gemeinsame Zeit zu verzichten, und deren Hilfe dieses Buch nicht nur ermöglicht, sondern es zu einem aufregenden Erlebnis gestaltet haben. Danke auch den andern Mitarbeitern und den vielen Autoren, die mit ihren Artikeln einen Beitrag geleistet haben.

Zig Ziglar

Vorwort

Weshalb Sie eine Stelle bekommen, sie behalten und Karriere machen, ist zu 15 Prozent auf Ihre technischen Fähigkeiten und Ihr Wissen zurückzuführen, unabhängig davon, was für einen Beruf Sie haben. Diese Ansicht vertritt Human Engineer Cavett Roberts. Und die andern 85 Prozent? Laut Cavett haben das Stanford Research Institute, die Harvard University und die Carnegie Foundation (die eine halbe Million Dollar und fünf Jahre Arbeit investiert hat) *bewiesen*, daß die Tatsache, daß Sie eine Stelle bekommen, sie behalten und Karriere machen, zu 85 Prozent auf Ihre *Fähigkeiten im Umgang mit Menschen und auf Ihre Menschenkenntnis* zurückzuführen ist!

Ich bin vollständig davon überzeugt, daß er recht hat. Wenn ich durch Amerika reise und über persönliches Wachstum, Verkaufstraining und die Firmenkonzepte spreche, die wir in der Zig Ziglar Corporation lehren, werde ich mir mehr und mehr bewußt, daß wir dringend genaue Anweisungen benötigen, wie wir uns selbst und andere Leute *managen* müssen, um maximale Leistungen erbringen zu können. Wenn ich Berufsleute aller Sparten besuche, sehe ich in vielen – wenn nicht sogar allen – Situationen, in denen sich diese Männer und Frauen befinden, gemeinsame Probleme ... und all diese Probleme haben stets ein und denselben gemeinsamen Nenner: Menschen.

Wir müssen also unbedingt Menschen (uns selber inbegriffen) »managen« können, wenn wir Erfolg haben wollen. In diesem Buch haben wir drei Hauptziele im Zusammenhang mit den Fähigkeiten, andere Menschen führen zu können:

1. Wir ermitteln die für das Management von Menschen entscheidenden Faktoren und helfen Managern auch, mögliche Konfliktsituationen zu erkennen.
2. Wir bieten Lösungen an, um solche Konfliktsituationen zu meistern.
3. Wir werden Ihnen verraten, wie Sie die Prinzipien und Gedanken, mit denen andere Manager Erfolg gehabt haben, selber anwenden können, und entführen dieses Buch somit aus der Zone der grauen »Theorie« in die Praxis der »wirklichen Welt«.

Megatrends-Autor John Naisbitt sagt: »Für die wiedererfundene Firma im Jahr 1985 des Informationszeitalters und danach besteht die Herausforderung darin, die Manager, nicht die Arbeiter neu und weiter auszubilden.« Eingedenk dessen ist es das erklärte Ziel von *Gemeinsam an die Spitze*, bei Managern herausragende Fähigkeiten zu entwickeln und dem Management Lehrmethoden und Inspirationen zu vermitteln, mit denen es seine Mitarbeiter wirksam fördern und einsetzen kann.

Dafür sorgen, daß Ihr Team unter Ihrer Führung arbeiten will

Die Grundlage, auf der Sie sich selber und andere aufbauen können, läßt sich mit dem folgenden Prinzip umschreiben:

Sie können im Leben alles haben, was Sie wollen, wenn Sie nur genügend andern Leuten helfen, das zu bekommen, was sie haben wollen.

Mir dient dieser Satz nun schon seit beinahe dreißig Jahren als elementare Wahrheit, die nie mehr Gültigkeit hat, als wenn Sie sich selber und andere Leute managen. Sie müssen sich aber unbedingt der Tatsache bewußt sein, daß ich von einem *Prinzip*, nicht von einer *Taktik* spreche. Als Taktik wären diese Worte dumm und wirkungslos. Als Prinzip funktionieren sie aber, denn sie bewirken, daß andere unter Ihrer Führung arbeiten *wollen*.

Die großen Manager aller Sparten *wissen*, daß sie ihre Produktivität und Effizienz steigern können, wenn sie die Menschen an die erste Stelle setzen. Zoltan Merszel, der Dow Chemical verließ, um Präsident von Occidental Petroleum zu werden, sagte: »Meine Philosophie ist, daß *Menschen* Geschäfte machen; die Technologie folgt mit großem Abstand an zweiter Stelle.«

Setzen Sie Ihre *ganze* Kraft ein

Wahrscheinlich gehen Sie mit mir einig, daß eine der grundlegenden Definitionen lautet: »Management ist die Fähigkeit, etwas durch die Mitarbeit und Anstrengung von andern Leuten zu erreichen.« Es gibt da eine Geschichte von einem kleinen Jungen, der sich verbissen, aber leider vergeblich bemühte, einen schweren Ast wegzuräumen, der ihm den Weg zu seinem Lieblingsversteck versperrte. Sein Vater stand in der Nähe, schaute zu und fragte seinen Sprößling schließlich, warum er denn nicht all seine Kraft einsetze. Der Junge versicherte, er versuche es doch wirklich mit all seiner Kraft. Ruhig erwiderte der Vater, nein, das tue er nicht, denn er habe ihn (seinen Vater) nicht um Hilfe gebeten. Erfolgreiche Manager setzen ihre *ganze* Kraft ein, indem sie die physischen, psychischen und geistigen Fähigkeiten ihrer Mitarbeiter erkennen, entwickeln und nützen. Sie lernen, was Menschen zu Leistungen anspornt, und sie übertragen ihr eigenes Gefühl der Erregung und Begeisterung auf die, die sich ihrer Führung anvertrauen wollen.

Und dieser letzte Satz behält immer seine Gültigkeit, egal, ob Sie nun Verkaufschef, Abteilungsleiter, Lehrer, Coach oder etwas anderes sind. Wenn Sie in dem von Ihnen gewählten Beruf nicht ohnehin schon auf dem Weg nach oben sind, kann es gut sein, daß Sie kurz vor einem Durchbruch zum Erfolg stehen. Welchen Beruf Sie auch immer gewählt haben, das Buch *Gemeinsam an die Spitze* ist eigens und ganz speziell für *Sie* geschrieben worden.

Nun sollten Sie eigentlich bereit sein. Also, nehmen Sie Ihren Kugelschreiber zur Hand, denn vor Ihnen liegt das handlungs- und informationsreichste Buch, durch das Sie sich je hindurch*gearbeitet* haben.

Anmerkung des Verlages:
Der Einfachheit halber wird auf die weibliche Form von »Manager« verzichtet. Selbstverständlich spricht der Autor aber Frauen und Männer an.

Einleitung

Vor einigen Jahren gewann ein alter, einfacher Mann bei einer Tombola eine Baßgeige samt Anleitung für Anfänger, aus der aber so ziemlich alle Seiten herausgerissen worden waren. Übriggeblieben war ein einziges Bild, auf dem die linke Hand in einer bestimmten Stellung oben am Hals und die rechte mit dem Bogen quer über die Saiten etwa in der Mitte des Instruments zu sehen waren. Der alte Mann dachte, dies sei *die* Stellung, in der ein Baß nun eben gespielt werde, ahmte die Haltung so genau wie möglich nach und begann, den Bogen hin und her zu schieben. Hin und her, hin und her, und dieser einzige Ton, der erklang, faszinierte den einfachen Mann so sehr, daß er Tag für Tag eifrig übte.

Kein Wunder, daß seine Frau schon bald aus dem Häuschen geriet. Doch dann, eines schönen Tages, besuchte sie ein Konzert, und der Zufall wollte es, daß ihr Platz ganz vorn beim Orchester in unmittelbarer Nähe des Bassisten war. Völlig verblüfft sah sie, wie der Musiker seine linke Hand über die Saiten hinauf- und hinuntergleiten ließ und auch die Haltung des Bogens immer wieder änderte. Mal strich er langsam, mal schnell, und er strich auch immer wieder über eine andere Saite. Das Konzert war herrlich, und so kehrte die Frau voller Begeisterung nach Hause zurück, wo ihr Mann gerade wieder dabei war, seinen einen Ton zu üben.

Sehr sanft – denn sie kannte ihren Mann – unterbrach sie ihn: »Lieber, darf ich dich etwas fragen?« Unbeirrt weiterstreichend, erwiderte er: »Natürlich.« Sie: »Am Konzert sah ich, wie der Bassist seine linke Hand hinauf und hinunter, nach links und nach rechts bewegte, während seine rechte Hand den Bogen bald langsam, bald schnell abwechslungsweise über alle vier Saiten führte. Und nun frage ich mich einfach, wieso er Hand und Bogen so kompliziert bewegte, wo du doch Hand und Bogen immer in der gleichen Stellung hältst.« Nach wie vor unbeirrt, antwortete der alte Mann: »Ganz einfach: Dieser Musiker sucht immer noch die richtige Stellung, und ich habe sie schon gefunden.«

Nun, diese Geschichte ist natürlich erfunden; ich fürchte aber, daß sie sich dennoch sehr oft im Leben und im Geschäftsleben wirklich ereignet, wo viele Leute »ihren Platz finden« und keine Veränderungen dulden wollen. Ich weiß, daß dies nicht Ihrer Einstellung im und zum Leben entspricht, denn sonst würden Sie nicht dieses Buch lesen! Ich habe diese Geschichte erzählt, weil Sie sich mit Menschen abgeben müssen, die diese Einstellung haben. Die Vorschläge, die wir Ihnen machen, werden Ihnen hoffentlich in Ihrer eigenen Laufbahn von Nutzen sein und Ihnen auch Hinweise vermitteln, wie Sie andern helfen können, sich zu öffnen und ihre Fähigkeiten zu entwickeln und einzusetzen.

1. Teil

Die Kunst, Spitzenleistungen zu erbringen

Ziel der Kunst ist es, Gefühle in
Gedanken zu kristallisieren und dann in Form
festzuhalten.   *Delsarte*

Der Entschluß, Spitzenleistungen erbringen zu wollen

Wir sind frei bis zu dem Punkt, wo wir die Wahl haben; danach beherrscht die getroffene Wahl den, der gewählt hat.   *Mary Crowley*

Der Erfolg in unserem Leben wird durch die Wahl oder Entscheidung bestimmt, die wir treffen. Sie werden öfters Entscheidungen treffen, die Ihnen Erfolg bringen, wenn Sie lernen, sich und andere zu führen. Um mit Sicherheit die richtige Wahl zu treffen, müssen Sie unbedingt den Unterschied zwischen *reagieren* und *ansprechen* verstehen.

Am 23. Januar 1981 war ich in Kansas City, Missouri. Ich hatte wieder einmal eine von diesen Wochen hinter mir und fühlte mich – wie man so schön sagt – richtiggehend ausgelaugt. Ich war nicht müde, ich war hundemüde! Und das ist ein Unterschied. An jenem Morgen hatte ich geschlagene vier Stunden lang in einem Studio Aufnahmen gemacht. Wenn ich Aufnahmen mache, muß ich meine Lautstärke und mein Sprechtempo notgedrungen um ein paar Stufen steigern. Das einzige Kommunikationsmittel, das mir bei Tonaufnahmen zur Verfügung steht, ist meine Stimme, und die muß ich dann natürlich in vollem Umfang ausschöpfen, weil die Leute, die sich die Aufnahmen später anhören, sonst mit ihren Gedanken abschweifen und gar nicht mitbekommen, was ich ihnen eigentlich sagen möchte.

An jenem Morgen hatte ich also vier Stunden lang mit Volldampf gearbeitet. (Ich spreche ungefähr 280 – und wenn es sein muß bis zu 450 – Wörter pro Minute.) Genau um 13 Uhr war ich fertig, und da unser Flugzeug nach Dallas um 15 Uhr starten sollte, mußten wir uns ziemlich beeilen. Die Fluggesellschaft hatte uns gebeten, mindestens eine Stunde früher am Flughafen zu sein, damit unsere sehr sperrige und schwere technische Ausrüstung mit der entsprechenden Sorgfalt verladen werden konnte. Mein Schwiegersohn, Chad Witmeyer, Generaldirektor unserer Gesellschaft »At The Top«, die sich mit der Produktion von Tonkassetten befaßt, packte alles so rasch wie möglich zusammen, und dann rasten wir beide zum Flugplatz hinaus, der ungefähr eine halbe Autostunde vom Stadtzentrum entfernt liegt.

Punkt 14 Uhr stiegen wir vor dem Abfertigungsgebäude aus. Die Reisenden warteten in zwei langen Schlangen, und natürlich wählten wir in unserer Eile die kürzere der beiden. Nach kurzer Zeit bemerkte ich, daß sich hinter den Schaltern noch eine dritte Angestellte eingefunden hatte, und sofort bemerkte ich etwas weiter drüben auch noch einen dritten Schalter mit einem Schild, auf dem GE-SCHLOSSEN stand.

Aus Erfahrung wußte ich, daß diese dritte Dame diesen dritten Schalter bedienen würde, und so bereitete ich mich geistig und körperlich auf einen blitzschnellen Schalter-wechsel vor. Und wirklich, schon drehte sie das Schild um, auf dem nun die Aufschrift GEÖFFNET zu lesen war, und rief lächelnd aus: »Passagiere für den Flug 15 Uhr nach Dallas wollen sich bitte hier melden.«

Überraschung

Wie ein geölter Blitz raste ich hinüber und war in der Tat der erste am Schalter. Sie schaute mich an, lächelte und sagte: »Der Flug nach Dallas um 15.00 Uhr ist annulliert.« Worauf ich begeistert entgegnete: »Phantastisch!« Das Mädchen hinter dem Schalter schaute mich verwirrt an und fragte: »Ach, warum in aller Welt sagen Sie ›Phantastisch!‹, wo ich Ihnen doch gerade gesagt habe, daß Ihr Flug annulliert worden ist?« Nun lächelte ich zurück und sagte: »Sehen Sie, es gibt nur drei Gründe, weshalb ein Flug nach Dallas, Texas, annulliert wird. Erstens: Irgend etwas mit dem Flugzeug ist nicht in Ordnung. Zweitens: Irgend etwas mit dem Mann, der dieses Flugzeug fliegen sollte, ist nicht in Ordnung. Und drittens: Irgend etwas mit dem Wetter, durch das dieses Flugzeug fliegen müßte, ist nicht in Ordnung. Was immer auch nun der Grund sein mag, ich will auf keinen Fall dort oben sein. Ich will hier unten sein und festen Boden unter meinen Füßen haben. Also: phantastisch.«

Hurra! Ich habe schlechte Nachrichten für Sie!

Ist Ihnen schon einmal aufgefallen, wie königlich sich gewisse Leute freuen, wenn sie schlechte Nachrichten zu überbringen haben? Es ist, als ob sie es kaum erwarten könnten, Ihnen mitzuteilen, daß das Leben eben hart ist und daß Ihnen nun halt harte Zeiten bevorstehen. Auf meine Rede hin stemmte die Angestellte ihre Hände in die Seiten, als wollte sie sagen: »Mit Ihnen bin ich noch lange nicht fertig!« Und dann sagte sie: »Schön, aber der nächste

Flug geht erst um 18.05 Uhr.« Worauf ich wiederum erwiderte: »Phantastisch!«

Unterdessen waren die Leute in den andern zwei Schlangen auf mich aufmerksam geworden, blickten zu mir herüber und fragten sich offensichtlich, was das wohl für ein Spinner sei, der das alles so phantastisch finde. Die junge Dame am Schalter schaute mich absolut konsterniert an und meinte dann: »Jetzt verstehe ich gar nichts mehr. Warum sagen Sie jetzt auch wieder ›Phantastisch!‹, wo ich Ihnen eben gesagt habe, Sie müßten vier Stunden im Flughafen von Kansas City auf den nächsten Flug warten?« Lächelnd erwiderte ich: »Nun, das ist sehr einfach. Ich bin fünfundfünfzig Jahre alt und hatte in meinem ganzen Leben noch nie die Chance, vier Stunden im Flughafengebäude von Kansas City zu verbringen. Ist Ihnen denn nicht klar, daß es in diesem Augenblick auf dieser Erde buchstäblich Millionen von Menschen gibt, die nicht nur frieren, sondern auch Hunger haben? Und ich bin hier in einem wunderschönen Abfertigungsgebäude. Draußen ist es kalt, hier drinnen angenehm warm. Dort drüben gibt es ein hübsches Café. Da gehe ich jetzt hin, ruhe mich etwas aus und genieße eine Tasse Kaffee. Dann habe ich ein paar sehr wichtige geschäftliche Dinge zu erledigen, und hier befinde ich mich in einem der schönsten Gebäude weit und breit. Das ist bestimmt das größte und komfortabelste Büro, das ich jemals kostenlos zur Verfügung gehabt habe. Phantastisch!«

Das ist ziemlich starker Tobak – sogar für Leute, die positiv denken

Nun, ich gehe wohl nicht fehl in der Annahme, daß Sie bei sich denken: »Ziglar, dieses ganze Drum und Dran mit ›positiv denken‹ ist ja gut und recht, aber das da geht zu weit!« Vielleicht fragen Sie sich sogar: »Hat er das wohl *wirklich* gesagt?« Bei uns zu Haus würde man sagen: »Großes Ehrenwort, genau das habe ich gesagt, Wort für Wort.«

Nun wenden Sie wohl ein: »Na gut, Ziglar, dann haben Sie es eben gesagt. Aber, Hand aufs Herz, war Ihnen auch so *zumute*?« Und ich muß zugeben: »Nein, natürlich nicht!« Zumindest am Anfang war mir gar nicht so zumute. Wie die meisten Passagiere, die eine anstrengende Woche hinter sich haben, hätte ich mich lieber auf den Weg nach Hause gemacht, aber das war nun für die nächsten vier Stunden einfach nicht drin. Aber ich hatte immerhin zwei Möglichkeiten, zwischen denen ich wählen konnte. Ich konnte auf die Situation *ansprechen* – das wäre positiv – oder darauf *reagieren* – das wäre negativ. Und ich entschloß mich, auf die Situation anzusprechen.

Wenn *reagieren* und *ansprechen* für Sie genau gleich klingen, will ich Ihnen den Unterschied erklären. Angenommen, Sie gehen zum Arzt, der Ihnen ein Rezept in die Hand drückt und Sie für den folgenden Tag wieder in seine Praxis bestellt. An diesem folgenden Tag nun runzelt er nachdenklich seine Stirn und murmelt, er müsse ein anderes Rezept ausstellen, denn Ihr Körper »reagiere« offensichtlich auf das vorherige. Dies dürfte Sie wahrscheinlich beunruhigen. Wenn er aber feststellt, daß Ihr Körper auf die Medizin »anspricht«, werden Sie sich freuen, weil Sie wissen, daß Sie auf dem Weg der Besserung sind. Reagieren ist also negativ, ansprechen ist positiv! Die Wahl liegt bei Ihnen. Es ist eine Tatsache, daß *Sie die Situationen im Leben nicht nach Ihrer Elle schneidern können; was Sie aber maßgerecht – und im voraus – zuschneiden können, sind die Verhaltensweisen, die zu diesen Situationen passen.*

Als mir die Dame am Schalter sagte, mein Flug sei annulliert worden, hätte ich reagieren und sarkastisch erwidern können: »Großartig! Einfach großartig! Nun habe ich vor über einem Monat Plätze auf diesem Flug gebucht und trage die Tickets seit zwei Wochen mit mir herum. Ich habe alles getan, worum Sie mich gebeten haben, ja ich habe mir sogar beinahe das Genick gebrochen, damit ich eine Stunde vor Abflug hier sein konnte. Nun brauche ich eigentlich nur noch meine Bordkarte. Und da kommen nun Sie und sagen mir ohne jede Erklärung oder Entschuldigung, irgend so ein Kerl habe meinen Flug annulliert. Nun, ich will jetzt wissen, warum dieser Flug ausfällt! Auf der Zufahrt zum Flugplatz sah ich mehrere Flugzeuge Ihrer Gesellschaft da draußen herumstehen. Warum nehmen Sie nicht eins von denen und fliegen uns nach Dallas, wie Sie das eigentlich tun sollten? Was sollen diese Flugzeuge überhaupt da draußen? Wer traf diese blödsinnige Entscheidung, meinen Flug nach Dallas zu annullieren?« So sarkastisch hätte ich reagieren können. Und das nächste Flugzeug nach Dallas wäre trotzdem erst um 18.05 Uhr gestartet!

Ansprechen – um einer besseren Zukunft willen

Nun, es gibt gewisse Dinge, die man einfach nicht ändern kann. Wenn Sie als Weißer geboren sind, bleiben Sie weiß. Wenn Sie als Schwarzer geboren sind, bleiben Sie schwarz. Wie immer Sie sich auch darum bemühen, Sie werden keinen einzigen Zentimeter größer. Sie können nicht ändern, wann, wo, wie oder als wessen Kind Sie geboren sind. Ja, Sie können nicht das geringste an irgend etwas ändern, was sich in der *Vergangenheit* Ihres Lebens abgespielt hat.

Morgen ist eine andere Sache. Unabhängig von Ihrer Vergangenheit, ist Ihre Zukunft ein unbeschriebenes Blatt. Sie können wählen, was Sie draufschreiben wollen. Diese Wahl treffen Sie jedesmal, wenn Sie überlegen, ob Sie auf negative Ereignisse *ansprechen* oder *reagieren* wollen. Wenn Ihre Angestellten unfreundlich, unbesonnen oder gedankenlos handeln, sollten Sie als Manager verstehen, daß Sie immer noch wählen können, ob Sie darauf reagieren oder ansprechen wollen. Und Ihre Wahl wird für Ihre Beziehung zu Ihren Angestellten eine entscheidende Rolle spielen. Dies will nun natürlich nicht heißen, daß Sie, der Manager, Ihre Leute »perfekt« führen müssen und Ihre Ruhe nie verlieren dürfen. Dies wäre nicht nur unrealistisch, es ist sogar geradezu unmöglich – ja vielleicht unerwünscht. Denn schließlich sind auch Manager Menschen, und unsere Angestellten müssen wissen, daß auch wir Menschen sind und Gefühle haben. Dennoch müssen wir darauf bedacht sein, daß wir öfter ansprechen als reagieren, daß wir im Falle einer Reaktion die Kontrolle über uns nicht verlieren und daß sich unsere Reaktion nicht gegen unsere Angestellten persönlich, sondern gegen deren *Aktionen* richten.

Mein Freund Fred Smith, einer der wirklich großartigen Management-Berater und Experten Amerikas, gibt uns in seinem empfehlenswerten Buch *You and Your Network* (Du und dein Beziehungsnetz) dazu ein paar nützliche Ratschläge. Fred meint, wenn andere uns sehr gebieterisch oder gar bösartig und häßlich behandeln, bedeute das nicht unbedingt, daß sie uns verletzen wollen. Es könnte bedeuten – und tut dies auch meistens –, daß sie so handeln, weil *sie* verletzt sind.

Wenn Sie daran denken, daß

jede tadelnswerte Handlung eigentlich ein Hilfeschrei ist,

stehen Sie haushoch über der Sache. Wenn wir dies wissen und akzeptieren, wird es uns nicht mehr so schwerfallen, ruhiger und ausgeglichener an unsere Aufgaben als Manager und als Menschen heranzugehen.

Es liegt an Ihnen

Alles im Leben dreht sich um eine Reihe von Entscheidungen, und was Sie heute dem Leben zu geben beschließen, wird darüber entscheiden, was das Leben morgen Ihnen geben wird. Es steht Ihnen frei, sich heute abend sinnlos zu betrinken, aber wenn Sie das tun, haben Sie entschieden, daß Sie sich morgen miserabel fühlen werden. Es steht Ihnen frei, sich heute eine Zigarette anzuzünden, aber wenn Sie es tun, haben Sie entschieden, daß Sie vierzehn Minuten früher sterben werden. Es steht Ihnen frei, sich heute richtig zu ernähren, und wenn Sie es tun, haben Sie entschieden, daß Sie morgen gesünder sind. Sie stehen vor der Wahl, ob Sie Übergewicht oder Normalgewicht haben wollen. Sie stehen vor der Wahl, glücklich oder traurig zu sein. Sie können sich – so behaupten wenigstens gewisse Fachleute – sogar dazu entschließen, verrückt zu sein – und es gibt Leute, die sich dazu entschließen, um der Verantwortung zu entgehen, sich tagtäglich mit dem Leben auseinandersetzen zu müssen.

Vierundzwanzig Jahre lang hatte ich aufgrund meiner Entscheidung über zweihundert Pfund gewogen. Ich sage dies, weil ich in meinem ganzen Leben (oder wenigstens seit ich den Kinderschuhen entwachsen bin) nie zufällig etwas gegessen habe! Jeder Bissen ist sorgfältig geplant und wird vollkommen bewußt eingenommen. Schließlich setze ich mich ja auch jeden Tag mindestens dreimal hin und konzentriere mich beinahe ausschließlich darauf, mir diese Bissen einzuverleiben. Wenn ich mich also heute entschließe, zuviel zu essen, habe ich mich auch bereits entschlossen, morgen zuviel auf die Waage zu bringen. Und so traf ich 1972 die *Entscheidung*, kein Übergewicht mehr zu haben; ich leitete die geeigneten Maßnahmen ein, das richtige Gewicht zu erreichen und auch zu halten. Dies war zweifellos eine meiner besseren Entscheidungen gewesen.

Nie werde ich den Abend vergessen, an dem meine Frau Jean und ich in unserer liebsten Eisdiele saßen und ein junger Mann mit seiner Freundin hereinkam. Er dürfte so drei- oder vierundzwanzig gewesen sein. Sanft stieß ich meine Frau an und machte sie auf das Pärchen aufmerksam, worauf es folgenden Dialog absetzte:

Zig: »Siehst du das Pärchen dort?« Jean: »Ja doch.« Zig: »Ich frage mich, was dem wohl zugestoßen ist.« Jean: »Was meinst du?« Zig: »Ach, schau ihn dir doch einmal an! Der muß einen Unfall gehabt haben. Er ist ja verletzt.« Jean: »Unsinn, Liebling, er ist nicht verletzt! Er war nur beim

Friseur.« Zig: »Willst du damit sagen, daß er Geld ausgegeben hat, um *so* auszusehen?« (Ich hatte zuvor in meinem ganzen Leben noch nie einen Mann gesehen, der von den Ohren an aufwärts derart verstümmelt gewesen wäre. Es war schlechthin fürchterlich!) Jean: »Sicher! Er versucht eben, anders, originell auszusehen, und so hat er sich halt entschlossen, irgendeinen Popstar nachzuahmen.«

Keine Mißverständnisse bitte! Etwas, was mir in meinem Land am besten gefällt, ist die Tatsache, daß wir frei sind und die Wahl haben, so auszusehen, wie wir wollen. Ich will mit diesem Beispiel nur folgendes sagen: Als dieser junge Mann beschloß, so auszusehen, beschloß er auch, 98 Prozent aller Chancen auf eine Stelle von vornherein auszuschließen. In unserer Firma hätten wir ihn auf keinen Fall einstellen können. Er hätte die Aufmerksamkeit aller auf sich gelenkt, und wir hätten die Hälfte unserer Zeit nur aufwenden müssen, um seine Anwesenheit zu erklären!

Wenn ein Teenager sich dazu entschließt, abends lange aufzubleiben und fernzusehen oder sich zu amüsieren, hat er sich auch dazu entschlossen, am folgenden Morgen in der Schule fast einzuschlafen und weniger von dem aufzunehmen, was er eigentlich wissen müßte, um in unserer vom Konkurrenzkampf beherrschten Welt Erfolg zu haben. Wenn wir uns entschließen, böse und widerwärtig zu sein und anderen Leuten auf die Nerven zu gehen, haben wir auch schon beschlossen, daß andere Leute *uns* böse und widerwärtig behandeln und uns auf die Nerven gehen. Entschließen wir uns aber dazu, andere mit Umsicht und Überlegung zu behandeln, haben wir beschlossen, selbst mit Umsicht und Überlegung behandelt zu werden. Die Liste mit solchen Beispielen ist endlos, die Aussage aber bleibt immer gleich: *Sie haben die Wahl; aber die*

Wahl, die Sie heute treffen, bestimmt darüber, was Sie in Zukunft in Ihrem Leben haben, sein und tun werden.

Sie können sich dazu entschließen, alles zu tun, damit Sie als Manager erfolgreich sind, oder Sie können beschließen, die Erfahrungen erfolgreicher Manager zu ignorieren und die Konsequenzen für sich und Ihre Angestellten zu tragen. Wir müssen unsern Angestellten beibringen, daß sie selbst für ihre Haltungen und Einstellungen verant-wortlich sind und daß im Leben *jede Wahl, die wir treffen – ob sie nun gut oder schlecht sei –, Folgen hat!*

Wenn man diese Konsequenzen einmal wirklich versteht, fällt es leichter, die richtige Wahl zu treffen. So sagt Mary Crowley, eine ganz außergewöhnliche, christlich gesinnte Geschäftsfrau und Schriftstellerin: »Wir sind frei bis zu dem Punkt, wo wir die Wahl haben; danach beherrscht die getroffene Wahl den, der gewählt hat.«

Zurück zum Flugplatz

Ich hatte an jenem Schalter noch eine andere Wahl. Ich hätte toben und wüten und schreien und lärmen können. Ich hätte mich absolut idiotisch aufführen und alle Leute rund um mich herum und mich selbst in Verlegenheit bringen können, indem ich laut geschrien hätte: »Das ist ja Wahnsinn! Das ist doch idiotisch! Ich bin müde! Ich war die ganze Woche unterwegs! Meine Familie wartet auf mich, und ich will nach Hause! Wer hat das überhaupt entschieden? Wer ist der Chef in diesem Laden?« Ja, auch so hätte ich reagieren können. Und das nächste Flugzeug nach Dallas wäre trotzdem erst um 18.05 Uhr gestartet.

Sie haben die Wahl

Ich beschloß aus einem einfachen Grund, mich so zu verhalten, wie ich dies tat: ich habe, brauche oder will keine
Magengeschwüre, keinen zu hohen Blutdruck, keine
Herzprobleme und auch keine anderen Folgen von Reaktionen. Ich habe beschlossen, auf negative Situationen im
Leben *anzusprechen*, nicht auf sie zu reagieren. Und selbst
wenn das keinem andern einen Vorteil bringt, bin ich doch
überzeugt, daß es das beste für mich ist. Und wenn es das
beste für mich ist, bin ich doch um so besser in der Lage,
meine Arbeit zu tun, die in erster Linie ja darin besteht,

andern Leuten zu helfen. Und das ist doch genau die gleiche Situation, in der auch Sie sich befinden. Wenn Sie ansprechen, tun Sie einen gewaltigen Schritt zu einem gesünderen, glücklicheren Leben und zur Entwicklung von tatkräftigen, leistungsfähigen und zufriedenen Angestellten.

Ehrlich gesagt, ich kenne niemanden, der für diese schreckliche Fluggesellschaft arbeitet. Alle Angestellten vom Verwaltungsratspräsidenten bis zum einfachsten Gepäckträger sind mir unbekannt. Und dennoch ist es ihre Fluggesellschaft, und wenn sie sich entschließen, meinen Flug zu annullieren, dann tun sie es. Aber sie können meinen Tag nicht annullieren! Er gehört mir.

Wenn Sie zulassen, daß andere »Ihren Tag annullieren«, ist die Gefahr groß, daß diese vielleicht gerade noch einen zweiten oder dritten Tag annullieren wollen (Sie wissen ja, wie die Leute sind!). Und dann wollen sie vielleicht die ganze Woche oder sogar einen ganzen Monat annullieren. Ja, es gibt Leute, die es sogar zugelassen haben, daß andere Leute ihr ganzes Leben annullierten. Wenn wir uns gemeinsam durch dieses Buch arbeiten, lernen wir spezielle Schritte und Formeln kennen, die Ihnen helfen werden, die richtigen Entscheidungen zu treffen, während Sie denen, für die Sie verantwortlich sind, helfen, ebenfalls die richtige Wahl zu treffen!

Unschuldig – oder schuldig?

Frage: Sind Sie schon einmal mit dem Auto zur Arbeit gefahren, Ihre Gedanken völlig »im Leerlauf«, und haben erlebt, daß ein anderes Auto unvermittelt vor Ihnen in die

Straße einbog? Sie schaffen es eben noch, eine Kollision zu vermeiden, indem Sie mit aller Kraft bremsen. Gleichzeitig hupen Sie, schütteln die Faust und schreien sogar: »Idiot! Kannst du nicht aufpassen? Du hättest mich glatt umbringen können, und dich selbst dazu!« Haben Sie sich je über einen solchen Vorfall geärgert und Ihren Ärger dann mit zur Arbeit genommen, wo Sie jedem, der nur zuhören wollte, von diesem Wahnsinnigen erzählten, der vor Ihnen in die Straße einbog und Sie fast umgebracht hätte? Haben Sie sich laut gefragt, wie solche Leute überhaupt einen Führerschein machen können? Und Sie erklären mit berechtigter Entrüstung: »Solche Leute dürfte man überhaupt nicht auf die Straße lassen!«

Inzwischen fährt der Mann, der diese verabscheuungswürdige Tat begangen hat, fröhlich mit seinem Auto durch die Gegend und hat keine Ahnung davon, daß Sie überhaupt existieren oder daß sich irgend etwas Ungewöhnliches ereignet hat. Und dennoch hat er Ihr Leben vollkommen in der Hand. Er beherrscht Ihre Gedanken und Gefühle. Er beeinflußt Ihre Produktivität, Ihre Beziehungen zu den andern und sogar Ihre Zukunft. Und ich wiederhole: Er weiß nicht einmal, daß Sie überhaupt existieren! Eine unserer großen Gaben ist die Fähigkeit, selber zu entscheiden, wie wir denken, handeln oder fühlen, und es ist wohl die schlimmste persönliche Niederlage, wenn wir zulassen, daß jemand wie der erwähnte Autofahrer unser Leben und unsere Gedanken beherrscht.

Überlegen Sie einen Augenblick mit mir. Wenn Sie so sind, wie Sie sind, weil »Ihre Mutter, als Sie mit Ihnen in Erwartung war, einmal vor einem scheuenden Pferd in Angst und Panik geriet und Sie sich nun seither vor großen, braunen Tieren fürchten ...«; wenn Sie so sind, wie Sie sind, weil »man Sie zu früh vom Töpfchen genommen hat ...«; wenn Sie wegen einer anderen Person so sind, wie Sie sind, dann sollten Sie folgendes tun: Bringen Sie die Person, die daran schuld ist, daß Sie so sind, wie Sie sind, zum Psychiater; er wird diese Person behandeln, und es wird *Ihnen* besser gehen! Sehen Sie, wie verrückt das ist? Wenn Sie stürzen und sich einen Arm brechen, schicken Sie nicht einen Freund zum Arzt, damit er sich den Arm schienen lasse. Sie schicken nicht einmal die Person, die Sie gestoßen hat! Sie gehen selber – Sie übernehmen persönliche Verantwortung! Und das gleiche gilt für Ihr geistiges und seelisches Wohlergehen. Sie müssen persönliche Verantwortung übernehmen.

Ich weiß ja, daß Ihre Vergangenheit wichtig ist. Wie wichtig sie aber auch sein mag, sie ist – wie Dr. Tony Campolo sagt – für Ihre Gegenwart nicht annähernd so wichtig wie die Art, wie Sie Ihre Zukunft sehen. Ralph Waldo Emerson hatte recht, wenn er sagte: »Was hinter Ihnen liegt und was vor Ihnen liegt, verliert alle Bedeutung im Vergleich zu dem, was in Ihnen liegt.« Dies gilt besonders dann, wenn Sie lernen, auf die täglichen Herausforderungen des Lebens nicht zu reagieren, sondern anzusprechen.

Es ist schon gesagt worden und wird noch mehrmals gesagt werden: Sie können die Vergangenheit nicht ändern, aber Ihre Zukunft ist ein unbeschriebenes Blatt, auf das Sie schreiben können, was Sie wollen. Dazu müssen Sie aber lernen, auf Positives *und* Negatives anzusprechen. Glücklicherweise haben Sie weit mehr Kontrolle, als Sie glauben. So haben wir beispielsweise bestimmt alle schon einmal gesagt: »Er/sie macht mich wahnsinnig!« Das stimmt einfach nicht. Ein weiser Mann sagte einmal: »Man kann nicht in der Suppe rühren, wenn keine Suppe da ist, in der man rühren könnte.« Niemand kann Sie dazu bringen, verrückt zu handeln, wenn nicht irgend etwas in Ihnen schon verrückt ist. Verrückte Reaktionen sind *angelernte* Verhaltensweisen, die man folglich auch wieder *verlernen* kann.

Sie können einen Menschen tage- oder wochenlang bei seinen täglichen Verrichtungen beobachten und viel über ihn lernen. Beobachten Sie aber einen Menschen unter negativen Bedingungen nur gerade fünf Minuten lang, und Sie wissen, ob er ansprechen oder reagieren gelernt hat. Man kann sogar im Grunde genommen in einigen Minuten unter schwierigen Bedingungen wesentlich mehr über ihn lernen als in Tagen, in denen er seiner gewohnten Tätigkeit nachgeht.

Die Art, in der Sie auf Negatives ansprechen – oder reagieren –, verrät viel über Ihr Inneres. Es zeigt, was für ein Mensch Sie wirklich sind. Das Problem ist nur, daß die meisten Menschen eher reagieren statt anzusprechen. Sie neigen dazu, allem und jedem die Schuld für alle Schwierigkeiten und Probleme im Leben zuzuschieben.

Es begann ganz am Anfang

Diese Reaktion – die Tendenz, andern die Schuld für seine Probleme zuzuschieben – ist nicht neu. Es gab sie schon im Garten Eden. Sie erinnern sich bestimmt an diese Geschichte. Gott führte Adam und Eva in den Garten Eden; er gab ihnen alles, was ein Mensch sich wohl nur wünschen oder vorstellen konnte, nämlich die ganze Welt mit allen Schürfrechten (das wäre ein wahres Schlaraffenland für Grundstücksmakler gewesen!). Er warnte sie aber eindringlich davor, Früchte von jenem bestimmten Baum zu essen. Sie wissen, was geschah: Sie aßen von den besagten Früchten.

Als Gott an jenem Abend in den Garten Eden kam, rief er: »Adam, wo bist du?« (Ich will nicht behaupten, daß ich im folgenden wörtlich zitiere.) Adam erwiderte: »Hier drüben!« Und der Herr fragte Adam: »Hast du von den verbotenen Früchten gegessen?« Eine einfache Frage. Gott wollte nur ein Ja oder ein Nein als Antwort. Aber Adam schuf den Präzedenzfall dafür, daß man die Schuld jemand anderem zuschiebt, einen Präzedenzfall, dem die Menschheit seither gefolgt ist. Er sagte: »Herr, ich muß Dir da von dieser Frau erzählen, die Du mir gegeben hast.« Dann fragte der Herr Eva, ob sie von den verbotenen Früchten gegessen habe, und Eva antwortete: »Herr, ich muß Dir da von dieser Schlange erzählen!« (Und natürlich entbehrte die Schlange jeglicher Grundlage!) Theologisch mag ich mit dieser letzten Bemerkung vielleicht unrecht haben, ich habe aber bestimmt recht, wenn ich sage, daß *Sie* jeder Grundlage entbehren, wenn Sie die Schuld für Ihre eigenen Schwierigkeiten auf andere Leute und Gründe abschieben. Also: Verschwenden Sie keine Zeit damit, die Schuld zu verteilen. *Bringen Sie die Angelegenheit in Ordnung!*

Frage: Sprechen Sie an oder reagieren Sie?

Ich rede schon lange um diese Sache herum, aber ich habe nur sehr selten gehört, daß jemand gewohnheitsmäßig einem andern Menschen die Schuld an seinem Erfolg zuschiebt. Es sagt kaum jemand: »Daran ist mein Manager schuld. Er hat viel Zeit für mich geopfert, mir alles gezeigt und mit mir geübt.« Meistens sagen wir nicht einmal: »Das ist die Schuld meiner Frau oder meiner Eltern. Sie haben Tag und Nacht nicht locker gelassen, bis ich tat, was ich tun mußte, und deshalb habe ich so viel Erfolg.« Nein, die meisten von uns neigen dazu, andern die Schuld für ihre Schwierigkeiten zuzuschieben, behalten den Kredit für ihren Erfolg aber selbst. Und wie halten Sie es? Sprechen Sie auf Negatives an und machen es besser, oder reagieren Sie auf Negatives und machen es dadurch noch schlimmer?

Um Spitzenleistungen erbringen zu können, müssen Sie die richtige Wahl treffen. Gut, wenn Sie nie gelernt haben, *wie* man positiv anspricht oder *was* Spitzenkönner tun, um Spitzenleistungen zu erbringen, dann haben Sie eine Art Entschuldigung. Aber nun warten Sie einen Augenblick! Ich lasse nicht zu, daß Sie sich mit dieser Ausrede zufriedengeben. Wir wollen nun miteinander sehen, *wie, wobei, warum, wann* und *wo* Sie die richtige Wahl treffen müssen, damit Sie das Optimum aus sich selbst und aus anderen herausholen können!

Leistungsprinzipien

1. Unabhängig von Ihrer Vergangenheit: Ihre Zukunft ist ein unbeschriebenes Blatt.

2. Jede tadelnswerte Handlung ist eigentlich ein Hilfeschrei.

3. Verschwenden Sie keine Zeit damit, die Schuld zu verteilen. Bringen Sie die Angelegenheit in Ordnung!

4. Die Wahl, die Sie heute treffen, bestimmt darüber, was Sie in Zukunft in Ihrem Leben haben, sein und tun werden.

5. Könner lernen, die richtige Wahl zu treffen.

2

Dafür sorgen, daß andere sich Ihrer Führung anvertrauen *wollen*

Führen: die Kunst, einen andern Menschen dazu zu bringen, etwas zu tun, was Sie getan haben wollen, weil er es tun will.
Dwight D. Eisenhower

Im Juli 1984 reiste ich durch das ganze Land, um mein Buch *Der totale Verkaufserfolg* überall den Medien vorzustellen. Nun macht mir dieser Teil meiner Arbeit zufällig besonders viel Spaß. Normalerweise jagt zwar ein Termin den andern, aber über die Jahre hinweg waren die Medien mit mir doch sehr nett – von einigen Ausnahmen einmal abgesehen. Buchhandlungen organisieren liebend gern Autogrammstunden, weil sie in der Regel Bücher in rauhen Mengen verkaufen, und das ist ja auch ihr Geschäft. Damals kam ich um halb drei Uhr früh endlich in einem wunderschönen Hotel in Houston, Texas, an. Ich war wirklich bei bester Laune, denn ich hatte einen unglaublich guten Tag ohne den leisesten Mißton hinter mir. Es waren gute Interviews, freundliche Menschen und hervorragende Geschäfte gewesen, und mein nächster Termin war erst um elf Uhr vormittags.

Ein bißchen Humor hilft immer

Ich trat an die Rezeption, um mich anzumelden. Ein einziger Blick auf die junge Dame am Empfang verriet mir, daß bei ihr nicht alles zum besten stand. Ihre Miene ließ darauf schließen, daß ihr Freund ihr den Laufpaß gegeben hatte und daß noch verschiedene andere Dinge schiefgelaufen waren. Doch dieser melancholische Anblick tat meiner aufgeräumten Stimmung keinen Abbruch, und so entspann sich das folgende Gespräch.

Zig: »Guten Morgen, na, wie geht's?« Empfangsdame: »Ach, ich werde es überstehen.« Zig: »Ich wette, Sie werden es nicht nur überstehen, sondern sogar gewinnen.« Empfangsdame: »Nun, Sie sind offensichtlich bei bester Laune, obwohl es schon so spät ist!« Zig: »Das stimmt. Als ich heute morgen aufwachte, wußte ich, daß ich die Nase vorn hatte, weil einige andere Leute heute morgen nicht aufwachen würden.« (Beinahe hätte ich ihr ein Lächeln entlockt.) Empfangsdame: »Nun, es ist wohl das Beste, wenn man die Dinge so sieht.« Zig: »Ganz bestimmt.« Empfangsdame: »Wahrscheinlich. Sie sollten jetzt aber Ihre Anmeldung ausfüllen.« Ich tat, wie geheißen, und als ich ihr das Formular überreichte, sagte sie: »Nun brauche ich noch eine Kreditkarte von Ihnen.« Auch diesem Wunsch konnte ich entsprechen, und ich legte ihr die folgende Version einer wirklich akzeptablen Kreditkarte vor.

Als sie die Karte sah, lachte sie laut auf und legte sogar etwas Begeisterung an den Tag. Dann sagte sie: »Wissen Sie, ich freue mich, daß Sie gekommen sind. Nun fühle ich mich schon viel besser. Aber ich brauche trotzdem noch irgendeinen anderen Ausweis von Ihnen.« Wortlos drehte

KREDITKARTE

gibt Anspruch auf ein ansteckendes Lachen von hochintelligenten Menschen mit sehr viel Humor und unbändiger Lebensfreude (oder auf ein flüchtiges Lächeln von den richtigen Miesepetern dieser Welt).

Unterschrift

The Zig Ziglar ⧫ Corporation

3330 Earhart, Suite 204, Carrollton, Texas 75006, Tel. (214) 233-9191

EINE ANDERE FORM VON IDENTITÄTSKARTE

Hiermit wird versichert und bestätigt, daß der Inhaber dieser Karte ein ehrliches, aufrechtes, hingebungsvolles, fleißiges, seine Rechnungen bezahlendes, fähnchenschwenkendes, gottesfürchtiges und familienliebendes Individuum ist, dem ich ohne Zögern unbeschränkte Kredite einräumen würde!

Zig Ziglar

ich die Karte um, und als sie sah, was Sie jetzt auch sehen, konnte sie sich wirklich kaum mehr von ihrem Lachanfall erholen.

Frage: Glauben Sie, daß die Empfangsdame nun für den Rest ihres Nachtdienstes eine bessere Angestellte war? Ich liefere Ihnen die Antwort gleich selbst: Bombensicher!

Frage: Warum? Antwort: Eine völlig veränderte Einstellung.

Ich habe diese kleine Episode erzählt, weil ich davon überzeugt bin, daß ein bißchen Humor in unserer gestreßten Welt eine wichtige Rolle für unser körperliches und seelisches Wohlergehen spielt. Humor hilft uns, mit anderen Menschen in Beziehung zu treten, und trägt dazu bei, daß andere uns kennenlernen, gefallen und sich unserer Führung und Leitung anvertrauen wollen.

Robert DeBruyn verfaßte ein ausgezeichnetes Buch mit dem Titel *Causing Others to Want Your Leadership* (Wie du andere dazu bringst, daß sie dich als Führungskraft wollen), das ich wärmstens empfehlen kann, obwohl es eigentlich für Pädagogen bestimmt ist. Es enthält aber so viele praktische und brauchbare Gedanken, daß seine Lektüre sich auch für Menschen lohnt, die Spitzenleistungen erbringen wollen. Schließlich zählt ja auch Lehren zu den wichtigsten Aufgaben eines Managers.

Meiner Meinung nach ist Management mehr als nur Führung; Management ist jene ganz besondere Art von Führung, bei der die Ziele der Organisation mit den Zielen des Individuums zum Vorteil beider miteinander kombiniert werden müssen. Wenn die Ziele des Individuums wichtiger sind als die Ziele der Organisation oder sogar mit diesen in Konflikt stehen, wird die Organisation darunter zu leiden haben. Wenn umgekehrt die Ziele der Organisation die Ziele des Individuums überschatten oder mit diesen in Konflikt stehen, wird das Individuum darunter zu leiden haben. Spitzenmanager, die mit Menschen umgehen können, bewirken, daß andere *wollen*, daß sie ihre Energie zum maximalen Vorteil beider einsetzen.

Und dies gilt offensichtlich für ein Büro, eine Sportmannschaft, eine Kirche oder ein Zuhause genauso wie für jede andere Situation, in der sich zwei oder mehr Menschen mit potentiell gemeinsamen Interessen zusammenfinden. Es muß unser Ziel sein, diese gemeinsamen Interessen zu fördern und sicherzustellen, daß sich die Ziele von Individuum und Organisation so weit wie möglich ergänzen.

Führernaturen verdienen – und erreichen – es, daß andere mit ihnen zusammenarbeiten

Gleichgültig, wie brillant oder technisch kompetent Sie sind, Ihre Führung ist nicht effizient, wenn Sie nicht *die freiwillige Mitarbeit anderer* gewinnen. Überlegen wir uns einmal, wie viele Leute Sie zur Mitarbeit »zwingen« können. Vergessen wir einmal den Chef, denn er steht über Ihnen. Alle die, die auf gleicher Stufe mit Ihnen stehen, können Sie nicht zwingen, weil sie gleich viel Autorität haben. Sie können nicht einmal einen Untergebenen zu etwas zwingen, ohne daß er sich beschwert, die Firma verläßt oder zumindest soviel Antipathie entwickelt, daß seine Leistung direkt oder indirekt darunter leidet. Ich möchte Sie sogar warnen: Wenn Sie einen Untergebenen haben, der immer zu allem ja sagt, passen Sie auf! Vermutlich fehlt es ihm an Selbständigkeit, an der Fähigkeit, selbst zu denken, oder an beidem. *Mitarbeit heißt nicht, den andern dazu zu bringen, daß er tut, was Sie wollen. Es heißt vielmehr, ihn dazu zu bringen, daß er will, was Sie wollen.* Und dieses kleine Wörtchen *wollen* macht einen riesengroßen Unterschied aus.

Echte Mitarbeit beruht in der Regel auf bestimmten Gefühlen, die über eine gewisse Zeit hinweg aufgebaut worden sind. Die Führungskraft hat die Verantwortung – und die Gelegenheit –, diese unterschwelligen Gefühle zu verstehen und zu fördern, um dann *mit* ihnen, nicht gegen sie arbeiten zu können. Befassen wir uns doch mit ein paar elementaren Regeln, ohne die eine Zusammenarbeit unmöglich ist.

1. Der feinfühlige, effiziente Manager begreift, daß seine Leute nur dann echt mit ihm zusammenarbeiten, wenn er einsieht, daß er wahrscheinlich nicht für alle Dinge über das notwendige Wissen *oder* Einfühlungsvermögen verfügt.

2. Dynamische Manager verstehen, daß *jedermann* mit Leuten auskommen und zusammenarbeiten kann, die stets mit allem einverstanden sind. Echte Führungsqualitäten beweist, wer mit denen auskommt, zusammenarbeitet und ein Maximum an Leistung herausholt, mit denen er nicht einverstanden ist.

3. Effiziente Manager entwickeln die Fähigkeit, die Dinge aus der Perspektive der andern Person zu sehen. Sie brauchen Mitarbeit nicht zu verlangen, sondern *überzeugen* den andern von deren Vorteilen.

4. Gut organisierte Manager planen ihre Projekte sorgfältig, wählen Zeitpunkt und Ort, wenn ihre Ideen am ehesten angenommen werden, und präsentieren diese Ideen dann sehr klar und präzise.

5. Der erfolgreiche Manager geht grundsätzlich davon aus, daß sein Mitarbeiter zumindest teilweise recht hat, und verbaut sich folglich nicht mit seinem eigenen Vorurteil die Möglichkeit, gute Ideen und Gegenvorschläge anzunehmen. Er weiß, daß es Ideen eigentlich egal ist, wer

sie gehabt hat oder anwendet, und so gewinnt er die Mitarbeit der andern durch Offenheit.

Warum sollte sich überhaupt jemand Ihrer Führung anvertrauen wollen?

Ich hoffe, Sie sehen nicht nur die »Aufmerksamkeit erheischende« Komponente dieser Frage, sondern können sich auch ihrem Kern zuwenden: Haben Sie schon einmal ein persönliches Inventar Ihrer Stärken als Manager aufgenommen? Nun kommen Sie doch, es muß doch irgendeinen Grund geben, daß Sie eine solche Position einnehmen. Dies ist nicht der richtige Zeitpunkt für falsche Bescheidenheit. Erinnern Sie sich an positive Dinge, die Sie von andern gehört haben. Die Tatsache, daß wir uns nur mit Mühe an Lob und Aufmunterung erinnern können, ist ein schreckliches Zeichen unserer Gesellschaft und sollte uns allen zeigen, wie wichtig es ist, das Gute und Positive an andern hervorzuheben. Doch jetzt ist es an der Zeit, ganz ehrlich einige Tatsachen über Sie selbst und Ihre Zukunft als Manager auf den Tisch zu legen. Suchen Sie in Bereichen wie Planung, Organisation, Kommunikation, Zuhören, Entscheiden, Delegieren und Motivieren. Bevor wir überhaupt weitergehen, schreiben Sie hier mindestens zehn *Stärken* auf, die Sie als Manager von Menschen anführen können.

Wichtige Gründe, weshalb sich jemand meiner Führung anvertrauen will:

1. _____
2. _____
3. _____
4. _____
5. _____
6. _____
7. _____
8. _____
9. _____
10. _____

Egal, wie lang und stark Ihre Liste war, Sie können als Manager von Menschen noch effizienter werden. John D. Rockefeller sagte einmal: »Ich würde mehr bezahlen für die Fähigkeit, mit Menschen umzugehen, als für irgendeine andere Fähigkeit unter der Sonne.« Damit wir andere dazu bringen, sich unserer Führung und unserem Management anvertrauen zu *wollen*, müssen wir jene Fähigkeiten im Umgang mit Menschen erlernen, auf die Rockefeller anspielte. Laut Ralph Waldo Emerson *brauchen wir in erster Linie jemanden, der uns inspiriert, das zu sein, wovon wir genau wissen, daß wir es sein können*. Dan Rather, der Nachrichtenmoderator der »CBS News«, entwickelte Emersons Gedanken noch weiter und sagte: »Der Traum beginnt mit einem Lehrer, der an dich glaubt, der dich stößt und schiebt und dich auf die nächsthöhere Ebene führt, auch wenn er dich manchmal mit einem spitzen Stock namens ›Wahrheit‹ antreiben muß.« Als Manager müssen Sie alles, wovon diese Männer sprechen, und noch mehr verkörpern. Dies klingt nach einer kaum zu bewältigenden Aufgabe, ist es aber nicht. Im Gegenteil, es kann sogar sehr einfach sein, Experte im Umgang mit Menschen zu werden. Ich sagte nicht, es sei »leicht«, denn nichts im Leben ist leicht, aber das Managen und Führen von Menschen sollte und *darf* nicht unnötig kompliziert werden.

Frage: Wenn sich jemand mit den folgenden Eigenschaften bei Ihnen als Manager um eine Stelle bewerben würde, könnten Sie dann wohl irgendwo in Ihrer Firma oder in Ihrer Abteilung ein Plätzchen für ihn finden? Der Kandidat kann *beweisen*, daß er ehrlich, begeisterungsfähig, intelligent, diszipliniert, zuverlässig, fürsorglich, verständig, bescheiden, fleißig, ausdauernd, loyal, organisiert, motiviert, einsatzfreudig, geduldig, ehrgeizig, energisch, freundlich, zielstrebig, gutaussehend, liebevoll und umsichtig ist. Zudem verrät er auch eine positive Einstellung, ist klug, vertrauensvoll, ein guter Zuhörer, hat Sinn für Humor, einen guten Charakter und beweist Integrität.

Frage: Glauben Sie, diese Person hätte in Ihrer Firma gute Erfolgsaussichten? Zwei Dinge: Erstens wissen wir beide, daß diese Person in Ihrer Firma oder – mit der entsprechenden Ausbildung – in jeder andern Firma und in jedem andern Beruf erfolgreich wäre. Zweitens nehmen Sie wohl an, daß es eine solche Person nicht gibt. Wenn Sie das glauben, fordere ich Sie auf, unbedingt *noch einmal darüber nachzudenken*.

Die Person mit all diesen hervorragenden Eigenschaften ist nämlich niemand anders als *Sie*. Und bevor Sie allzu lautstark Protest einlegen, bitte ich Sie, die Liste noch einmal Punkt für Punkt durchzugehen. Denken Sie darüber nach. Sie sind doch *einigermaßen* ehrlich, *einigermaßen* begeisterungsfähig, *einigermaßen* intelligent usw. Sie haben doch *etwas* von all diesen Eigenschaften. Sie sind eine wahrlich bemerkenswerte Person – und das sind auch all die Leute in Ihrer Firma oder in Ihrer Abteilung. Es liegt in Ihrer Verantwortung, und es ist gleichzeitig eine Herausforderung, all Ihre Eigenschaften weiterzuentwickeln und einzusetzen und Ihre Leute zu motivieren, ebenfalls all ihre Eigenschaften einzusetzen. Diese kurze Geschichte will aufzeigen, was Sie tun müssen, um diese Eigenschaften bei Ihren Leuten weiter auszubilden.

Vor vielen Jahren gab es ein kleines, abgelegenes Eskimodorf, das keine andere Unterhaltungsmöglichkeit und keinen andern »Sport« außer Hundekämpfen kannte. Ein alter Eskimo besaß zwei besonders kräftige und angriffige Hunde, die jeden Samstag gegeneinander kämpften. Wenn der eine Hund in der einen Woche gewann, schwang in der folgenden Woche mit Sicherheit der andere obenaus. Interessanterweise setzte nun der Hundebesitzer mit absoluter Treffsicherheit *immer* auf den Sieger. Doch die Hunde wurden älter und konnten eines Tages nicht mehr antreten. Und da fragte jemand den alten Eskimo, weshalb er eigentlich immer gewußt habe, welcher seiner beiden Hunde gewinnen würde. Augenzwinkernd erwiderte der Alte, er habe jede Woche nur den einen Hund gefüttert und dann auch auf ihn gesetzt. Vernünftig, nicht wahr? Und als Manager kann ich Ihnen etwas verraten, was noch vernünftiger klingt. Um Ihre Fähigkeiten zu entwickeln und Ihre Karriere zu fördern, müssen Sie Ihren Geist regelmäßig mit guten, sauberen, reinen und kräftigen Informationen »füttern«.

> *Ich bin ehrlich.*
> *Ich bin begeisterungsfähig.*
> *Ich bin intelligent.*
> *Ich bin diszipliniert.*

Und klingt es nicht noch vernünftiger, all diese hervorragenden Eigenschaften zu nehmen, die Sie *und* Ihre Leute haben (zugegeben, einige erfüllen vielleicht nicht alle Punkte unserer Liste, aber vergessen Sie nicht, daß die mächtige Eiche aus einer kleinen Eichel herangewachsen ist), und Ihren Geist aus guten Büchern, Seminaren und Tonbandaufnahmen mit den Informationen und Inspirationen zu füttern, die es einfach braucht, damit aus diesen Eicheln guter Qualifikationen und Eigenschaften schließlich die mächtigen Eichen gedeihen, die Sie an Ihr Ziel bringen?

Die Kraft der Suggestion: Übertragen Sie die Liste mit den Eigenschaften, die Sie auf S. 46 zusammengestellt haben, auf ein kleines Kärtchen, und lesen Sie sie jeden Tag in der Ich-Form und in der Gegenwart laut durch. Am besten absolvieren Sie die Übung vor einem Spiegel und schauen sich dabei selbst in die Augen. Legen Sie Begeisterung und Überzeugung in Ihre Stimme. Halten Sie die tägliche Lesung immer, bevor Sie schlafen gehen, damit sich Ihr Unterbewußtsein die ganze Nacht über damit beschäftigen kann.

Urteilen Sie vorschnell?

Ein Familienberater sagte einmal, die meisten Frauen wünschten sich einen Mann, zu dem sie aufschauen könnten, der aber nicht auf sie herabsehe. Und die Mitarbeiter eines Managers wünschen sich *genau* das gleiche: jemanden, zu dem sie wirklich aufschauen können, der aber nicht auf sie herabsieht. Das ist ein Ziel, das jeder Manager im Umgang mit seinen Leuten anstreben sollte. Die folgende Seite aus meiner eigenen Lebensgeschichte mag verdeutlichen, was ich damit meine.

Vor einigen Jahren war ich auf dem Weg in eine kleine Stadt in Ohio, wo ich einen Vortrag halten sollte. In Pittsburgh mußte ich eine Zwischenlandung einlegen. Ich hatte eine gute Stunde Zeit und wanderte gemächlich durch das Flughafengebäude, als ich zwei junge Schuhputzer entdeckte.

Einer der beiden war eine sprühende »Persönlichkeit«, aufgeschlossen, jovial und angenehm – ein Mensch, der auf jeder Party ein gerngesehener Gast gewesen wäre. Der andere war das genaue Gegenteil – still, schweigend, unauffällig. Er war »einfach dort«. Ich wollte mir meine Schuhe von der »Persönlichkeit« putzen lassen, aber als ich neben ihm stand, war er noch eifrig mit einem andern Kunden beschäftigt. Der ruhige junge Mann hingegen war frei, und so blieb mir keine andere Wahl.

Ich setzte mich in den Stuhl und begrüßte den jungen Mann mit einem fröhlichen »Guten Tag, wie geht's?«. Er schaute mich bloß an, als ob ich nicht existieren würde, und blieb stumm wie ein Fisch. Natürlich kam mir sein Verhalten sehr merkwürdig vor für jemanden, der doch mit Menschen umzugehen hatte und bestimmt weitgehend auf ein gutes Trinkgeld angewiesen war. Da ich aber ein »unverbesserlicher Optimist« bin, begann ich mir einzureden, ich wäre wohl an den Mann geraten, der am besten tun könnte, was ich getan haben wollte – nämlich Schuhe putzen.

Als sich der junge Mann mit der Lederseife ans Werk machte, bemerkte ich sofort, daß er es sehr genau nahm – tunlichst bemüht, weder Socken noch Hosenbeine zu verschmieren. Und darüber war ich natürlich entzückt. Als er die Schuhe trocknete, fiel mir erneut auf, wie sorgfältig und exakt er arbeitete. Und nachdem er die Schuhcreme aufgetragen hatte, war ich bombensicher, daß ich keinen besseren hätte wählen können. Er war sehr sorgfältig und gründlich. Er war sogar der einzige, der je daran gedacht hatte, auch die Fersen meiner Schuhe zu behandeln.

Als er dann mit den Bürsten loslegte, war mir klar, daß ich es mit einem Künstler zu tun hatte. Er war wirklich ausgezeichnet, und meine Begeisterung wuchs von Minute zu Minute. Beim Polieren mußte er einige Kraft aufwenden, um die gewünschte Glanzwirkung zu erzielen. Und da schaute ich mir den jungen Mann eigentlich zum ersten Mal *richtig* an. Da die »Persönlichkeit« nebenan im Augenblick arbeitslos war, war es rundherum verhältnismäßig still, und ich vernahm erstmals ein kaum hörbares »Uhuh-uh«. Und da wurde mir plötzlich bewußt, daß dieser junge Mann schwer behindert war.

Sie können sich wohl vorstellen, daß ich mich sehr klein und häßlich fühlte. Da hatte ich nun mit meinem überlegenen und vorschnellen Urteil beschlossen, diesem jungen Mann die »Ehre« zu geben und mir von ihm meine Schuhe putzen zu »lassen«. Ja ich hatte mir sogar vorgenommen, ganz großzügig zu sein und ihm ein hübsches Trinkgeld zu geben – *falls* er nett, höflich und speditiv wäre und meine Schuhe auch ordentlich glänzte!

Unnötig zu sagen, daß mich dieses Erlebnis wieder sehr bescheiden werden ließ. Ebenso unnötig zu sagen, daß ich diesem jungen Mann das größte Trinkgeld gab, das je ein Schuhputzer von mir bekommen hatte.

Ich habe nachher oft über die Eltern des jungen Mannes und ihre hervorragende Leistung bei seiner Erziehung nachgedacht. Er war sauber und adrett angezogen, und er setzte einen außerordentlich hohen Prozentsatz seiner Fähigkeiten ein. Kurz, seine Eltern – oder wer immer ihn auch erzogen hatte – mußten außergewöhnliche Menschen und exzellente Manager gewesen sein.

Als Manager ist es unsere Aufgabe, die Fähigkeiten unserer Leute zu fördern und dann dafür zu sorgen, daß sie diese Fähigkeiten auch produktiv einsetzen. Mein Freund Fred Smith sagt: »Ein Manager ist nicht eine Person, welche die Arbeit besser machen kann als seine Leute; er ist eine Person, der seine Leute dazu bringen kann, die Arbeit besser zu machen, als er sie tun könnte.« In vielen Fällen haben unsere Angestellten viel mehr Talent, als wir zunächst realisieren. Ebenso gibt es Leute, die ihre Fähigkeiten etwas langsamer entwickeln und offenbaren. Ich denke da an Grandma Moses, die erst mit 70 ihre herrlichen Bilder zu malen begann; an Albert Einstein, der erst mit vier Jahren sprechen und gehen lernte; an Thomas Edison, der als langsam und nicht besonders hell galt, oder an George Westinghouse, von dem es hieß, er sei »linkisch« und »beschränkt«, und der von der Mittelschule flog, weil seine Lehrer ihn für unfähig hielten – und der dann im Alter von einundzwanzig Jahren eine Druckluftbremse für Eisenbahnen patentieren ließ!

Was ich damit sagen will, ist – so hoffe ich – offensichtlich. Die meisten Menschen besitzen beträchtliche, oft unentwickelte Fähigkeiten, die nicht immer auf den ersten Blick erkennbar sind. Viele andere sind – wie unser junger Schuhputzer – mehr als nur willig, all ihre Fähigkeiten einzusetzen, um Hervorragendes zu leisten. Als Manager müssen wir stets darauf aus sein, jedes Talent in unserer Firma oder Abteilung aufzuspüren und zu entwickeln.

Die Formel zum Erfolg

Sie stimmen wohl mit mir überein, daß Ihre Einheit – ob sie nun aus Ihnen und einem einzigen Mitarbeiter oder aus Ihnen und hundert Mitarbeitern besteht – dafür verantwortlich ist, daß alle harmonisch auf ein gemeinsames Ziel hinarbeiten. Die Olympischen Spiele 1984 in Los Angeles waren zweifellos ein großer Triumph. Und einer der Hauptgründe dafür war Peter Ueberroth, der Mann an der Spitze, der Manager. Nach Aussage vieler enger Mitarbeiter war Ueberroth so erfolgreich, weil er jedermann überzeugen konnte, daß es um eine *Sache* ging, die über jedem individuellen Ziel stand. Und er konnte jedermann an seiner (und ihrer) Sache beteiligen, indem er seine ausgezeichneten *Fähigkeiten im Umgang mit Menschen* einsetzte. Er schuf einen Teamgeist und ließ alle auf das gleiche Endziel hinarbeiten. Das gleiche gelingt auch Ihnen mit kleineren oder größeren Einheiten, wenn Sie eine einfache Formel zum Erfolg kennen.

Es ist viel über Teamarbeit geschrieben und gesagt worden. Sie ist in der Familie, in einer Sportmannschaft und am Arbeitsplatz wichtig. Kürzlich erzählte mir ein Freund von einer Basketball-Mannschaft, in der sein Sohn mitspielt. Zu Beginn der Saison lief es dem Team offenbar ganz gut. Es gab keine »Superstars« in seinen Reihen, aber die Spieler hatten sehr viel Disziplin und eine Reihe von Spielzügen gelernt, dank deren sie auch Mannschaften mit besseren Einzeltalenten schlagen konnten. Wie gesagt, das Team stand eigentlich ganz gut da. Dann qualifizierten sich zwei zuvor ausgeschlossene Jungs bei Semesterende wieder für das Team. Einzeln gesehen waren diese beiden Jungs größer, stärker und schneller als die andern, und sie waren auch bessere Werfer; aber sie hatten nicht die gleiche Disziplin und kannten die neuen Spielzüge nicht. Und so kam es, daß sie trotz ihres großen individuellen Talents letzten Endes der Mannschaft eher schadeten als nützten. Und was wichtig ist: Sie schadeten der Mannschaft, weil ihr Coach nicht den Mut hatte, sie auf der Bank sitzen zu lassen, bis sie die Spielzüge eingeübt und die notwendige Disziplin gelernt hatten, um als Mannschaftsspieler und nicht mehr als Einzeltalente zu agieren. Dieser Coach (Manager) enttäuschte sich selbst, sein Team, dessen Anhänger *und* die beiden Talente.

Als Manager erleben wir oft ähnliche Situationen, in denen ein einzelner Mensch mit großem Talent und Können auftaucht, dem Team aber nicht nützt, sondern schadet, weil er gewisse Charakterzüge aufweist, unangenehme Gewohnheiten hat oder sich einfach nicht ins Team integrieren will. *Die wichtigste Aufgabe eines Managers ist es, die einzelnen Mitarbeiter zu einem Team zusammenzufügen.*

Im Sport hören wir oft, daß Trainer von Teamgeist sprechen. Sie beschwören ihre Mitspieler, aus einem einzigen Grund zusammenzuspielen, nämlich um zu *siegen.* So sagen sie zum Beispiel, sie müßten ihren Sturm oder ihre Verteidigung noch besser »zusammenkitten«. Und sie sprechen natürlich von einem *Zusammen*spiel, nicht von einem Einzelspiel, und stellen somit die Ziele der Mannschaft über den persönlichen Gewinn; und dennoch hat jedes Mitglied der Mannschaft großen Gewinn zu erwarten, wenn die Einheit siegt.

Trainer sprechen also von »Kitt«, mit dem sie in ihrer Mannschaft für einen besseren Zusammenhalt sorgen. Ähnliche Zwecke würde ein *Gel* erfüllen, sorgt es doch ebenfalls dafür, daß mehrere Komponenten sich besser miteinander verbinden, besser zusammenhalten. Und für unsere Zwecke eignet sich das Wort *Gel* ausgezeichnet, ergibt es doch ein Akrostichon, welches uns immer daran erinnern soll, wie man Menschen am besten managt und führt.

In den nächsten drei Kapiteln werden wir uns jeden Buchstaben dieses Wortes einzeln vornehmen und in allen Einzelheiten erfahren, wie uns diese Formel dazu verhilft, Spitzenleistungen zu erbringen.

Leistungsprinzipien

1. Ein bißchen Humor ist für einen Manager von lebenswichtiger Bedeutung.

2. Gemeinsame Ziele und eine gemeinsame Sache bedeuten mehr Erfolg.

3. Mitarbeit kann man nicht verlangen, man muß sie sich verdienen.

4. Bringen Sie auch Ihre *Stärken* mit ins Spiel, rechnen Sie nicht nur mit Ihren Schwächen.

5. Sie haben etwas von jeder Eigenschaft, die es zum Erfolg braucht.

6. Nicht alle Talente sind auf den ersten Blick erkennbar; gute Manager spüren verborgene Talente auf und entwickeln sie.

3

Das Gute suchen

Wie weit Sie im Leben kommen, hängt davon ab, ob Sie die Jungen liebevoll, die Alten rücksichtsvoll, die Strebsamen verständnisvoll und die Schwachen und Starken schonungsvoll behandeln. Denn irgendwann in Ihrem Leben werden Sie das alles auch gewesen sein.

George Washington Carver

Gutes sehen
Erwarten Sie das Beste
Loyalität

Das G in unserer Formel steht für *Gutes suchen*. Spitzenmanager lernen, in jedem Menschen, den sie führen, das Gute zu suchen.

Andrew Carnegie sagte: »Kein Mensch kann reich werden, ohne daß er selbst andere reich macht.« Daß er selbst dieser Philosophie nachlebte, beweisen die 43 Millionäre, die für ihn gearbeitet haben. Ein Reporter fragte ihn einmal, wie er es denn schaffe, so viele Millionäre einzustellen. Geduldig erklärte ihm Carnegie, diese Männer seien nicht Millionäre gewesen, als er sie eingestellt habe, sondern sie seien Millionäre geworden, *indem* sie für ihn gearbeitet hätten. Und als der Reporter weiter fragte, wie er es denn fertiggebracht habe, daß diese Männer so wertvoll geworden seien, erwiderte er: »Mit Menschen arbeiten hat viel Ähnlichkeiten mit Goldschürfen ... Wenn man Gold sucht, muß man buchstäblich Tonnen von Dreck und Erde bewegen, um eine einzige Unze Gold zu finden. Man sucht ja aber nicht den Dreck, sondern das Gold!«

Und genauso ist es, wenn man Menschen zu ihrem maximalen Leistungsvermögen aufbauen will. Man muß das Gold (das Gute) suchen, um es dann zu hegen und zu pflegen. Ein anderer weiser Mann drückte es in etwas anderen Worten aus: Das Beste, was wir für andere tun können, besteht nicht darin, unseren Reichtum mit ihnen zu teilen, sondern darin, ihnen ihren eigenen Reichtum zu offenbaren.

Bill Hewlett, einer der Gründer von Hewlett-Packard, sagte: »Unsere Politik beruht auf dem Glauben, daß Männer und Frauen gute, kreative Arbeit leisten wollen und dies auch tun, wenn man für die richtige Umgebung sorgt.« Und wenn die Leute doch gute Arbeit leisten wollen, warum sollten wir sie also nicht auch für ihre Erfolge loben?

Das nächste Beispiel, das auf meine Kindheit zurückgeht, zeigt eine wirksame Methode für den Umgang mit Ihren Leuten, wenn diese ihre Arbeit nicht so effizient und professionell erledigen, wie sie dies eigentlich tun könnten und sollten. Und wenn Sie die kleine Geschichte lesen, denken Sie doch an die weisen Worte von Dr. Norman Vincent Peale: »Das Problem mit den meisten von uns liegt doch darin, daß wir uns lieber durch Lob zugrunde richten als durch Kritik retten lassen.«

Kritisieren Sie die Leistung, nicht den, der sie erbringt

Ich habe diese Geschichte schon in meinem Buch *Raising Positive Kids in a Negative World* (Wie man in einer negativen Welt positive Kinder aufzieht) erzählt, aber sie macht so wunderbar deutlich, was ich sagen will, daß ich sie hier noch einmal aufnehme. Als ich ein kleiner Junge war, litt ganz Amerika unter den Jahren der Depression, und auch in Yazoo City, Mississippi, mußte jedermann cleverer und härter arbeiten, um einigermaßen gut leben zu können. Und obwohl meine Mutter keine besondere Schulbildung genossen hatte, hätte sie wohl als Führungskraft und Manager zu den Spitzenleuten gehört, davon bin ich fest überzeugt.

Mein Vater starb, als ich fünf Jahre alt war, und wir waren sechs Kinder, die alle noch nicht arbeiten gehen konnten. Wie bereits erwähnt, herrschte damals eine böse Depression, und jedermann litt unter den harten Bedingungen. Wir überlebten, weil wir einen sehr großen Garten und fünf Milchkühe besaßen. Mit acht Jahren konnte ich bereits die Kühe melken und Gartenarbeiten erledigen. Und, nur so nebenbei bemerkt: Kühe »geben« nicht einfach Milch, man muß um jeden Tropfen kämpfen!

Zwei Dinge wußten wir immer, wenn Mutter uns eine Arbeit auftrug. Erstens wußten wir, was sie von uns *erwartete* (nämlich unser Bestes). Und zweitens wußten wir, daß sie *kontrollieren* würde, um sicher zu sein, daß sie auch bekam, was sie erwartet hatte.

Ich werde nie den Tag vergessen, als ich zum ersten Mal ganz allein eine Arbeit im Garten erledigen mußte. Damals zeigte mir meine Mutter, die auch eine gute Lehrerin war, ganz genau, wie ich die Bohnen am besten behacken sollte. Nach ihrer Lektion wies sie auf drei endlose Reihen von Bohnen – insgesamt bestimmt dreieinhalb Meilen lang (na ja, vielleicht waren es auch nur drei!). Aber für mich Acht-jährigen schienen es eher zehn zu sein! Nun, meine Mutter ermahnte mich, sie zu rufen, wenn ich fertig war, damit sie meine Arbeit kontrollieren könne. Als es endlich soweit war, sah sie sich meine Arbeit an und tat dann, was sie immer tat, wenn sie mit etwas nicht zufrieden war. Sie verschränkte die Hände auf dem Rücken, senkte den Kopf, drehte ihn ein bißchen nach rechts und schüttelte ihn dann in nur allzu bekannter Weise langsam hin und her. Natürlich fragte ich, was denn los sei. Sie lächelte und sagte: »Nun, mein Sohn, da wirst du dich noch einmal dahintermachen müssen.« Hoffnungsvoll versuchte ich mich herauszureden, indem ich behauptete, ich hätte mich doch genau an ihre Anweisungen gehalten, aber Mutter lächelte nur noch einmal und sprach: »Mein Sohn, siehst du, bei den meisten Jungs würde ich sagen, die Arbeit sei ausgezeichnet. Du gehörst aber nicht zu den meisten Jungs. Du bist *mein* Sohn, und mein Sohn kann das noch besser.«

Was Mutter tat, war sehr, sehr klug. *Sie hatte die Leistung kritisiert*, weil Kritik eindeutig angebracht war, *aber sie hatte den Ausführenden gelobt*, weil er wirklich Lob brauchte.

Effizientes Management in Sport, Ausbildung, Familie oder Geschäft wird danach beurteilt, wie effizient Sie Ihr Personal führen, um maximale Produktivität und Vorteile für alle herauszuholen. Um dieses Ziel zu erreichen, gibt es zwei Dinge, die herausragende Manager immer tun. Erstens: Sie *erwarten* immer von jedem Mitarbeiter, daß er sein Bestes gibt. Und zweitens: Sie *kontrollieren*, damit sie auch wirklich bekommen, was sie erwartet haben. (Kaum etwas enttäuscht einen Mitarbeiter mehr, als wenn ein fertiggestellter Auftrag ignoriert oder als gegeben hingenommen wird, nachdem er sich mit Leib und Seele dafür eingesetzt hat.)

Frage: Angenommen, Ihre Kontrolle ergibt, daß die

Arbeit unbefriedigend erledigt worden ist oder nicht den Maßstäben entspricht, die Sie Ihrem Mitarbeiter eigentlich zutrauen. Sind Sie dann »stolz auf ihn«, oder machen Sie »viel Aufhebens um ihn«? Antwort: Weder noch! Wenn Sie stolz auf eine Arbeit sind, die eindeutig unter den Fähigkeiten eines Mitarbeiters liegt, fördern Sie die Mittelmäßigkeit, und davon gibt es im Geschäftsleben schon mehr als genug. Sie *schulden* Ihrem Mitarbeiter mehr als das. Wenn Sie allzu viel Aufhebens um die Angelegenheit machen oder allzu harsche Kritik vorbringen, könnten Sie das Vertrauen Ihres Mitarbeiters erschüttern und jede Initiative für eine nächste Arbeit unterbinden. Sie *schulden* Ihrem Mitarbeiter und auch Ihrer Firma mehr als das. Was tun Sie also? Antwort: Sie erinnern sich an die Geschichte mit meiner Mutter. Sie kritisieren die Leistung . . . , nicht aber den, der sie erbracht hat!

Effizientes Führen verlangt ein derartiges Vorgehen. Ermutigen Sie einerseits Ihren Mitarbeiter, und machen Sie ihm anderseits klar, daß Sie von ihm erwarten – oder sogar verlangen –, daß er all seine Fähigkeiten einsetzt, um optimale Ergebnisse zu erreichen. Sorgen Sie also dafür, daß Ihr Mitarbeiter in Zukunft mehr will, ohne aber seinen Wert als Mensch zu kritisieren oder in Frage zu stellen. Versichern Sie ihm, daß Sie seine Fähigkeiten *wirklich* schätzen und respektieren – und daß Sie deshalb eine Arbeit, die seinen Fähigkeiten nicht entspricht, auch nicht akzeptieren können.

Die »Drei Goldenen Regeln des Managements«

Ken Blanchard hat gemeinsam mit verschiedenen kompetenten Autoren eine Reihe von »Ein-Minuten«-Büchern verfaßt. Sie sind einfach zu lesen und haben ein paar grundlegende Konzepte sehr stark vereinfacht. Zusammen mit Dr. Robert Lorber schrieb er *Die Praxis des Ein-Minuten-Managers* (deutsch von Ursula Bischoff; Moderne Verlagsgesellschaft). Darin stellen die beiden Autoren die »Drei Goldenen Regeln des Managements« auf und enthüllen ein paar überraschende Tatsachen.

1. Stimulans ... was der Manager *vor* der Leistung tut.
2. Verhalten ... was jemand sagt oder tut.
3. Konsequenzen ... was der Manager *nach* der Leistung tut.

So glauben laut Blanchard und Lorber »die meisten Menschen, daß Stimulantien größeren Einfluß auf die Leistungen haben als die Konsequenzen des Verhaltens. Trotzdem wird die Leistung nur zu 15 Prozent von solchen Anreizfaktoren wie ›Zielsetzung‹ beeinflußt, während sie zu 75 bis 85 Prozent auf Konsequenzen wie ›Anerkennung‹ oder ›Ermahnung‹ zurückzuführen ist ... Das, was passiert, *nachdem* jemand etwas getan hat, zählt mehr als das, was *vorher* geschehen ist.« Um es mit einem andern »Ein-Minuten«-Satz zu sagen: »Ertappen Sie die Leute, wenn sie etwas richtig machen.« Ertappen Sie Ihre Mitarbeiter, wenn sie etwas richtig machen, egal, wie unbedeutend es auch sein mag, und loben Sie sie entsprechend; Sie werden sehen, daß sie sich weiterhin in eine positive Richtung entwickeln.

Heißt dies nun, daß wir über die Fehler derer, für die wir verantwortlich sind, hinwegsehen sollen? Natürlich nicht, aber es gibt eine korrekte Art, solche Fehler in Ordnung zu bringen oder mit den Mitarbeitern umzugehen, deren Gesamtleistung an ihrem Arbeitsplatz unbefriedigend ist oder nachzulassen beginnt. Darauf werden wir zu einem späteren Zeitpunkt in diesem Kapitel zurückkommen. Für den Augenblick möchte ich nur folgendes sagen: *Die besten Manager erheben die Suche nach dem Guten zu einer Priorität.* Viel zu viele Manager tun leider genau das Gegenteil.

Handeln, auch wenn einem im Augenblick nicht danach zumute ist

Die meisten von uns fühlen sich bei ihren täglichen Aufgaben als Manager nicht unbedingt als Menschen, die auf die Suche nach dem Guten gehen. Im Gegenteil, oft handeln wir genau umgekehrt und schlüpfen in eine Rolle, welche der eines Schulmeisters oder Polizisten nicht unähnlich ist. Den Roossien, Vizepräsident der Zig Ziglar Corporation, geht auf eine etwas andere Art vor, die ich Ihnen ans Herz legen möchte. Den ist für die alltäglichen Betriebsabläufe in unserem Unternehmen verantwortlich und ist gleichzeitig unser Finanzchef. Er war früher Buchhalter und bestätigt jedem, der es hören will, daß der Umgang mit Menschen nicht gerade in die Lehrpläne von Buchhaltungskursen gehört und daß er in diesem Bereich seines beruflichen Könnens hart studieren und arbeiten mußte. Und ich darf heute voller Stolz sagen, daß Den (dank seiner eigenen Arbeit und Hingabe) es wie kaum ein anderer versteht, mit Leuten umzugehen und zu kommunizieren.

Eine von Dens Methoden dürfte wohl auch für Sie sehr interessant sein. Er führt ständig Buch über alle noch so kleinen und unscheinbaren Erfolge aller Leute, für die er verantwortlich ist. Er schreibt zum Beispiel auf, wenn jemand länger im Büro bleibt, damit ein Eilauftrag noch ans Lager weitergeleitet werden kann, oder wenn jemand etwas früher kommt, um die Stühle für unsere montägliche Morgenandacht aufzustellen – lauter kleine Dinge, die doch einen so großen Unterschied ausmachen. Er läßt die betreffenden Leute dann jeweils auch in Worten wissen, wie sehr er ihre Bemühungen schätzt – *und zwar möglichst unmittelbar nachher*. Dies steht im Einklang mit einer der wichtigsten Regeln im Zusammenhang mit Lob und Anerkennung: *Es muß sofort geschehen*.

Der dafür erforderliche Zeitaufwand lohnt sich wirklich, wenn man sieht, welche Vorteile dieses Vorgehen mit sich bringt. Natürlich braucht es eine gewisse Disziplin, um immer und konsequent daran zu denken, aber Den ist ein diszipliniertes Vorgehen gewohnt, wenn es um Faktoren und Methoden geht, die sich positiv für unsere Firma auswirken. Disziplin und Organisation sind unerläßlich, und glücklicherweise hat Den beide Eigenschaften in hohem Maße entwickelt (es geht sogar das Gerücht um, er sei so gut organisiert, daß er gelegentlich auch Fotokopien einer Korrekturlesung unterziehe).

Ist es ihm immer danach zumute? Bestimmt nicht, aber oft muß man handeln, auch wenn einem im Augenblick nicht danach zumute ist. Wenn es um positives Feedback geht, ist uns vielleicht nicht immer danach zumute, und deshalb ist es um so wichtiger, daß wir es sofort tun. Wenn Murren und Klagen zu einer Gewohnheit werden können, warum kann es denn nicht auch zu einer Gewohnheit werden, das Gute zu suchen? Ein Grund ist der, daß wir nicht gelernt haben, das Gute zu suchen. Ein zweiter und offensichtlicher Grund ist der, daß wir eigentlich gar nicht richtig begreifen, welche Motivationskraft ein aufmunterndes Wort für einen Angestellten oder Mitarbeiter in sich hat.

Fehler suchen, als ob es dafür eine Belohnung gäbe

Jim Savage, mein alter Freund, Forscherkollege und Koautor dieses Buches, pflegt eine faszinierende Geschichte über einen emeritierten Professor der Louisiana State University in Baton Rouge zu erzählen. Er war Professor für Psychologie, und obwohl er Chinese war, konnte er hervorragend auf englisch kommunizieren – außer wenn er mit seinen Studenten Ulk treiben wollte. Dann betätigte er sich als »Charlie-Chan«-Imitator, wie man ihn sich besser nicht vorstellen könnte. Eines Tages erhielt ein Student zu Semesterbeginn eine Prüfungsarbeit zurück, auf der nur – wie nachfolgend abgebildet – in allen vier Ecken ein Bogen zu sehen war. Erstaunt darüber, daß seine Prüfung nicht wie alle andern mit einer entsprechenden Note versehen war, erhob sich der Student und bat um eine Erklärung: »Sir, ich verstehe nicht ganz. Alle andern Prüfungen sind mit entsprechenden Noten versehen, auf meiner hingegen ist nur in allen vier Ecken ein Bogen zu erkennen. Was soll das bedeuten?« Der Professor setzte jenes Lachen auf, das seine »Charlie-Chan«-Imitationen anzukündigen pflegte, legte eine Aufmerksamkeit erheischende Pause ein, ließ seinen Blick über die dreihundert Studenten im Auditorium schweifen und sagte dann: »Null so groß, nicht auf Papier passen!«

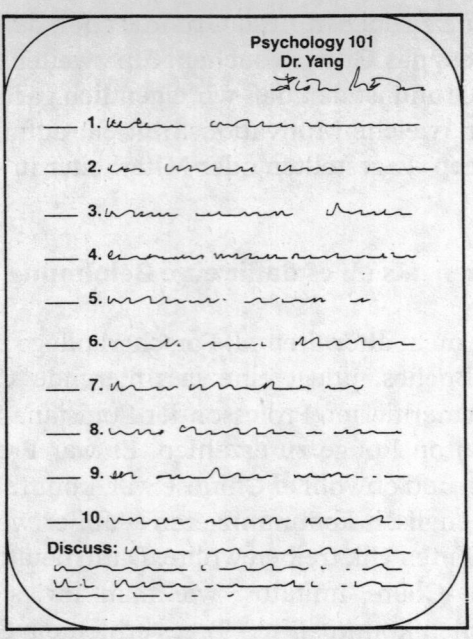

Psychology 101
Dr. Yang

Nachdem ich über diese Geschichte nachgedacht hatte, dämmerte mir, daß wir als Manager oft ähnliche Spiele treiben. Der Professor hatte zwar einen Spaß gemacht, der aber beim betroffenen Studenten gewiß seine Spuren hinterließ. Zum Teil geraten wir in Versuchung, solche gefährlichen Spiele zu spielen, weil wir darauf trainiert oder einfach dazu veranlagt sind. Erinnern Sie sich an Ihre Schulzeit. Sie erhielten eine Prüfung mit der guten Note 5 zurück, und dennoch sah das Blatt Papier vor lauter roter Farbe aus, als ob es tödlich verletzt worden und beinahe verblutet wäre. Stimmt's? Die Korrekturen besagten laut und deutlich: »*Dummkopf, warum hast du diese beiden Fehler gemacht?*« Ich bin sicher, daß Sie und ich in mindestens einer Beziehung ähnlich sind. Wenn wir unsere

Arbeit zu 85 bis 90 Prozent richtig erledigt haben, möchten wir, daß jemand auch auf *einige* von diesen 85 bis 90 Prozent hinweist, nicht nur auf die 10 bis 15 unvollkommenen.

Wenn ich mit Lehrern arbeite, sage ich oft, ich würde den Direktor darum bitten, ihnen alle Rotstifte wegzunehmen und sie durch Blaustifte zu ersetzen und sie anzuweisen, bei Prüfungen alle richtigen Antworten anzustreichen. Nun ist mir klar, daß eine Prüfung nicht nur ein Mittel zur Beurteilung, sondern auch ein Mittel zum Nachlernen ist. Und ich weiß, daß es einer Beurteilung, aber auch einer Belehrung gleichkommt, wenn wir einen Mitarbeiter korrigieren. Aber genauso wie Sie verstehe auch ich, daß Anerkennung in jedem Beruf eines der wichtigsten Werkzeuge zur Belehrung und Motivation ist. Wir müssen die guten Dinge ebenso hervorheben wie die schlechten. Und statt dessen lassen wir uns nur zu oft zum schrecklichen Spiel »Ha! Erwischt!« hinreißen. Sie können 99 Prozent Ihrer Arbeit absolut korrekt erledigen und dabei vollkommen unsichtbar sein, aber wehe, Sie machen einen einzigen Fehler ... »Ha! Erwischt!« Der Manager stürzt sich förmlich auf seinen Mitarbeiter und fällt über ihn her. Ein einziger kleiner Fehler, und schon »Ha! Erwischt!«. Das ist unklug und ungerecht und hat erst noch einen verheerenden Einfluß auf die Produktivität.

Ein Instrument zur Belehrung und Motivation

Eines der wirksamsten Instrumente, die Sie überhaupt zur Belehrung und Motivation einsetzen können, ist ein aufrichtiges Kompliment – mit der Betonung auf *aufrichtig*. Je aufrichtiger das Kompliment, desto größer seine Wirkung.

Leider verteilen viele von uns solche aufrichtigen Komplimente, als ob sie ein Stück von uns selbst oder nur in sehr geringer Zahl vorrätig wären. Und wir spielen das üble Spiel im Geschäft, privat und in der Familie weiter. Sie kommen am Abend federnden Schrittes nach Hause, tragen voller Stolz Ihren neuen Mantel und Ihre neue Krawatte, und Ihre liebende Ehefrau empfängt Sie an der Tür. Ihre Augen werden groß und größer, als sie Ihre neue Ausstaffierung und Ihren aufrechten Gang bemerkt, und sie sagt: »Liebling, ich mag deinen Mantel und deine Krawatte ... (Pause) ... wirf sie noch nicht weg, ich habe gehört, beides soll demnächst wieder ganz groß in Mode kommen.« Ha! Erwischt!

Aber das wollen Sie Ihrer liebenden Ehefrau nicht schuldig bleiben. Sie setzen sich an den Tisch, begutachten das Abendessen, das sie mit großem Zeitaufwand und viel Sorgfalt vorbereitet hat, und verkünden laut: »Was für ein leckeres Essen! Wahrlich ein Essen für Prinzen ... (Pause) ... komm hierher, Prinz, hierher!« Ha! Erwischt!

Lassen Sie sich von diesen humoristischen Beispielen nicht täuschen, denn genauso geht es im richtigen Leben zu und her. Wir machen ein Kompliment und ziehen dem »Opfer« mit einem Witz den Teppich unter den Füßen weg, in der Annahme, da sei ja gar nichts dabei. Es ist aber bewiesen, daß ein einziges, häßliches »Ha! Erwischt!« schweren Schaden anrichten kann, und ganze Salven davon können nicht wiedergutzumachenden Schaden anrichten und eine ganze Abteilung verseuchen.

Teilweise zögern wir aber auch, Komplimente auszusprechen, weil wir Angst haben, falsch verstanden zu werden. Wenn ein Mann eine attraktive junge Frau bei einem geschäftlichen oder gesellschaftlichen Anlaß mit

den Worten »Ach, ist das ein hübsches Kleid!« begrüßt, wird sie sich wohl fragen, was dahintersteckt. Und wenn Sie zu einem männlichen Bekannten sagen, »Das ist aber eine tolle Uhr, die Sie da tragen«, richtet er sich insgeheim wohl schon darauf ein, daß Sie ihn ein paar Minuten später um einen Gefallen oder ein kleines Darlehen bitten. Also auch wenn beide Komplimente absolut ernst gemeint wären, behalten wir sie aus Angst, mißverstanden zu werden, für uns. Und somit werden zwei Menschen zu Verlierern, denn *Sie können kein aufrichtiges Kompliment be-*

kommen, ohne sich danach besser zu fühlen..., und –
mindestens ebenso wichtig – Sie können kein aufrichtiges
Kompliment aussprechen, ohne sich nachher selber besser
zu fühlen! Komplimente aussprechen bedeutet demnach
einen Doppelsieg!

Ein richtiger und ein falscher Weg

Als Optimist, der schon seit vielen Jahren auf der Suche
nach dem Guten ist, bin ich davon überzeugt, daß man mit
Engagement und Beharrlichkeit in jedem Menschen und
in jeder Leistung oder Situation *etwas* Gutes finden kann.
Schließlich zeigt auch eine stehende Uhr innerhalb von
24 Stunden zweimal die genaue Zeit an! Um dies etwas
näher zu erläutern, wollen wir uns einmal anschauen, wie
man eine bestimmte Situation richtig oder falsch anpacken
kann. Das Beispiel stammt aus dem Sport, aber es könnte
genausogut aus den Bereichen Firma, Ausbildung, Familie
oder Kirche stammen.

Der Coach eines Football-Teams hatte einen Spieler, der
unglaublich schnell aus dem Stand beschleunigen, sich
aber nicht richtig in einen Block einfügen konnte. Also rief
der Coach laut: »Blödmann, stell dich in den Block!« Beim
Wort »Blödmann« wurde der Spieler sichtbar kleiner und
zog seine Ohren förmlich ein. Er wollte gar nicht mehr
hören, was dieser unfähige Coach noch alles zu sagen
hatte. Er spielte in der vierten Mannschaft, er wußte, daß
er in der vierten Mannschaft spielte, aber seine Eltern
wußten, daß er eigentlich in der ersten Mannschaft spielen
sollte. Seine Freundin lag ihm ständig in den Ohren, er
gehöre doch in die erste Mannschaft, und er wußte ganz

genau, daß er bereits in der ersten Mannschaft spielen würde, wenn da nicht dieser dämliche Coach wäre. Als dieser »Coach« ihn nämlich als »Blödmann« betitelte, wollte er gar nicht mehr hören, was er sonst noch zu sagen hatte.

Nehmen wir aber einmal an, der Coach hätte gesagt: »Mann, *sagenhaft*, wie du aus dem Stand beschleunigst (und das war es ja in der Tat auch), und wenn du dich nun noch richtig in den Block stellst, haben wir eine echte Chance, zu gewinnen.« Bei den Worten *sagenhaft* und *gewinnen* wäre der Spieler sichtlich aufgeblüht, hätte breit gelacht und seine Ohren so weit aufgesperrt wie Dumbo, Walt Disneys berühmter fliegender Elefant. Er hätte alles hören wollen, was sein Coach noch zu sagen gehabt hätte. Und dieser hätte seine Korrektur rasch, schmerzlos und viel wirksamer anbringen können, weil der Spieler aufmerksam zugehört hätte, denn sein Coach hatte ja beobachtet, wie schnell er aus dem Start losgesprintet war.

Zwei Dinge dürfen Sie nicht vergessen, wenn Sie sich dieser Methode bedienen. Erstens: *Das Kompliment muß aufrichtig sein*. Andernfalls werden es Ihre Mitarbeiter schneller wissen als Sie selber, und dann verlieren Sie Ihre Glaubwürdigkeit. Zweitens: *Sie dürfen nicht an jedes Kompliment eine Belehrung anhängen*. Sonst wird diese Methode als Manipulation empfunden – was sie im übrigen auch wäre. Und dies hätte auf lange Sicht einen doppelten Verlust zur Folge.

Wie ist Ihnen zumute, wenn Sie einen Zettel auf Ihrem Schreibtisch finden oder einen Anruf bekommen, daß Ihr Chef Sie sprechen möchte, und zwar *sofort*? Fünfundneunzig von hundert Leuten verspüren ein dumpfes Gefühl im Magen und überlegen sich krampfhaft: »Wie hat er nun das schon wieder herausgefunden?« Wir sind darauf eingestellt, in solchen Situationen mit dem Schlimmsten zu rechnen. Stellen Sie sich nun aber vor, daß Ihr Chef einer jener Manager ist, die mit Menschen umgehen können, stets das Gute suchen und normalerweise Komplimente austeilen. Dann freuen Sie sich auf die paar Minuten mit Ihrem Chef, wenn Sie eine »Vorladung« bekommen. Die ganze Situation ist vollkommen verändert. Und nun lautet die Frage: *Wie soll Ihren Mitarbeitern, Freunden oder Familienmitgliedern zumute sein, wenn sie erfahren, daß Sie mit ihnen sprechen wollen?*

Schriftliches Feedback

Manche Leute haben Mühe, solche Aufmunterungen in Worten auszudrücken. Aber diese Fähigkeit kann man sich aneignen oder lernen. Bis es soweit ist, brauchen Sie allerdings ein anderes, praktisches Instrument für Ihr Feedback. Das will ich Ihnen geben, und es wird Ihnen eine große Hilfe sein, ob Sie nun Anfänger oder Meister im Umgang mit Worten sind. Bei unsern Zig-Ziglar-Seminaren verwenden wir Zettelblöcke mit der Aufschrift: »Ich mag ... weil«. Jeder Teilnehmer erhält einen solchen Block und wird gebeten, darauf Dinge zu notieren, die er während des Seminars an andern Teilnehmern mag oder schätzt. Diese originelle Idee stammt von der Bay City High School in Bay City, Texas. Sie zeitigt ungeheure Auswirkungen bei unsern Seminarteilnehmern und in allen Firmen und Unternehmen in ganz Amerika, wo sie ebenfalls verwendet wird.

Die »Ich mag ... weil«-Zettel bringen uns dazu, das

```
┌─────────────────────────────────────────┐
│                                         │
│  Ich mag _____         │
│                                         │
│  weil _____         │
│                                         │
│      _____          │
│                                         │
│      _____          │
│                                         │
│      _____          │
│                                         │
│        Du bist ein Sieger!              │
│                                         │
└─────────────────────────────────────────┘
```

Gute zu suchen und auf das Positive hinzuweisen, das wir bei andern entdecken. Dabei geht es von sehr einfachen Dingen, zum Beispiel ein Kompliment für ein ansteckendes Lächeln, bis zu viel komplexeren Eigenschaften, die schon viel tiefere Einsichten erfordern.

Als wir in unserem dreitägigen Seminar *Zum Sieger geboren* in Dallas dieses Konzept einführten, war da ein Mann, der seine offensichtliche Mißbilligung mit seiner Körpersprache zum Ausdruck brachte. Er wand und drehte sich, verschränkte die Arme, legte die Beine übereinander und sagte ganz allgemein: »Mit diesem dummen Zeug will ich nichts zu tun haben.« Nun, unsere Seminarleiter achteten sorgfältig auf die Kommentare dieses Mannes, als sie die Blätter austeilten. Am ersten Tag gab es selten mehr als ein paar Worte zu lesen. Am zweiten Tag fielen die Kommentare schon etwas länger aus, und am dritten Tag bedeckten sie auch noch die Rückseite der Blätter. Am Ende des Seminars erhob er sich und sagte: »Als ich diese ›Ich mag . . . weil‹-Zettel zum ersten Mal sah, hielt ich sie für das Dümmste, was mir je unter die Augen gekommen war. Aber es ist verblüffend, wie Sie sich alle in diesen drei Tagen verändert haben!« Offensichtlich hatten sich die Leute verändert, weil *Zum Sieger geboren* Erfahrungen vermittelt, die das Leben wirklich verändern können, aber ebenso offensichtlich hatte sich dieser Mann verändert, weil er lernte, in andern Menschen das Gute zu suchen.

Wir bieten auch ein zweitägiges Seminar unter dem Titel *Effiziente Kommunikation im Geschäftsleben* an. Im Verlauf der zwei Tage werden die Teilnehmer ein gutes Dutzend Male auf Video aufgenommen und danach einzeln anhand dieser Aufnahmen beraten, wie sie ihre Kommunikation verbessern können. Neben American Airlines, DuPont und vielen andern ließ auch die berühmte Warenhauskette Neiman-Marcus durch unsere Instruktoren im eigenen Haus einige ihrer Angestellten in Schlüsselpositionen schulen. Sie mochten unser »Ich mag«-Konzept so sehr, daß sie es leicht modifiziert übernahmen und auf ihre Blöcke »Sie sind, wofür wir berühmt sind!« drucken ließen. Unter diesem Titel schreiben sie ihre positiven Bemerkungen über ihre Kollegen auf.

Braucht überhaupt jemals jemand diese Dinge?

Laurie Magers ist meine administrative Assistentin und wohl eine der effizientesten Personen, die man sich überhaupt vorstellen kann. In den über neun Jahren unserer Zusammenarbeit hat sie, glaube ich, drei Fehler gemacht (von denen zwei eigentlich auf mein Konto gingen!). Der

Fehler, über den sie sich am meisten aufregte, bestand darin, daß sie vergessen hatte, mich (nochmals) an ein Fernsehinterview zu erinnern. Sie können sich vorstellen, wie ihr zumute war, und obwohl ich erklärte, dies sei doch keine Katastrophe und zu mindestens 50 Prozent mein eigener Fehler, fühlte sie sich fast den ganzen Tag lang ziemlich übel.

Als Laurie am folgenden Tag zur Arbeit erschien, hingen am Ventilator über ihrem Pult wenigstens fünfunddreißig »Ich mag«-Zettel. Einige ihrer Freunde im Büro hatten bemerkt, wie niedergeschlagen sie war, fanden den Grund heraus und beschlossen, sie auf irgendeine Art aufzumuntern. Jemand hatte geschrieben: »Ich mag Laurie, weil sie mit ihrer Schreibmaschine unter dem Arm über einen Wolkenkratzer springen kann!« Jemand anders hatte geschrieben: »Ich mag Laurie, weil sie mit Lichtgeschwindigkeit tippen kann!« Auf weiteren Zetteln stand: »Ich mag Laurie, weil sie immer bereitwillig zuhört!« oder »Ich mag Laurie, weil sie die gewissenhafteste Mitarbeiterin der Zig Ziglar Corporation ist!« Laurie war ob der Aufmerksamkeit und Aufmunterung durch ihre Arbeitskollegen buchstäblich zu Tränen gerührt – und motiviert! Sie hätten erleben sollen, wie produktiv sie war! Schlagartig war sie wieder die alte Laurie. Die Aufmerksamkeit anderer und die Tatsache, daß andere das Gute suchen wollten und es dann auch hervorhoben, halfen Laurie über einen schwierigen Punkt hinweg.

Wenn Sie sich nicht so richtig mit diesem Konzept anfreunden können, liegt es vermutlich daran, daß Sie sich auf das falsche Wort konzentrieren. Das Schlüsselwort auf dem Zettel ist nicht »mag«. Wenn es Sie stört, streichen Sie es einfach und ersetzen es durch »schätze« oder »respektiere«. Das Schlüsselwort ist »weil«. Es hebt das ganze Konzept aus dem Oberflächlichen und Allgemeinen zum Aufrichtigen und Spezifischen empor.

Alle guten Management-Bücher, die heute auf dem Markt sind, fordern uns auf, unsere Angestellten mit Feedback zu versorgen. Und dies bedeutet, auf *spezifisches und überprüfbares Verhalten hinzuweisen.* »Ich mag John, *weil* er das Projekt termingemäß und unter den budgetierten Kosten unter Dach und Fach gebracht hat!«, nicht: »Ich mag John, weil er ein guter Angestellter ist.« »Ich mag Jane, *weil* sie an drei aufeinanderfolgenden Tagen Überstunden geleistet hat, um ein wichtiges Projekt abzuschließen!«, nicht: »Ich mag Jane, *weil* sie viel arbeitet.« Denken Sie dran: *Ertappen Sie die Leute, wenn sie etwas richtig machen!* Dann bauen Sie auf das auf, was richtig ist, nicht auf das, was falsch ist.

Solange Sie noch keine »Ich mag«-Botschaft geschrieben oder erhalten haben, können Sie die Auswirkung einer derart einfachen Idee gar nicht richtig abschätzen. Nehmen Sie doch gleich jetzt meine Herausforderung an: Denken Sie an eine Person, der Sie unbedingt sagen müssen, daß Sie sie schätzen, mögen (lieben) und/oder respektieren. Denken Sie an diese Person, hören Sie auf zu lesen, und geben Sie *jetzt sofort* ein verbales oder schriftliches »Ich mag« weiter!

Unser Kurs für Schulen läuft unter dem Titel »Ich kann«. Er wurde von Mamie McCullough aufgebaut und beruht auf den Prinzipien meines Buches *See You at the Top* (Wir treffen uns an der Spitze wieder). Unter anderem geben wir den Schülern die Aufgabe, nach Hause zu gehen und ihren Eltern zu sagen: »Ich habe euch gern!« Sie wären schockiert, in Ihrem Innersten aber auch gleichzei-

76

tig erfreut, wenn Sie einige der Briefe lesen oder Telefongespräche mithören könnten, die wir von Eltern bekommen, die den Tränen nahe sind, weil ihnen zum ersten Mal in ihrem Leben ein zwölf- oder vierzehnjähriges Kind gesagt hat: »Ich liebe euch!« Es gibt jemanden in Ihrem Leben, dem Sie sagen müssen, wie sehr Sie ihn schätzen. Sie müssen sich wirklich *fest vornehmen*, das heute noch zu tun! Zögern Sie nicht mehr. Beim ersten Mal ist es weitaus am schwierigsten und unangenehmsten. Aber schon bald wird es Ihnen Freude und Lohn bringen, denn ein herrliches Feedback wird nicht ausbleiben.

Ungewöhnliche Konsumgüter

Liebe und Respekt gehören wohl zu den ungewöhnlichsten Konsumgütern unserer heutigen Gesellschaft. Leider gehören sie auch zu den seltensten. Ungewöhnlich sind sie deshalb, weil wir sie *nur bekommen* können, indem wir sie *weggeben*. Wenn man Sie nicht so liebt oder respektiert, wie Sie es gern hätten, sollten Sie einmal kurz in sich gehen und überlegen, ob Sie selbst Liebe oder Respekt schenken. Denn vergessen Sie nicht:

Sie können nicht etwas weggeben, was Sie gar nicht besitzen!

Mit andern Worten: Liebe und Respekt, die Sie andern schenken, müssen Sie in sich selbst tragen!

»Es gibt im Leben eines jeden Höhepunkte«, schrieb George Matthew Adams, »und den meisten von ihnen liegt eine Aufmunterung durch einen andern Menschen zugrunde. Mir ist es gleichgültig, wie groß, berühmt oder erfolgreich ein Mann oder eine Frau ist, jeder Mensch dürstet nach Applaus.« Wenn Sie sich noch einmal daran erinnern, wie gut *Sie* sich fühlen, wenn Sie jemand anders aufgemuntert haben, braucht es keinen andern Anstoß, um Sie dazu zu überreden, jede Gelegenheit zu einer Aufmunterung beim Schopf zu packen. »Aufmunterung ist Sauerstoff für die Seele. Echt großartige Leistungen werden selten von Arbeitern erbracht, die nie aufgemuntert worden sind. Kein Mensch hat je ohne Aufmunterung lang, glücklich oder produktiv *gelebt*.«

Ungefähr in die gleiche Richtung zielt ein Artikel in Dr. Mortimer Feinbergs *Management*-Magazin.

William James, der bekannte Psychologe und Philosoph, erklärte ohne jede Einschränkung: »*Das tiefste Prinzip der menschlichen Natur ist die Sehnsucht, geschätzt zu werden.*« Dadurch, daß er dazu beiträgt, die Selbstachtung des Rivalen zu erhalten, bringt ihn der effiziente Manager der Gemeinschaft näher, indem er eine gemeinsame *Sorge in einem wichtigen Bereich der persönlichen Werte* unter Beweis stellt.

Dieses Vorgehen ist beim Umgang mit Gegnern wünschenswert; beim Umgang mit Untergebenen ist es von entscheidender Bedeutung. Es muß das ständige Ziel leitender Angestellter sein, die Kompetenz und das Engagement jener zu fördern, die letztlich dafür verantwortlich sind, daß Ziele des Unternehmens erreicht werden.

Dr. Alan C. Filley schreibt in seinem interessanten Buch *Interpersonal Conflict Resolution*, das Bild, das wir von uns zeichnen, entscheide ganz wesentlich mit, wie wir uns verhalten:

Verschiedene Studien zeigen, daß Menschen, die wenig von sich selbst halten, (1) sich in bestimmten Situationen stärker bedroht fühlen, (2) verwundbarer sind und stärker von einer energiegeladenen Situation abhängen, (3) ein größeres Bedürfnis nach Struktur haben, (4) Aggressionen verhindern, (5) leicht zu überzeugen sind und (6) schneller einem Gruppendruck nachgeben als Menschen, die selbst viel von sich halten.

Die Bedeutung, Mitglieder einer Gruppe zu gegenseitigem Respekt zu ermuntern, liegt darin, nicht übersehen zu werden. Individuelle Leistungen sollten auf eine Weise anerkannt werden, daß nicht nur die Beziehung zwischen dem Vorgesetzten und seinem Untergebenen, sondern auch zwischen dem Untergebenen und seinen Kollegen gestärkt wird. Ein Mitarbeiter sollte nie so gelobt werden, daß gleichzeitig andere Mitglieder des Teams Kritik daraus ableiten können. Und wenn immer eine Leistung durch Mithilfe von andern erbracht worden ist, sollte auch deren Beitrag anerkannt werden. Jedes andere Vorgehen hat wohl eher Spannungen innerhalb der Gruppe als eine bessere Zusammenarbeit zur Folge.

Es ist also von entscheidender Bedeutung, *den Kredit zu teilen*, und zwar gleichermaßen mit und unter den Mitarbeitern.

Aber gibt es nicht auch eine Zeit, wo wir über andere »herziehen« müssen?

Doch. Natürlich kann Feedback nicht immer positiv sein. Vielleicht sind Sie der Meinung, ich hätte die Suche nach dem Guten überbewertet – und da haben Sie zum Teil recht. Man kann in der Tat nie zuviel Gutes bei andern finden und es auch sagen, solange jede Bemerkung aufrichtig gemeint ist. Ich habe nur deshalb so ausführlich darüber gesprochen, weil wir (als Gesellschaft) es im allgemeinen viel zu wenig oft tun. Nun, nachdem wir uns darüber einig sind, wollen wir uns fragen, wie wir andere erkennen lassen, daß wir mit ihrer Leistung *nicht* zufrieden sind.

Versuchen wir zunächst zu verstehen, was Jean Paul Richter mit folgender Aussage eigentlich meint: »Ein Mensch erträgt Widerspruch und Rat viel leichter, als man denkt, er duldet ihn – selbst wenn er mehr als begründet wäre – nur dann nicht, wenn er heftig vorgebracht wird. Herzen sind wie Blumen; sie öffnen sich dem sanften Tau, verschließen sich aber vor einem heftigen Gewitterregen.«

Bryan Flanagan, ein hervorragender Redner und Sales Manager unserer Abteilung für Unternehmensschulung, steht bei unseren Angestellten im Ruf, einer der exzellentesten »Ich mag«-Autoren in unserem Büro zu sein. Jedermann freut sich auf ein Feedback von Bryan, weil es so freundlich und treffend formuliert ist. Er selbst bestätigt jedes Kompliment, das er macht. Häufig unterstützt er das schriftliche »Ich mag« noch durch Worte, und zwar stets in Gegenwart des Vorgesetzten jener Mitarbeiter, denen er ein Kompliment macht – und immer ein aufrichtiges.

Bryan zieht auch alle Register, wenn er jene Mitarbeiter, die seiner Verantwortung unterstehen, belehren muß. Einmal beobachtete Jim Savage, Bryans langjähriger Freund und unmittelbarer Vorgesetzter, wie eine »nicht gerade bestens motivierte« Angestellte aus Bryans Büro kam. Natürlich wollte er wissen, was geschehen war, und auf seine Frage hin erzählte Bryan ihm folgendes:

Weißt du, Jim, diese junge Dame ist eine der besten Angestellten in unserer Abteilung. Sie erscheint jeden Tag zur Zeit im Büro und hat auch nichts dagegen, bei Bedarf länger zu bleiben. Sie tut willig und freudig so ziemlich alles, was für unsere Organisation von Vorteil ist. Letzten Monat zum Beispiel bat ich sie, eine Arbeit zu übernehmen, die eigentlich etwas außerhalb ihres Erfahrungs- und Interessenbereichs lag, und sie stimmte nicht nur zu, sondern erledigte die Aufgabe auch ganz hervorragend. Aber genau dieser Auftrag hat sie ihre Motivation gekostet. Er wich wie gesagt etwas von ihren üblichen Pflichten ab, und seit sie wieder ihrer gewohnten Arbeit nachgeht, leistet sie einfach weniger als zuvor. Ich machte sie nur darauf aufmerksam, daß ihre Produktivität nicht ihrem normalen Niveau entspräche, fragte nach dem Grund ... und *hörte zu*. Sie sprach über ihre Sorgen, und im Laufe des Gesprächs gelang es uns, den Finger auf ganz spezifische Verhaltensweisen und Faktoren zu legen, auf die ihre verminderte Produktivität zurückzuführen ist. Aufgrund dieser Informationen konnten wir nun einen Plan zur Steigerung ihrer Produktivität entwickeln, mit dem sie einverstanden und auch zufrieden ist. Ich erinnerte sie daran, daß sie nicht nur als Mitarbeiterin, sondern auch als Mensch sehr wertvoll ist. Wir haben auch einen Termin festgelegt, wo wir uns wieder zusammensetzen und über den bisherigen Verlauf unseres Plans sprechen wollen. Sie war sogar froh, daß wir unsere gemeinsamen Sorgen diskutieren konnten. Natürlich war sie zu Beginn etwas nervös, aber sie erkannte, daß jemand ihr den Weg zeigen mußte, und sie war froh, daß ich mich genügend für ihre Probleme interessierte, um ihr etwas Zeit und Hilfe zu geben.

Bryan Flanagan ist ein ausgezeichnetes Beispiel für dieses Drehbuch. Ich weiß, daß Sie sich beim Lesen die wichtigsten Punkte gemerkt haben. Gehen wir aber doch noch einmal gemeinsam zurück und vergewissern wir uns, daß wir alles richtig verstanden haben.

1. *Das Feedback erfolgte unter vier Augen.* Nichts kann sich verheerender auswirken als Tadel in der Öffentlichkeit. Manche Manager hänseln Angestellte gern in Anwesenheit von andern, um sie »auf ihre Art« wissen zu lassen, daß sie mit irgend etwas nicht zufrieden sind. Damit zerstören sie aber nur das Vertrauen unter den beteiligten Leuten. *Jede* Belehrung oder Kritik muß unter vier Augen erfolgen.
2. *Es wurde ein spezifisches, überprüfbares Verhalten kritisiert.* Die Angestellte wurde nie persönlich angegriffen. Falls Kritik angebracht ist, dann stets an der Leistung, *nie* an der Person, die sie erbracht hat.
3. *Das Feedback erfolgte sofort.* Sobald er das Problem erkannte, unternahm Bryan etwas dagegen.
4. *Bryan stellte Fragen und hörte sich die Antworten an.* Anstatt vorschnell zu urteilen, stellte er Fragen, deren Antworten er weitgehend schon kannte. Es ging ihm

auch weniger um die Antworten als darum, aus welcher Perspektive seine Angestellte die Fragen beantwortete. Übrigens, beenden Sie Ihr nächstes Instruktionstreffen doch einmal mit der Frage: »Was glauben Sie, wie ich über dieses Gespräch denke?« Und fragen Sie nach der Antwort weiter: »Und was denken *Sie* über dieses Gespräch?« Die Antworten werden Sie oft überraschen und Ihnen in der Regel viel Einsicht in das vermitteln, was bei diesem Gespräch vor sich gegangen ist.

5. *Es wurde ein gemeinsamer Plan ausgearbeitet.* Bryan bestimmte nicht einfach, wie das Problem zu lösen war. Im Gegenteil, beide Beteiligten einigten sich auf einen für beide Seiten annehmbaren Plan. Also auch die Angestellte trug ihr Teil dazu bei.

6. *Es wurde ein Termin für ein nächstes Gespräch festgelegt, damit Bryan sich davon überzeugen konnte, daß er auch bekam, was er erwartet hatte.* Zu viele hervorragende Pläne fallen der »Dringlichkeit« zum Opfer. Wir versuchen zwar in bester Absicht, noch einmal auf das Gespräch zurückzukommen, aber dann tauchen »dringendere« Probleme auf, und wir vergessen es. Wenn wir einen Termin festlegen, erhält der Plan dadurch eine gewisse »Dringlichkeit«, und wir können vermeiden, daß er fehlschlägt oder daß sich der Angestellte vernachlässigt fühlt.

7. *Während des ganzen Gesprächs wurde auch immer wieder gelobt.* Es wird oft darüber diskutiert, ob Kritik zwischen zwei Lobreden einzubauen sei. Manche Manager glauben, jedes Gespräch müsse mit einem Lob beginnen oder enden. Ich überlasse die Entscheidung darüber Ihnen. Um den Erfolg zu messen, müssen Sie allerdings folgende Frage bejahen können: »Hat sich

mein Mitarbeiter gut gefühlt, als er mein Büro verließ?« Niemand sollte nach einem Gespräch mit seinem Vorgesetzten an seinem Wert als Mensch zweifeln!

Um Gutes zu finden, müssen wir denen, für die wir verantwortlich sind, oft *beibringen*, etwas Gutes zu tun. Dies ist das Ziel eines solchen Gesprächs. Die großen Manager geben andern Anweisungen, wie sie mehr Erfolg haben können – aber immer *innerhalb* der Fähigkeiten ihrer Mitarbeiter. Große Manager sehen nicht über Fehler hinweg. Nachlässigkeit in dieser Hinsicht bedeutet Vernachlässigung der Pflicht. Dr. Michael Mescon, Dekan des College of Business Administration an der Georgia State University, sagt: »Wenn ein Verkäufer in einem Warenhaus unfreundlich ist, geben Sie die Schuld nicht ihm, sondern seinem Manager. Denn dieser ist letzten Endes für die Taten und Handlungen seiner Untergebenen verantwortlich.« Wenn Sie das Gute suchen, in Wort oder Schrift darauf hinweisen, in der erwähnten Weise Kritik vorbringen und die Verantwortung für Ihre Untergebenen übernehmen wollen, sind Sie auf dem besten Weg, ein ausgezeichneter Manager zu werden, der Menschen führen kann!

Marshall Field, ein führender amerikanischer Geschäftsmann und Philanthrop, sagte einst: »Wer mein Geschäft betritt, um zu kaufen, unterstützt mich. Wer kommt, um mir zu schmeicheln, gefällt mir. Wer sich beschwert, zeigt mir, wie ich andere besser bedienen kann, damit mehr Kunden kommen. Was mich einzig stört, sind die Unzufriedenen, die sich nicht beschweren. Sie nehmen mir nämlich die Möglichkeit, meine Fehler gutzumachen und so meine Dienstleistungen zu verbessern.«

Als Manager sollten wir Marshall Fields Worte als Methode übernehmen, um die Leistung unserer Mitarbeiter zu steigern und ihnen bei ihrer persönlichen Entwicklung zu helfen. Vergessen Sie nicht: Wenn wir den Leuten nur schmeicheln, mögen sie das. Wenn wir aber nur tun, was sie mögen, beteiligen wir uns an einer Verschwörung zur Verhinderung ihrer Entwicklung und Möglichkeiten.

Ein positiver Wink zur Erinnerung

Die Motivation von Menschen hat sehr viel mit Lob und Anerkennung zu tun. Deshalb ist die »Ich mag«-Methode ja so wirksam. Bevor wir dieses Kapitel über die Suche nach dem Guten abschließen, möchte ich Ihnen noch eine letzte kleine Geschichte erzählen.

Eine Firma schickte kürzlich vier Mitarbeiterpaare an unser Seminar *Zum Sieger geboren*. Am Ende des ersten Tages waren sie alle acht ungeheuer motiviert, und sie fanden die »Ich mag«-Idee fantastisch. Am Abend gingen sie in eines der teuersten Restaurants von Dallas essen. Und sie bereuten es nicht. Ihr Kellner war ein alter Fuchs mit fünfundzwanzig Jahren Erfahrung, zwanzig davon eben in jenem Restaurant. Er war stets da, wenn man ihn brauchte, verhielt sich aber keineswegs anbiedernd. Er bediente seine Gäste schnell und zuvorkommend, drängte sich aber nicht auf. Er kannte sich in der Speisekarte natürlich bestens aus, konnte alle Fragen auf Anhieb beantworten und ihnen über die Spezialitäten des Tages Auskunft geben. Freundlich, aber nicht plump vertraulich. Nochmals, er war ein echter Profi.

Die vier Paare fühlten sich sehr wohl und riefen den Kellner schon bald bei seinem Vornamen. Das Essen war hervorragend, wozu der effiziente, elegante Service des Kellners nicht unwesentlich beitrug. Die Gäste hinterließen ihm ein Trinkgeld von 25 Prozent, was in einem exklusiven Restaurant einer ganz hübschen Summe entspricht. Zudem hinterließ jeder Gast auch einen »Ich mag«-Zettel. Die acht Leute waren noch nicht weit gekommen, als sie vom Restaurant her ihren Kellner rufen hörten.

Rasch kam er – die acht Zettel in der Hand – auf sie zu und begann zu sprechen. Doch die Stimme versagte ihm, und er blieb eine Weile still und stumm vor Rührung stehen. Nachdem er sich wieder etwas gefaßt hatte, erzählte er seinen Gästen, ihm sei in seinen fünfundzwanzig Jahren als Kellner noch nie so etwas Schönes passiert. Stellen Sie sich das vor!

Dieser Kellner war der lebendige Beweis für etwas, was mein Freund und Rednerkollege Cavett Roberts zu sagen pflegt: Jeden Abend gehen drei Milliarden Menschen auf der Erde hungrig schlafen, aber vier Milliarden gehen jeden Abend schlafen und dürsten nach einem einfachen Wort der Ermutigung und Anerkennung.

Glauben Sie, dieser sonst schon sehr aufmerksame Kellner sei danach noch gewissenhafter ans Werk gegangen? Glauben Sie, diese Erfahrung habe ihn bereichert? Wären Sie nicht gern selbst am nächsten Tisch bei ihm Gast gewesen? Und vor allem: Wer hatte Ihrer Ansicht nach am meisten gewonnen? Der Kellner, der die »Ich mag«-Aufmunterungen bekommen hatte, oder die acht Gäste, die sie geschrieben hatten? Viel Fantasie braucht es nicht, um diese Frage zu beantworten, nicht wahr? Bestimmt sind Sie mit mir darüber einig, daß die größten Gewinner die acht Gäste waren, welche die Zettel geschrieben hatten.

Und darum dreht sich schließlich dieses Konzept einzig

und allein. Ich möchte betonen, daß wir von einem *Prinzip*, nicht von einer Taktik sprechen. Schon in der Bibel steht: »Gebet, und es wird euch gegeben werden.« Wenn wir aber anderen geben oder etwas für andere tun, nur damit diese dann etwas für uns tun, dann ist unser Tun nur Taktik, und sie wird mit Sicherheit auf uns zurückschlagen oder mit der Zeit unwirksam werden. Wenn Sie aber überzeugt sind, daß Sie alles im Leben haben können, was Sie wollen, wenn Sie nur andern Leuten helfen, das zu bekommen, was sie wollen, und wenn Sie dann Ihren Leuten mit ehrlichem, aufrichtigem Lob helfen, effizienter und produktiver zu werden – dann werden nicht nur diese davon profitieren, sondern auch Sie und Ihr Unternehmen. Die magische Überlegung ist die folgende:

Als Prinzip bringt es Sieg,
als Taktik nur Niederlage.

Vergessen Sie die Worte von Williams James nicht: »Das tiefste Prinzip der menschlichen Natur ist die Sehnsucht, *geschätzt* zu werden.« Wenn Sie, der Manager, diese Sehnsucht, dieses Bedürfnis erfüllen, haben Sie einen gewaltigen Schritt getan auf dem Weg, ein besserer Manager zu werden.

Denken Sie daran: Das G in unserer Formel steht für »Das Gute suchen«.

Leistungsprinzipien

1. Suchen Sie das Gute in andern Menschen.

2. Ertappen Sie sie, wie sie etwas richtig machen.

3. Man muß oft handeln, auch wenn einem im Augenblick nicht danach zumute ist.

4. Packen Sie jede Gelegenheit, ein Kompliment auszusprechen, beim Schopf.

5. Loben Sie in der Öffentlichkeit, kritisieren Sie unter
   vier Augen.

4

Erwarten Sie das Beste

Wenn Sie das Beste aus einem Menschen herausholen
wollen, müssen Sie das Beste suchen, das in ihm steckt.

Bernard Haldane

Gutes sehen
Erwarten Sie das Beste
Loyalität

Das E in unserer GEL-Formel steht für *Erwarten Sie das
Beste*. Vor einiger Zeit entwickelte ich einige der Ideen, die
ich Ihnen bisher erklärt habe, in einem Seminar. In der
Pause kam einer der Teilnehmer zu mir und sagte: »Ihre
Informationen sind fantastisch. Ich wünschte, einige von
diesen *Trotteln* aus unserem Büro könnten auch hier sein!«

Frage an Sie: Glauben Sie, dieser Mann habe einen sehr
wichtigen Punkt gar nicht mitbekommen?

Nun, dann will ich Sie überzeugen. Was für Arbeitskollegen haben Sie? Was für Angestellte haben Sie? Was für
Kinder? Was für eine Ehefrau? So oft bekommen wir doch
von anderen *genau das, was wir erwartet haben*! Mit andern Worten: Die Art, wie wir sie sehen, beeinflußt die Art,
in der wir sie behandeln, und die Art, wie wir sie behandeln, beeinflußt ihre Leistungen.

Vor mehreren Jahren veröffentlichen Rom J. Markin

und Charles M. Lillis in *Business Horizons* einen Artikel unter dem Titel »Sales Manager bekommen, was sie erwarten«. Dieser Artikel vermittelt wohl die beste und präziseste Zusammenfassung des Pygmalion-Effekts (manchmal auch »Echo«- oder »Spiegel«-Effekt genannt), die ich je gelesen habe. Lassen Sie mich einige der wichtigsten Punkte aus diesem Artikel zitieren.

Erwartungen können das Verhalten beeinflussen. Deshalb kann ein Manager von seinem Team bessere Leistungen bekommen, wenn er bessere Leistungen erwartet. Dieses Verhaltensphänomen wird als Pygmalion-Effekt bezeichnet... Pygmalion war eine Gestalt der griechischen Mythologie. Er war ein Bildhauer, der in Liebe zu einer von ihm gefertigten idealisierten Frauenstatue aus Elfenbein entbrannte. Auf sein Flehen hin hauchte Aphrodite der Statue Leben ein. Das Konzept beruht auf der Annahme, daß das, was wir in vielen Objekten, Situationen oder Menschen reflektiert sehen, das ist, was wir mit unseren Erwartungen hineinprojizieren. Wir machen uns Bilder davon, wie Dinge sein sollten, und wenn wir an diese Bilder glauben, werden sie zu Prophezeiungen, die sich selber erfüllen...

Der Beweis

Die Gefühle und Untertöne in unserer Umgebung können geändert werden, wenn wir uns darum bemühen, sie zu ändern, indem wir jenes Signal aussenden, das wir reflektiert haben möchten. Komödianten und dramatischen Darstellern gelingt es gleichermaßen,

jene Stimmung oder Atmosphäre zu schaffen, die vor-
herrschen soll, indem sie jene Signale aussenden, die
sie gespiegelt haben wollen ... »*Wenn man einmal zu
lachen anfängt*«, erklärt ein Regisseur, »*ist es leicht
weiterzumachen, denn Handlung und Emotion sti-
mulieren sich gegenseitig.*« ... Wir alle haben ein Publikum von Individuen und Kollegen, deren Tag mit all
seinen Stimmungen, Launen und Dispositionen dadurch beeinflußt wird, wie wir ihn beginnen. Aus diesem Grund sind Sales Manager vielleicht die wichtigsten »Signalsender« für Vertreter im Außendienst,
und die Erwartungen des Managers werden die Leistungen der Vertreter, die er führt und überwacht,
ganz enorm beeinflussen.

Wissenschaft gegen Folklore

Der Pygmalion-Effekt ist auch wissenschaftlich unter-
sucht worden, und somit ist die Gültigkeit der Theorie
in bezug auf Nützlichkeit und Wahrheit bestätigt worden ... Ein Querschnitt durch sorgfältig analysierte
wissenschaftliche Studien widerspiegelt ihre Bedeutung:

● Eine Studie ergab, daß Experimentatoren die IQ-
Werte von Kindern vor allem bei Wort- und Informa-
tions-Tests heraufschrauben konnten, nur weil sie erwarteten, daß die Kinder ihre Sache gut machten ...

● Eine Studie ergab, daß Experimentatoren die Leistung ihrer Probanden verbessern konnten, indem sie
einfach eine gute Leistung erwarteten. Die Testperso-

nen mußten dabei möglichst viele Murmeln durch eins von mehreren Löchern in einer Tischplatte schieben ...

● Eine Studie ergab, daß die Leistung von Arbeitern signifikant zunahm, wenn man dem Vorarbeiter sagte, seine Gruppe sei für eine bestimmte Aufgabe ganz besonders gut geeignet.

Wie funktioniert das?

Die alles entscheidende Frage ist: Wie können Manager diese Technik einsetzen und ihre eigene Leistung verbessern, gleichzeitig aber auch die Leistung von andern verbessern?
William James, der Vater der amerikanischen Psychologie, kam zum Schluß, wir würden genauso, wie wir handeln ... wenn wir also unerwünschte emotionale Neigungen in uns selbst überwinden wollen, müssen wir nach außen hin jene Tendenzen an den Tag legen, die wir pflegen wollen. Alfred Adler, ein ebenfalls sehr bekannter Psychologe, bestätigte dies später durch den Beweis, *daß es uns wirklich nach Lachen zumute ist, wenn wir uns zu einem Lachen zwingen.* Kurz: Unsere Launen passen zu unserem Gehabe, und – was noch viel wichtiger ist – den Menschen um uns ist es in der Regel ähnlich zumute wie uns. Launen sind ansteckend.
B.F. Skinner, der Verhaltensforscher, der die Grundlagen des Behaviorismus entwickelte, behauptete, unser Verhalten wirke sich auf die Umgebung aus und das Verhalten werde durch Konsequenzen geprägt. Wenn

zum Beispiel ein Sales Manager seinen Vertretern signalisiert, er halte sie für äußerst kompetent, effizient, fähig und reif und seine und ihre Arbeit sei bedeutungsvoll, wichtig und lohnend, werden seine Leute, die die Signale empfangen, in manchen Fällen darauf ansprechen und bessere Leistungen erbringen.

Und sie werden darüber hinaus ansprechen, indem sie ihre Arbeit als noch lohnender, einträglicher und befriedigender betrachten. Das *Bild, das man von sich selbst hat*, ist der Schlüssel zum menschlichen Verhalten. Ändern Sie dieses Bild, und Sie ändern das Verhalten. Und zudem setzt dieses Bild von sich selbst die Grenzen für die individuelle Leistung. Es bestimmt, was man tun kann und was nicht. Erweitern Sie das Bild von sich selbst, und Sie erweitern den Bereich des Möglichen.

Durch die Macht der Erwartung kann ein Sales Manager (oder irgendein anderer Manager) bei seinen Untergebenen ein adäquates, realistisches Selbstbild entwickeln, das ihnen neue Fähigkeiten und Talente eröffnen und Mißerfolg buchstäblich in Erfolg verwandeln kann.

Uff! Ich weiß nicht, ob ich so viel darüber wissen wollte!

Ich gehe deshalb so sehr ins Detail, weil viele Leute dieses Konzept zwar bejahen, im Grunde genommen aber nicht daran glauben. Wenn man doch aber vermutet hat, der Pygmalion-Effekt sei in der Tat wirksam, und wenn die Wissenschaft doch *bewiesen* hat, daß er wirksam ist, weshalb wollen wir dann nicht von den offensichtlichen Vorteilen seiner Anwendung profitieren?

Wer erfolgreich Spitzenleistungen erbringt, glaubt *daran und* wendet *die Prinzipien* an!

Wenn der Pygmalion-Effekt auch bei Ihnen wirken soll, müssen Sie andern helfen, indem Sie:

a) durch ein ständiges positives Feedback (das auch für ein positives »Klima« sorgt) zu Leistungen ermuntern;
b) den Leuten, von denen Sie Spitzenleistungen erwarten, regelmäßig Gelegenheit zum Lernen und Wachsen einräumen;
c) Aktivitäten organisieren und Informationen vermitteln, die dazu beitragen, daß die Leute begreifen, daß ihre Bemühungen sinnvoll und produktiv sind;
d) erstrebenswerte und lohnende Konsequenzen für die Leute vorbereiten (denken Sie daran, daß 75 bis 85 Prozent der Leistung auf Konsequenzen zurückzuführen sind).

a) Positives Feedback

Wir haben schon viel Zeit und Energie auf die Bedeutung von positivem Feedback aufgewendet, und ich bin überzeugt, daß Ihnen die Wichtigkeit dieser Sache bewußt ist. Denken Sie daran: Suchen Sie das Gute!

b) Regelmäßige Gelegenheiten zum Lernen und Wachsen

Wie wichtig die Aus- und Weiterbildung ist, kann nicht genug betont werden. Tom Peters, Koautor des Buches *Auf der Suche nach Spitzenleistungen*, berichtet, eines der von ihm untersuchten Unternehmen weise 16- bis 18jährige Mitarbeiter, die nur ungefähr fünf Wochen blieben, vier volle Tage lang in ihre Arbeit ein. Das Unternehmen: Disneyland. Der Job: Parkwächter. Der Grund: Der Parkwächter ist oft der erste Vertreter des Unternehmens, mit dem der Gast in Berührung kommt, und deshalb bestimmen diese Jugendlichen, in welcher Stimmung ihre Gäste den Besuch in Disneyland antreten.

IBM verlangt von seinen Mitarbeitern auf Managerstufe, daß sie sich vierzig Tage pro Jahr der Weiterbildung widmen – acht Wochen Arbeitszeit für Ausbildung!

Die Arthur Anderson Company in Dallas gibt 10 Prozent ihres *Brutto*gewinns für Weiterbildung aus.

Zu oft wird in finanziellen Krisenzeiten zuerst das Budget für Weiterbildung beschnitten. Dabei sollte im Grunde genommen genau das Gegenteil geschehen. In finanziellen Krisenzeiten sollte das Budget für Aus- und Weiterbildung massiv erhöht werden.

Um Tom Peters zu zitieren: »Die exzellenten Unternehmen erachten eine umfassende, pragmatische Weiterbildung als Notwendigkeit, nicht einfach als nette Dreingabe in guten Zeiten ... man muß ihnen vertrauen und sie weiterbilden, daß sich die Balken biegen.« Als man ihn fragte, wie er derart große Beiträge für Weiterbildung rechtfertige, erwiderte Peters: »Manager exzellenter Firmen würden eine solche Frage nicht stellen!«

c) Aktivitäten und Informationen, die beweisen, daß unsere Bemühungen sinnvoll und produktiv sind und geschätzt werden

In der Regel tue ich alles, um absolute Begriffe wie »nie« oder »nimmer« zu vermeiden, aber in diesem Fall werde ich eine Ausnahme machen. Unterschätzen Sie *nie* und unter *keinen* Umständen die Bedeutung eines Prämiensystems in Ihrem Unternehmen oder in Ihrer Organisation. Im zweiten Teil »Die Wissenschaft der Spitzenleistungen« werden wir uns eingehender mit dem Aufbau eines Prämiensystems befassen. Für den Augenblick nur soviel: Unterschätzen Sie nie die Bedeutung dieser Sache.

Wenn wir uns mit Aktivitäten und Informationen befassen, die beweisen, daß unsere Bemühungen sinnvoll und produktiv sind, befassen wir uns mit einem Thema, das für alle, die Spitzenleistungen erbringen, von größter Wichtigkeit ist. Denn in diesem Bereich muß der Manager seinen Leuten etwas ungeheuer Wichtiges »verkaufen«. Die andern müssen ein Konzept oder eine Vorstellung vom Gesamtbild haben und verstehen, wie sie da hineinpassen und dazu beitragen können. Die Spitzenmanager malen regelmäßig lebhafte Wortbilder, die ihren Leuten zeigen, was im Augenblick alles geschieht und was die kommenden Monate bringen werden.

Dies ist deshalb sehr wichtig, weil eines der größten Probleme der heutigen Gesellschaft das Problem der »unrealistischen Erwartungen« ist. Im Geschäft setzen wir unrealistische Ziele oder erwarten, daß wir viel rascher vorankommen. Was die Beziehungen angeht, erwarten wir, daß die andern gewisse Dinge für uns tun oder auf bestimmte Weise handeln, und wenn dies nicht geschieht, sind wir am

Boden zerstört. Bevor Sie nun sagen, »Augenblick mal, Ziglar, vor ein paar Minuten erst haben Sie behauptet, wir würden das Beste bekommen, wenn wir das Beste erwarteten – und nun sagen Sie, ›unrealistische Erwartungen‹ seien ein Problem?«, lassen Sie mich ausreden.

Diese scheinbare Diskrepanz ist in Tat und Wahrheit sogar die Hauptursache für dieses Problem. Aber wir werden im Abschnitt »Aktivitäten und Informationen, die beweisen, daß unsere Bemühungen sinnvoll und produktiv sind« dieses Dilemma lösen.

Offenbar kann kein Management-Buch, das etwas auf sich hält, ohne Douglas McGregors Konzept der »Theorie X und Theorie Y« auskommen. Auch wir wollen uns hier mit diesen Theorien auseinandersetzen. In seinem Buch *Der Mensch im Unternehmen* (Mac Graw Hill, 1986) entwickelte McGregor zwei gegenläufige Anschauungen über die Haltung von Arbeitern aufgrund verschiedener Konzeptionen der menschlichen Natur:

Annahmen der Theorie X
1. Arbeit ist dem Durchschnittsmenschen von Natur aus zuwider.
2. Menschen wollen genau überwacht werden.
3. Die meisten Menschen sind faul, und ihre Arbeit muß sorgfältig eingeteilt werden.
4. Der wichtigste Anreiz für den Arbeiter ist Geld.
5. Typische Arbeiter sind nicht kreativ.
6. Arbeiter müssen gezwungen oder bestochen werden.

Annahmen der Theorie Y
1. Arbeit ist ebenso natürlich wie Spiel.
2. Die Menschen arbeiten gern.

3. Selbstkontrolle ist oft sehr wichtig.
4. Arbeiter auf allen Stufen sind kreativ.
5. Arbeiter sprechen positiv an, wenn man sie anständig und als erwachsene Menschen behandelt.
6. Anerkennung und Selbstbestätigung sind ebenso wichtig wie Motivation und Geld.

Wenn wir erwarten, daß die Annahmen der Theorie Y zutreffen, werden sie dies entsprechend dem Pygmalion-Effekt in den meisten Fällen auch tun. Das gleiche gilt natürlich auch für die Annahmen der Theorie X. Das Dilemma entsteht aus dem Standpunkt der *Erwartungen der Arbeiter*! Aufgrund von Erwartungen, die in der Vergangenheit in sie gesetzt worden sind, arbeiten viele Arbeiter unter Konsequenzen oder in einer Umgebung (Klima), welche sich eher der Theorie X annähern. Wie können wir diese Konditionierung der Vergangenheit wirksam überwinden? Indem wir Aktivitäten organisieren und Informationen vermitteln, die beweisen, daß die Bemühungen der Arbeiter (der Ehefrau, der Kinder usw.) sinnvoll sind.

Leider gibt es aber heute nur sehr wenige Arbeiter, die es wissen, wenn sie in ihrer Arbeit Erfolg haben. Natürlich gibt es da gewisse Anforderungen und Richtlinien in bezug auf ihre Arbeitsleistung, aber wie können sie wissen, ob und wann sie Erfolg haben?

Und der Manager? Wenn wir unseren Leuten regelmäßig positives Feedback geben, sie über ihre Leistung auf dem laufenden halten und ihnen ein Gesamtbild malen sollen, wie können wir festlegen, welche Informationen wir weitergeben sollen?

Die Leistungsstufen

Die Antwort auf diese Frage liegt, glaube ich, in den drei Leistungsstufen. Die erste Stufe ist die *Grundleistung*, d. h. die Leistung, die jemand erbringen muß, um seinen Arbeitsplatz zu behalten (bei Kindern: um eine Strafe zu vermeiden). Mir ist die Bezeichnung Grundleistung lieber als Mindestanforderung, weil ich nicht will, daß die Leute an das Wort Minimum denken, geschweige denn auf ein Minimum hinarbeiten. Wenn sie an Grundleistung denken, behalten die Leute nicht nur ihren Arbeitsplatz, sondern sie legen sich auch eine Basis, auf der sie zukünftige Erfolge aufbauen können. Auf das »Wie« der einzelnen Leistungsstufen werden wir im Kapitel »Die Wissenschaft der Spitzenleistungen« näher zu sprechen kommen. Gehen wir für den Augenblick einfach davon aus, daß die Grundleistung gemeinsam durch den Manager und seinen Angestellten festgelegt wird. Der Angestellte ist an der Idee beteiligt und fühlt sich nicht vor den Kopf gestoßen, während der Manager im Gespräch die Möglichkeit hat, seinem Angestellten das Gesamtbild besser zu erläutern. Wenn Sie noch nie nach dieser oder einer ähnlichen Methode vorgegangen sind, werden Sie staunen, daß Sie Ihre Angestellten gar nicht so oft ermuntern müssen, gewisse Ziele oder Standards anzustreben, sondern daß Sie weit öfter alles aufwenden müssen, sie auf den Boden der Realität zurückzuholen und eine nicht übertrieben hohe Grundleistung anzusetzen.

Leistungsstufe 2 ist die *Erfolgsleistung*, d. h. die Leistung, mit der sowohl Manager als auch Angestellter – vernünftig und realistisch gesehen – rechnen dürfen. Auch hier legen Manager und Angestellter das Leistungsniveau gemeinsam fest, indem sie alle verfügbaren Angaben über den jeweiligen Arbeitsplatz zu Rate ziehen. Durch die Zusammenarbeit und das Gespräch wird beiden klar, was der andere in bezug auf diese Erfolgsleistung erwartet. Auf nähere Einzelheiten werden wir, wie bereits erwähnt, in Kapitel 8 »Die Wissenschaft der Spitzenleistungen« eingehen.

Leistungsstufe 3 ist die *Klasseleistung*, jene Leistung, die erwartet werden darf, wenn alles plangemäß abläuft und der Angestellte in allen Bereichen Hervorragendes leistet. Diese Stufe setzt Leuten, die Spitzenleistungen erbringen, ein Ziel. Auch das Niveau der Klassenleistung wird im gemeinsamen Gespräch bestimmt. Der Manager muß darauf achten, daß das Ziel der Klasseleistung den Angestellten wirklich dazu veranlaßt, sich nach der Decke zu strecken. Nachdem Grundleistung und Erfolgsleistung festgelegt worden sind, wird der Manager seinen Angestellten mit ziemlichem Erfolg zur Klasseleistung führen können.

Die Vorteile dieses Drei-Stufen-Systems sind zahlreich:

1. Der Manager setzt seine Zeit gezielt in spezifischen Gesprächen über die Leistung am Arbeitsplatz ein.
2. Manager und Angestellter lernen sich kennen und legen in den Diskussionen ihre Erwartungen fest.
3. Der Manager erfährt, welche Leistungsstufe sein Angestellter erreichen *will*. Nur zu oft machen wir den Fehler, daß wir unsere Angestellten klassifizieren; bei diesem System klassifizieren sich die Angestellten selbst, und der Manager kann ihnen helfen, sich nach Lust und Wunsch durch die Stufen emporzuarbeiten.
4. Obere Leistungsgrenzen fallen dahin. Mit wachsendem Selbstbild haben auch die Angestellten Raum zu wachsen.

5. Es wird eine Grund- oder Basisleistung festgesetzt, so daß weder der Angestellte noch das Unternehmen in Gefahr gerät.
6. Bei richtiger Anwendung dieses Systems wird der Manager fast nie mehr einen Angestellten entlassen müssen. Der eine oder andere wird sich durch seine eigene Entscheidung sozusagen selber entlassen, aber der Manager wird nur noch sehr selten in diese peinliche und unangenehme Lage kommen.

Sehr wahrscheinlich haben Sie bei Punkt 6 Ihre Stirn in Falten gelegt. Nun, es gehört zu den schwierigsten Aufgaben eines Managers überhaupt, einen Angestellten zu entlassen, und die Aussicht, dies nur noch sehr selten tun zu müssen, ist bestimmt ein Grund zur Freude! Wenn Sie nun das Leistungsstufen-System mit meinem *Konsequenz-Verfahren* kombinieren, werden Entlassungen so ziemlich der Vergangenheit angehören. Und das Konsequenz-Verfahren führt uns zu:

d) Bereiten Sie erstrebenswerte und lohnende Konsequenzen für die Leute vor (denken Sie daran, daß 75 bis 85 Prozent der Leistung auf Konsequenzen zurückzuführen sind)

Mein Verständnis des Konsequenz-Verfahrens mag einigen von Ihnen vielleicht etwas gar einfach vorkommen, aber ein System muß ja nicht immer aus 16 Diagrammen und 189 Seiten »Kleingedrucktem« bestehen, um funktionsfähig zu sein. Für mich heißt das Konsequenz-Verfahren soviel wie: »Dreimal, und Sie sind draußen.« Wenn ein Mitarbeiter einen Fehler macht, sollten wir uns eigentlich darüber *freuen*! Warum? Einfach weil wir viel mehr aus Fehlern als aus Erfolgen lernen können. Wir sollten also den Angestellten auf jeden Fall gratulieren, wenn sie einen Fehler machen ... und wir sollten entzückt (na ja, immerhin erfreut) sein, wenn wir selbst einen Fehler machen. Und wenn wir die anfängliche Euphorie überwunden haben, müssen wir herausfinden, *weshalb* der Fehler gemacht wurde und *was* wir tun können, damit er sich nur sehr selten wiederholt.

Machen wir den gleichen Fehler ein zweites Mal, müssen wir ein bißchen anders an die Sache herangehen. Natürlich müssen wir auch herausfinden, *weshalb* er gemacht wurde und *was* wir tun können. Wenn wir nach entsprechender Analyse zum Schluß kommen, daß die festgelegte Leistungsstufe *allen* Beteiligten gerecht wird und wir es in der Hand haben, eine weitere Wiederholung zu verhindern, entwerfen wir einen entsprechenden Plan. Es muß aber allen klar sein, daß *der gleiche Fehler* beim dritten Mal die Entlassung zur Folge hat.

Wer Fehler *wiederholt*, macht damit eine Wertaussage in bezug auf seine Stimmung und seine Fähigkeiten. Und diese Aussage kann nur zwei Dinge beinhalten; entweder: »Was bei der Arbeit passiert, spielt in meinem Leben eigentlich keine besonders wichtige Rolle. Begeisterung und Pflichtgefühl halten sich einfach bei mir in Grenzen.« Oder: »Ich habe nicht die Fähigkeiten, die es in meiner Position einfach braucht.« Wenn wir uns selbst und andern helfen wollen, Spitzenleistungen zu erbringen, müssen wir feststellen, welche dieser beiden Aussagen gemacht wird, und dann geeignete Maßnahmen ergreifen. Im Fall der ersten Aussage besteht die geeignete Maßnahme für den Angestellten und das Unternehmen darin, den Angestellten zu versetzen. Wenn dies innerhalb des Unternehmens geschehen kann, um so besser. Wenn er aber einen neuen Arbeitgeber suchen muß, dann ist das ebenfalls die beste Lösung für alle Beteiligten. Von einem Menschen verlangen, weiterhin eine Arbeit zu verrichten, die ihm keine Freude bereitet und ihm gleichgültig ist, verurteilt ihn zu Unzufriedenheit und verminderter Produktivität. Oft helfen wir einem Menschen am meisten, wenn wir ihm zeigen können, daß seine Stärken an einem ganz anderen Arbeitsplatz oder in einer andern Branche liegen. Es kann eine harte Entscheidung sein, bestätigt Management-Berater Fred Smith, aber je früher sie getroffen wird, desto geringer fallen die Verluste aus.

Im Fall der zweiten Aussage müssen wir dafür sorgen, daß der Angestellte die notwendige Ausbildung erhält, um seine Aufgaben richtig zu erfüllen. Übersteigen die Anforderungen die Möglichkeiten des Angestellten, stehen Sie vor einem Problem, das eher den *Personalchef* angeht. Dann helfen Sie dem Angestellten am besten, eine Position zu finden, in welcher er seine vorhandenen Fähigkeiten und Fertigkeiten einsetzen kann – oder bilden Sie ihn so aus, daß er diese Fähigkeiten weiterentwickeln und dann erfolgreich anwenden kann.

Bereiten Sie mit Hilfe der Leistungsstufen erstrebenswerte Konsequenzen vor

Wenn wir das Konsequenz-Verfahren, wie ich es umrissen habe, zum normalen Ablauf erklären, fehlt uns nur noch das Konzept der Leistungsstufen zu einem narrensicheren System, mit dem wir effizient und menschlich führen können und Resultate erzielen, welche den Angestellten und das Unternehmen zufriedenstellen. Das Niveau der Grundleistung ist der Hauptschlüssel dazu. Erinnern Sie sich: Sie und der Angestellte sind übereingekommen, die Grundleistung sei die *Minimal*leistung, die er erbringen müsse, um seine Stelle zu behalten. Und wenn sie angemessen festgelegt worden ist (unter Mitwirkung des Angestellten), verfügen Sie und der Angestellte über eine Basis, auf der aufgebaut werden kann. Wird die ursprünglich verabredete Grundleistung nicht erbracht, gehen Manager und Angestellter gemäß dem Konsequenz-Verfahren zurück und versuchen, die Frage »weshalb« zu beantworten und herauszufinden, *was* getan werden kann, um in Zukunft auf die Grundleistung zu kommen. Wird sie ein zweites Mal nicht erreicht und ist der Manager sicher, daß die Verantwortung beim Angestellten liegt, wird eine Probezeit vereinbart. Diese kann irgendwo zwischen zwei Wochen und sechs Monaten liegen, je nach Plan zur Behebung der Fehler und Position des Angestellten. Bei gewissen Fließbandarbeitern ist eine allfällige Verbesserung bestimmt schon nach wenigen Wochen erkennbar, bei leitenden Angestellten, die einen neuen Aufgabenbereich betreuen, vielleicht aber erst nach zwei Jahren.

Wird die Grundleistung innerhalb einer vernünftigen, vom Manager und Angestellten gemeinsam festgelegten Frist nicht erreicht, hat der Angestellte damit signalisiert, daß er für seine jetzige Position nicht geeignet ist. Wenn Sie das Verfahren richtig anwenden, beendet der am falschen Ort beschäftigte Angestellte sein Arbeitsverhältnis selbst oder stimmt Ihnen wenigstens zu, daß eine andere Position wohl für beide Seiten von Vorteil wäre.

Funktioniert das wirklich?

Schauen wir uns einen konkreten Fall an, bei dem dieses Verfahren zur Anwendung gelangte. Kürzlich hielt mein Kollege Jim Savage einen Vortrag vor Zahnärzten, deren Ehefrauen und gesamtem Personal, und sie bewiesen ihm, daß dieses System wirklich funktioniert. Jim erzählte, es sei ein sehr angenehmes Publikum gewesen – sehr professionell, interessiert und erpicht auf Ideen, die ihnen in ihrem jeweiligen Beruf noch mehr Erfolg verschaffen würden. Nach dem Vortrag gingen alle zu einem gemeinsamen Mittagessen; Jim saß dabei mit den Zahnärzten an einem runden Tisch und erlebte ein Gespräch mit, wie es interessanter kaum hätte sein können.

Ein Zahnarzt sagte: »Ich bringe das Mädchen am Empfang einfach nicht dazu, ›heiße‹ Anrufe zu tätigen.« *Heiße* Anrufe, so erklärte er, waren tägliche Anrufe, um Termine zu bestätigen und/oder Klienten an fällige Kontrollen zu erinnern. Voller »Unschuld« erkundigte sich Jim: »Warum arbeitet sie denn noch bei Ihnen?« Er hatte offensichtlich einen wunden Punkt getroffen, denn der Zahnarzt erwiderte ziemlich hitzig: »Nun, gute Angestellte sind ja nicht so leicht zu finden!«

Jim bohrte weiter: »Wie gut ist sie denn?« Nachdem er minutenlang alle möglichen Begründungen und Rechtfertigungen vorgebracht hatte, hielt der Zahnarzt mitten in einem Satz inne und sagte langsam: »Wie dumm von mir . . ., sie ist wirklich eine gute Angestellte, aber ich habe ihr nicht die richtigen Anweisungen gegeben.« Laut Jim war es faszinierend zu sehen, wie dieser Zahnarzt selber zum richtigen Schluß kam. Hätte Jim gesagt: »Mir scheint, Sie geben ihr nicht genügend Anweisungen«, hätte der

Zahnarzt sich (durchaus zu Recht) in die Defensive zurückgezogen. Indem er aber Fragen beantwortete, kam dieser Mann von selbst drauf, daß er:

1. sich selbst und den andern *bewußtmachen* mußte, wie wichtig diese Anrufe waren;
2. seine Leute *ausbilden* mußte, damit sie seine Erwartungen erfüllten;
3. *kontrollieren* mußte, damit er auch bekam, was er erwartet hatte.

Der Zahnarzt ging also in seine Praxis zurück und berief eine Sitzung mit seiner Zahnarztgehilfin und seiner Empfangsdame ein. Zur Eröffnung sagte er: »Mein Ziel ist es, Ihnen beiden mehr Lohn zu bezahlen! Möchten Sie mit mir darüber diskutieren, wie dies möglich wäre?« Selbstredend, daß die beiden ganz Ohr waren! Nach begeistertem Kopfnicken fuhr er fort: »Wie Sie beide wissen, ist unsere Praxis monatlich zu 60 bis 75 Prozent ausgelastet (aufgrund der täglichen Arbeitszeit und der potentiellen Zahl der Klienten). Um Ihnen eine spürbare Lohnaufbesserung zu geben, brauchen wir mehr Klienten. Eine gute Möglichkeit, mehr Klienten zu bekommen, bietet die Bestätigung von Terminen. Dadurch reduzieren wir die Zahl der Absagen und der Patienten, die nicht erscheinen. Eine andere Möglichkeit bieten ›geschäftsfördernde‹ Anrufe (ein viel besserer Name). Bei unseren früheren ›heißen‹ Anrufen lag die Hauptlast bei dem, der den Anruf tätigte. Von nun an sind es ›geschäftsfördernde‹ oder ›hilfreiche‹ Anrufe, weil es in erster Linie um die Leute geht, die wir anrufen. Wir können Dienstleistungen anbieten, die diese Leute dringend benötigen, und es ist unsere *Verantwortung*, ihnen zu helfen, indem wir sie daran erinnern, wenn sie zu uns in die Praxis kommen müssen.« Und weiter: »Nun, ich weiß, daß diese Anrufe anspruchsvoll sind, und ich will nicht, daß Sie den ganzen Tag damit verbringen. Versuchen wir also einmal herauszufinden, wie viele solche Anrufe es braucht, um einen Klienten zu einem Besuch in unserer Praxis zu ermuntern.«

Das Gespräch lief weiter, und nachdem auch die Ideen von Zahnarztgehilfin und Empfangsdame (durch Fragen) ausgewertet worden waren, kam es zu folgendem Ergebnis:

1. Die Empfangsdame bestätigte 100 Prozent aller Termine, indem sie die Klienten jeweils höchstens sieben Tage vor Termin anrief. Ein paar Anrufe erledigte sie am Vormittag, ein paar am Nachmittag, und bei Bedarf noch einen am Abend von zu Hause aus. Sie entwickelte auch ein System, dank dem sie die meisten Anrufe in den weniger hektischen Stunden des Tages bewältigen konnte. In diesem Fall stellten 100 Prozent *telefonisch bestätigte* Termine gleichzeitig Grund-, Erfolgs- und Klasseleistung dar.

2. Zahnarztgehilfin und Empfangsdame teilten sich die »geschäftsfördernden« Anrufe in gleiche Portionen auf. Fünf Anrufe pro Tag bedeuteten Grundleistung, acht pro Tag Erfolgsleistung und zehn pro Tag Klasseleistung. (Vergessen Sie nicht, daß alle Leistungsstufen gleich waren, weil 100 Prozent der Klienten in den sieben Tagen vor ihrem Termin angerufen werden mußten.)

3. Die Zahnarztgehilfin arbeitete ein einzelnes Formular aus, auf dem jedermann zu jeder Zeit sehen konnte, wie das Programm lief. Dieser Rapport wurde dem Zahnarzt einmal wöchentlich vorgelegt.

4. In nur sechzig Tagen kam es kaum mehr vor, daß ein Patient zu einem Termin einfach nicht erschien (ein ausgezeichneter Ruf in der Öffentlichkeit war eine angenehme Nebenwirkung); die Praxis war zu 85 bis 98 Prozent ausgelastet, und Zahnarztgehilfin und Empfangsdame hatten ihre massive Lohnerhöhung bekommen. Anmerkung: Der Zahnarzt bekam, was er wollte (mehr Klienten), weil er seinen Assistentinnen half, zu bekommen, was sie wollten (mehr Lohn). Die Assistentinnen bekamen, was sie wollten (mehr Lohn), weil sie den Kunden halfen, zu bekommen, was sie wollten (schönere und gesündere Zähne).

In diesem Fall wurde in erster Linie mit einer Methode gearbeitet, die ich »Nachspüren« nenne. Wenn ein Jäger auf die Pirsch geht, spürt er seinem Wild nach, d.h., er unterteilt die Aktivitäten, die ihn zum Erfolg führen, in kleine, »mundgerechte« Bissen. Er bestimmt also die Art der Beute, den geographischen Raum, das Datum, die Waffen, die Tageszeit, das Transportmittel usw. Wenn wir Spitzenleistungen jagen, müssen wir es dem Jäger gleichtun. Wir müssen erfolgreiche Aktivitäten »aufspüren«, die uns zum Ziel führen, zum Erfolg! Wenn wir unsere Ziele in kleine, »mundgerechte« Bissen aufteilen sowie Grund-, Erfolgs- und Klasseleistung festlegen, wissen wir, *wann* wir Erfolg haben und *wie* wir zu Spitzenleistungen gelangen. Ein exzellenter Manager sagte: »Wenn man es nicht messen kann, kann man es doch managen.«

Natürlich kann das Konzept der Leistungsstufen nicht immer derart positive Ergebnisse zeitigen. In unserer eigenen Organisation hatten wir einen Telemarketing-Angestellten, dessen Leistung zu wünschen übrigließ. Er und sein Vorgesetzter kamen überein, daß er täglich im Durchschnitt 80 Versuche (Nummern wählen), 20 erledigte Anrufe und ein Verkaufsvolumen von $ 600 als Grundleistung erreichen müßte; als Erfolgsleistung wurden 90 Versuche, 25 erledigte Anrufe und ein Verkaufsvolumen von $ 800 festgelegt; und als Klasseleistung sollten schließlich 100 Versuche, 30 erledigte Anrufe und ein Verkaufsvolumen von $ 1000 gelten. Nach dreißig Tagen kam unser Angestellter auf durchschnittlich 60 Versuche, 12 vollendete Anrufe und ein Verkaufsvolumen von $ 200. Als er von seinem Vorgesetzten darauf angesprochen wurde, konnte der Telefonverkäufer eigentlich keine guten Gründe für seine mangelhafte Leistung anführen. In einer einstündigen Planungssitzung kam man überein, die Grundleistung für die folgende Woche auf 60 Versuche, 15 erledigte Anrufe und ein Verkaufsvolumen von $ 500 anzusetzen. Am Ende der vereinbarten Frist konnte er 58 Versuche, 10 vollendete Anrufe und ein Verkaufsvolumen von $ 180 vorweisen.

Bei der nächsten Besprechung stellte der Vorgesetzte die folgenden Fragen:

1. Haben Sie das Gefühl, die bei unserer letzten Besprechung gemeinsam festgelegte Grundleistung sei fair? (»Ja.«)
2. Kann ich irgendwie helfen, damit Sie diese Leistung auch bestimmt erreichen? (»Nein.«)
3. Ist Ihnen klar, daß eine andere Stelle unter Umständen besser wäre für Sie, wenn Sie hier bei uns keine solide Grundlage aufbauen können? (»Ja.«)
4. Ist Ihnen klar, daß wir – sofern Sie diese Mindestleistung nicht erbringen können – keine andere Wahl

haben, als etwas zu finden, wo Sie mit Ihrer Zeit mehr anfangen können als hier? (»Ja.«)

5. Sind sieben Tage eine vernünftige Frist, um diese Leistung zu erbringen? (»Ja.«)

6. Wie ist mir Ihrer Meinung nach bei diesem Gespräch zumute? (»Sie scheinen sich Sorgen um meinen Erfolg zu machen.«)

7. Wie fühlen Sie sich nach diesem Gespräch? (»Gut . . ., und ich weiß Bescheid.«)

Zwei Tage später erschien der Verkäufer im Büro seines Vorgesetzten und bat um Versetzung in eine andere Abteilung unseres Unternehmens.

Fristen und Zahlen mögen sich ändern, aber das Vorgehen bleibt immer das gleiche!

Lassen Sie mich dies anhand eines letzten Beispiels aufzeigen.

»Ich hasse meinen Job!«

Eines Tages machte mir eine Dame kurz vor einem Vortrag, den ich in Birmingham, Alabama, zu halten hatte, hinter der Bühne eine kurze Aufwartung. Sie war attraktiv gekleidet, hatte aber vollkommen vergessen, ihr Lächeln »anzuziehen«, bevor sie von zu Hause weggegangen war. Sie kam herein und begann mit ihrer kurzen Rede, die offensichtlich gut eingeübt war. »Ach, Mr. Ziglar, ich bin so froh, Sie zu sehen! Wenn mir nicht jemand hilft, weiß ich nicht mehr, was ich tun soll! Ich hasse einfach meinen Job! Mein Chef hat nie ein aufmunterndes Wort für mich. Niemand in der Firma mag mich, und ich mag niemand von denen. Es ist wirklich schlimm, und ich möchte da raus!« Sie gehörte zu jenen Damen, die einen ganzen Saal aufheitern können – indem sie ihn verlassen. Sie wissen, was ich meine!

Mit Cavett Roberts Worten: »Sie sah aus wie die Unterhaltungschefin auf einer Kreuzfahrt mit der *Titanic*!«

Ich hatte sofort den Eindruck, sie habe ihre kleine Rede schon zigtausend Male vor Freunden, Verwandten, Nachbarn und völlig Fremden gehalten. Sie schien große Erfahrung darin zu besitzen, jedermann, der lange genug stillhalten würde, mit einer ganzen Müllhalde zu überschütten. Und sie rechnete wohl auch schwer damit, daß ich da sitzenbleiben und mich von all dem Müll zudecken lassen würde. Sie erwartete wohl sogar, daß ich anschließend sagen würde: »Ach, das ist ja schrecklich! Na, so was, das ist ja fürchterlich! Aber, meine Liebe, Sie müssen tapfer sein. Es ist einfach gewissen Leuten bestimmt, die Lasten dieser Welt für alle andern zu tragen. Und Sie werden einfach dieses Kreuz zu tragen haben, also tragen Sie es tapfer und willig, und bei der Endabrechnung wird sich dann alles zu Ihren Gunsten wenden.«

Ich konnte mich auch des Eindrucks nicht ganz erwehren, daß sie insgeheim damit rechnete, mich nach unserem Gespräch mit Tränen in den Augen zu verlassen und mir zuzuflüstern: »Ach, Sie haben mir so sehr geholfen! Ich bin so froh, daß Sie dieses bißchen Zeit für mich hatten!« Hätte ich aber so gehandelt, hätte ich Verrat an allem geübt, an das ich glaube. Das letzte, was die Dame wollte, war Mitgefühl. Sie hatte sich ein Leben lang in Selbstmitleid gehüllt. Was sie brauchte, war Einfühlung, nicht Mitgefühl. Sie brauchte jemand, der nicht Bestandteil ihres Problems war und der ihr bei der Suche nach einer Lösung helfen konnte.

Leider wird es noch schlimmer werden

Als sie endlich Atem holen mußte und ich Gelegenheit hatte, selbst das Wort zu ergreifen, schaute ich sie an und sagte (bestimmt, aber trotzdem nicht unfreundlich): »Ja, das klingt wirklich nicht besonders gut, und dummerweise wird es wohl noch schlimmer kommen!« Ich hätte sie auch mit einer eiskalten Dusche nicht mehr überraschen können.

Sie hatte vom »netten Mr. Ziglar« offensichtlich etwas ganz anderes erwartet, denn sie trat erschrocken einen Schritt zurück und fragte: »Was meinen Sie damit?« Zig: »Sehr einfach. Ihre Lage wird noch schlimmer werden, weil Sie möglicherweise Ihren Job verlieren, und Jobs sind nun einmal nicht so leicht zu finden, nicht einmal schlechte.« Sie: »Wovon reden Sie da überhaupt?« Zig: »Schauen Sie, es gibt auf der ganzen Welt keine Firma, die so viel Negatives in sich vereinen und trotzdem überleben kann.«

Allmählich begannen Tränen zu fließen, und sie fragte: »Was kann ich denn tun?« Zig: »Ich habe eine Idee, wenn Sie wirklich Ihr Problem lösen wollen.« Sie: »Bitte, erzählen Sie, denn ich bin wirklich daran interessiert.«

Meiner Meinung nach ist es sehr wichtig, festzustellen, ob jemand wirklich an der Lösung des Problems interessiert ist. Viele Leute scheinen Hilfe zu suchen, dabei wollen sie nichts anderes als ein Publikum, das ihnen zuhört und dem, was sie sagen und tun, zustimmt. Ich hatte keine Zeit, einfach den Zuhörer zu spielen. Ich mußte das Gefühl haben, meine Zeit würde wirklich auf die Lösung des Problems verwendet.

Die Frau versicherte mir, sie sei tatsächlich daran interessiert, also erklärte ich mich bereit, ihr ein paar Ideen mitzugeben, die ihr wohl helfen würden.

Endlich auch das Gute suchen

Zig: »Heute abend, wenn Sie nach Hause kommen, nehmen Sie zuerst ein Blatt Papier und schreiben alles auf, was Ihnen an Ihrem Job und an Ihrer Firma gefällt.« Sie: »Das wird nicht schwer sein, da mir daran überhaupt nichts gefällt!« Zig: »Nun mal langsam! Ich möchte Sie etwas fragen.« Sie: »Ja, gut.« Zig: »Werden Sie zufällig für Ihre Arbeit bezahlt, oder arbeiten Sie aus wohltätigen Gründen um Gottes Lohn?« Sie: »Natürlich werde ich für meine Arbeit bezahlt!« Zig: »Und das gefällt Ihnen nicht?« Sie: »Natürlich gefällt mir das!« Zig: »Gut. Das erste, was Ihnen an Ihrem Job gefällt, ist also, daß Sie dafür bezahlt werden. Los, schreiben Sie das auf. Beginnen wir doch gleich mit der Liste.«

»Zweitens: Werden Sie für das, was Sie tun, unterdurchschnittlich, durchschnittlich oder überdurchschnittlich gut bezahlt?« Sie: »Ich muß zugeben, daß ich eigentlich überdurchschnittlich gut bezahlt werde.« Zig: »Gefällt Ihnen das nicht?« Sie: »Natürlich gefällt mir das!« Zig: »Gut. Das zweite, was Ihnen an Ihrem Job gefällt, ist die Tatsache, daß Sie überdurchschnittlich gut bezahlt werden. Also, schreiben Sie das auf.«

»Drittens: Haben Sie auch irgendwann einmal Urlaub?« Sie: »Natürlich habe ich Urlaub!« Zig: »Gefällt Ihnen das nicht?« Sie: »Natürlich gefällt mir das!« Zig: »Gut. Sie haben also Urlaub, das gefällt Ihnen, also schreiben Sie es auf.«

»Viertens: Haben Sie eine Altersvorsorge?« Sie: »Das hat doch jedermann, wir natürlich auch!« Zig: »Gefällt Ihnen das nicht?« Sie: »Natürlich gefällt mir das!« Zig: »Okay, Sie haben eine Altersvorsorge, das gefällt Ihnen, also schreiben Sie es auf.«

So nach und nach fanden wir eine ganze Menge von Dingen, welche die Dame an ihrem Job mochte (Spital- und Lebensversicherung; jährlich fünf Tage Krankenurlaub, alle nationalen Feiertage; Gewinnbeteiligung, auszahlbar bei Pensionierung; Weg zur Arbeit nur zehn Minuten; eine volle Stunde Mittagszeit; ein wunderschöner Arbeitsplatz mit privatem, gedecktem Parkplatz usw.).

Zum Schluß ergab die Rechnung zweiundzwanzig Punkte, die sie an ihrem Job mochte, den sie doch so haßte und an dem sie ein paar Minuten zuvor *überhaupt nichts* gemocht hatte.

Vergessen Sie nie: Man findet im Leben immer das, was man sucht

Ich könnte nun nach Mobile, Alabama, oder Albany, New York, oder Fresno, Kalifornien, gehen und Drogen, Kriminalität, Prostitution und ganz allgemein die schlimmsten und schrecklichsten Menschen auf der Welt finden. Ich könnte aber auch nach Mobile, Alabama, oder Albany, New York, oder Fresno, Kalifornien, gehen, wie ich das in den letzten Jahren tatsächlich getan habe, und die schönsten, liebevollsten , fürsorglichsten, gottesfürchtigsten, familienliebendsten Menschen auf der ganzen Welt finden. *Man wird finden, wonach man sucht.*

Ehemann, behandle deine Frau wie eine Vollblutstute,

und du wirst es nach Jahren nicht mit einem keifenden Weib zu tun haben. Ehefrau, behandle deinen Mann wie einen Champion, und du wirst es nach Jahren nicht mit einem Tolpatsch zu tun haben.

Nehmen Sie Ihren Job oder Ihre Firma, und Sie werden Dinge finden, die Ihnen gefallen, aber auch ein paar Dinge, die Ihnen mißfallen. Es hängt davon ab, was Sie vom Leben erwarten, denn *Sie werden finden, wonach Sie suchen*. Je mehr Gutes *oder* Schlechtes Sie bei sich selbst, bei Ihren Kollegen, bei Ihren Kindern, in Ihrem Job, in Ihrer Arbeit oder in Ihrem Land finden, desto mehr Gutes *oder* Schlechtes wird es interessanterweise zu finden geben.

Moral:
Suchen Sie nach dem, was Sie wollen – nicht nach dem, was Sie nicht wollen.

Heben Sie das Positive hervor

Ich ermunterte die Dame, sich unmittelbar vor dem Schlafengehen mit ihrer Liste mit den zweiundzwanzig positiven Dingen über ihren Job vor den Spiegel zu stellen und sie sich langsam und laut vorzulesen. Dadurch würden positive Gedanken in ihr Unterbewußtsein einfließen, bevor sie zu Bett ging. Und am folgenden Morgen sollte sie die Liste nochmals durchlesen, bevor sie zur Arbeit ging.

Sie sollte die Liste auch mit sich nehmen, denn in nur vierundzwanzig Stunden würde sie neue Punkte hinzufügen können, weil sie schon ein Stück weit dazu konditioniert war, das Positive an Ihrem Job zu sehen. So sollte sie die Liste also immer weiterführen. Ich riet ihr, dies wenigstens einundzwanzig Tage lang durchzuhalten, weil es so lange dauert, bis man eine *schlechte* Angewohnheit (das Negative sehen) zugunsten einer *guten* Angewohnheit (das Positive finden) aufgegeben hat.

Nach ungefähr fünfunddreißig Minuten verließ mich eine Dame, die eine vollkommene Wandlung durchgemacht hatte. Sie schwebte förmlich aus dem Zimmer! Verstehen Sie mich bitte nicht falsch. Ich will damit nicht sagen, daß wir es in fünfunddreißig Minuten geschafft hätten, sie über die ganze Angelegenheit hinwegzubringen. Aber ich konnte ihr Hoffnung und einen Plan geben, und das sind zwei sehr mächtige Requisiten. So ist es: Siegreiche Manager versprechen ihren Leuten nie etwas, ohne ihnen einen Plan mitzugeben, dank dem es möglich ist, das Versprechen einzuhalten. Und wenn Manager von einem Menschen etwas verlangen, dann holen Sie *aus ihm* einen Plan heraus, wie er dieser Forderung vernünftigerweise nachkommen kann.

Sechs Wochen später war ich für einen weiteren Vortrag über Verkaufstraining erneut in Birmingham. Die Frau saß in der vordersten Reihe und lachte über das ganze Gesicht. Ich plauderte kurz mit ihr und erkundigte mich, wie es ihr gehe. Sie antwortete: »Nun, ehrlich gesagt, ich bin noch nicht ganz über den Berg, aber Sie wären überrascht, wie sehr sich die Firma und die Leute, die dort arbeiten, verändert haben!« Ihre Welt hatte sich geändert, weil sich ihre Einstellung geändert hatte. *Ihre* Welt wird sich ebenso verändern.

Erwarten Sie von sich selbst und von andern das Beste!

Leistungsprinzipien

1. Wir bekommen in der Regel von andern, was wir von ihnen erwarten.

2. Der Unterschied zwischen guten und exzellenten Firmen ist die Aus- und Weiterbildung.

3. Sie werden im Leben – und in Ihrer Karriere – finden, wonach Sie suchen.

4. Versprechen Sie nie etwas ohne dazugehörigen Plan.

5

»Warten Sie auf mich, ich bin Ihr Führer!«

Eine Unze Loyalität wiegt ein Pfund Cleverness auf.

Elbert Hubbard

Gutes sehen
Erwarten Sie das Beste
Loyalität

Das L in unserer GEL-Formel steht für *Loyalität*. Loyalität ist ganz einfach der Wunsch, andern Menschen zum Erfolg zu verhelfen.

Grant Teaff ist Football-Trainer an der Baylor-University in Waco, Texas. Er ist ein außergewöhnlicher Mann und als Football-Trainer äußerst erfolgreich. Ich hörte einmal eine Geschichte von ihm, die ziemlich viel über Loyalität aussagt.

Baylor gewann erstmals die Meisterschaft des Verbandes amerikanischer Sportvereinigungen in Trainer Teaffs drittem Jahr. In den beiden ersten Jahren hatte er auf eine solide Basis hingearbeitet und fungierte in der Tabelle nicht so weit oben, wie das Team es gerne gesehen hätte. Unmittelbar vor Beginn der dritten Saison lud einer von Teaffs Assistenten ihn ein, mit ihm auf die Jagd zu gehen. Ein Farmer im Westen von Texas hatte ihm anerboten, auf seinem Land zu jagen. Teaff nahm die Gelegenheit wahr, so kurz vor Beginn der sehr langen Saison (Arbeitstage mit vierzehn bis sechzehn Stunden sind an der Tagesordnung) noch einmal auszuspannen. Also luden sie ihre Büchsen ein und fuhren los.

Auf der Farm angekommen, hieß Teaff seinen Assistenten im Auto warten, während er sich beim Farmer anmelden wollte. Als er anklopfte, hatte er keine Ahnung, wie begeistert er empfangen werden sollte! »Ach, Coach Teaff! Mensch, großartig, Sie zu sehen! Sie leisten doch hervorragende Arbeit mit Ihrem Baylor-Team! Ich weiß, Sie haben in den ersten beiden Saisons nicht so viele Spiele gewonnen, aber ich glaube, wir sind für die diesjährige Meisterschaft bereit!«

Teaff war gleichzeitig erfreut und gerührt ob dieser Worte. »Ich danke Ihnen«, murmelte er, »und wenn wir je etwas für Sie tun können, sagen Sie es uns bitte.«

»Nun«, erwiderte der Farmer, »ich könnte Ihre Hilfe schon brauchen! Ungefähr fünfzig Meter von der Stelle, wo Sie Ihren Wagen abgestellt haben, steht ein altes Maultier. Ich weiß nicht, ob Sie es gesehen haben. Es ist schon über zwanzig Jahre bei uns und gehört irgendwie fast zur Familie. Kürzlich ist es nun krank geworden und muß so sehr leiden, daß es erlöst werden müßte. Ich selbst bringe es einfach nicht fertig, und meine Frau hat noch nie in ihrem Leben ein Gewehr in der Hand gehabt und könnte keiner Fliege etwas antun. Sie haben doch Ihre Jagdgewehre dabei. Würde es Ihnen etwas ausmachen, das Tier von seinen Leiden zu erlösen?«

»Nun, ich glaube, das ist das Wenigste, was wir für Sie tun können, zumal Sie so liebenswürdig sind, uns auf Ihrem Land jagen zu lassen«, erwiderte Coach Teaff.

»Danke«, sagte der Farmer, »und wenn Sie und Ihr Assistent von der Jagd zurückkommen, sind Sie herzlich zum Nachtessen eingeladen.«

Als er zum Wagen zurückging, hatte Coach Teaff eine Idee, was – wie er selbst sagt – »für einen Football-Coach eine gefährliche Sache ist«. Er setzte eine finstere Miene auf und biß sich so heftig auf die Zunge, daß Tränen in seine Augen traten. Sein Assistent bemerkte dies natürlich und fragte: »Coach, etwas nicht in Ordnung?«

»Ach, dieser alte Farmer hat mich vielleicht in Rage gebracht!« erwiderte Teaff. »Sagte der Kerl doch, Baylor würde nie mehr ein Spiel gewinnen, solange wir zwei die Mannschaft trainierten!«

»Was?« fragte sein Assistent ungläubig.

»Nicht nur das, aber er hielt dich für den unfähigsten Assistenztrainer, seit Football überhaupt gespielt wird!«

»Aber wir sollten doch auf seinem Land jagen.«

»Es kommt noch schöner. Er sagte, wenn wir sein Land nicht augenblicklich verließen, würde er den Sheriff holen!«

»Das glaube ich einfach nicht«, stöhnte der Assistent schockiert.

»Tja, ich bin so wütend«, erwiderte Coach Teaff, »ich glaube, ich erschieße sein Maultier.«

»Ach nein, Coach, nein! Und wenn dann der Sheriff kommt? Wenn Sie das Maultier erschießen, werden wir echt in Schwierigkeiten kommen!«

»Schwierigkeiten hin oder her, ich mag es nicht, wenn die Leute so schlecht über Baylor sprechen. Also los!«

Eifrig bemüht, seinen nach oben drängenden Lachanfall noch zu bezähmen, nahm Coach Teaff seine Büchse aus dem Wagen, zielte auf das alte Maultier, um es von seinen

Leiden zu erlösen, und drückte ab. Wumm! Als er sich umdrehte, um zu sehen, wie sein Assistent reagierte, gingen auf der andern Seite des Wagens – Wumm! Wumm! – zwei weitere Schüsse los, und Teaffs Assistent schrie: »Ich habe noch zwei Kühe erwischt! Nun aber weg hier!«

Nun, wenn diese Geschichte sich wirklich zugetragen hätte, wäre die Loyalität wohl zu weit gegangen, aber wenn Sie Spitzenleistungen erbringen wollen, müssen Sie in drei Bereichen unbedingt loyal sein. Sie müssen loyal zu sich selbst sein, zu den Menschen, mit denen Sie leben und arbeiten, und zu Ihrem Unternehmen.

Seien Sie loyal zu sich selbst

Damit Sie zu sich selbst loyal sein können, müssen Sie hart daran *arbeiten*, ein gutes Bild von sich selbst zu bewahren. Dabei geht es nicht um ein aufgeblähtes Ego oder jene Art von Selbstvertrauen, das einen überkommt, kurz bevor man die Situation richtig erkennt. Zu sich selbst loyal sein heißt, Argumente zu suchen, *weshalb* Sie an sich selbst glauben sollten.

In *See You at the Top* (Wir treffen uns an der Spitze wieder) schrieb ich: »Sie können nicht permanent Leistungen erbringen, die nicht mit der Art, wie Sie sich selber sehen, in Einklang stehen.« Ich kann nicht genügend betonen, wie wichtig es ist, daß Sie selbst »sehen«, wie Sie Ihre täglichen Aufgaben mit Erfolg erledigen. Glauben Sie, der Boxweltmeister im Schwergewicht betrete den Ring und zweifle an seinen Fähigkeiten? Weit gefehlt! Wenn er den Ring betritt, *glaubt* er an sich und seine Siegeschance. Steffi Graf erwartet, die meisten ihrer Tennismatches zu gewinnen. Johnny Carson ist wohl häufiger als jeder andere Entertainer vor mehr Leuten auf der Bühne gestanden, gab aber in einem Interview zu, er leide vor einem Auftritt immer noch an Lampenfieber. Wenn Sie an sich selbst glauben und zu sich selbst loyal sind, rücken Sie den Spitzenleistungen, die Sie erbringen wollen, ein Stück näher.

Eine von Gallup durchgeführte Umfrage ergab, daß das Selbstwertgefühl von Arbeitern und Managern für die wirtschaftliche Produktivität eine entscheidende Rolle spielt. Dr. Robert Schuller, Pfarrer der über zehntausend Mitglieder zählenden Crystal Cathedral in Garden Grove, Kalifornien, gab die von einem unbekannten Spender finanzierte Studie in Auftrag. Anfänglich ging es Schuller gar nicht so sehr um die Produktivität, sondern einfach um die allgemeine Bedeutung des Selbstwertgefühls bei Amerikanern. Die Antworten aus fünfzehnhundert persönlichen Interviews überzeugten ihn dann aber davon, daß die Beziehung zwischen Selbstwertgefühl und Produktivität für Geschäft und Regierung von ganz entscheidender Bedeutung ist.

So ergab die Studie, daß:

● sich Menschen mit einem hohen Selbstwertgefühl für produktiv halten;
● Menschen mit einem geringen Selbstwertgefühl sich nicht für produktiv halten und daß es ihnen offenbar auch an produktiven Anreizen fehlt.

Dr. Schuller schloß daraus, daß »das menschliche Kapital – die Menschen, die Entscheidungen treffen und die Instrumente unserer zunehmend industrialisierten Gesellschaft bedienen« – seit einiger Zeit »weniger gepflegt wird als die Maschinen«, was die Produktivität beeinträchtigt. Die Studie ergab, daß 37 Prozent der Amerikaner ein hohes, 30 Prozent ein sehr geringes Selbstwertgefühl haben. Von den Menschen mit niedrigem Selbstwertgefühl hielten sich nur 17 Prozent für sehr produktiv, 20 Prozent dagegen für überhaupt nicht produktiv. Dr. Schuller kam zum Schluß, die 30 Prozent der Amerikaner mit niedrigem Selbstwertgefühl seien »eine Belastung für sich selbst, ihre Arbeitgeber und die amerikanische Gesellschaft im allgemeinen«.

Zur Tatsache, daß Wirtschaftsfachleute und die Bundesregierung in der Regel Kapitalinvestitionen und neue Industrieanlagen als Lösung für das Problem einer stagnierenden oder sinkenden Produktivität verordnen, bemerkte Dr. Schuller, ein wachsendes Selbstwertgefühl der Menschen sei wohl fast ebenso wichtig. Wie aus der Studie hervorging, sind es vor allem gute familiäre Beziehungen, gute moralische Werte, Religion, enge Freunde, finanzielles Wohlergehen, Hobbys und Status, die zu einem hohen Selbstwertgefühl beitragen. Verheiratete haben in der Regel mehr Selbstwertgefühl als geschiedene, verwitwete oder ledige Erwachsene. Auch die Bildung trägt zum Selbstwertgefühl bei. Menschen mit hohem Selbstwertgefühl sehen Erfolg eher als eine persönliche Sache, Menschen mit niedrigem Selbstwertgefühl eher als rein materielle Angelegenheit. Eines der wichtigsten Ergebnisse war, daß *Menschen mit niedrigem Selbstwertgefühl eher unter starkem physischem und psychischem Streß leiden und am Arbeitsplatz oft fehlen, was der Produktivität natürlich abträglich ist.*

Offensichtlich spielt das Bild, das Sie von sich selbst

haben, eine wesentliche Rolle bei der Frage, wie weit Sie es in Ihrem Unternehmen bringen, weil es eine entscheidende Rolle für Ihre Fähigkeiten zur Ausbildung von Führungskräften spielt, die Ihnen auf der Erfolgsleiter nachklettern oder Sie nicht selten sogar überholen.

Der folgende Artikel von James L. Hayes, dem ehemaligen Präsidenten der American Management Association, trägt den Titel »Die Kunst der Eigenwerbung«, der einem Menschen mit niedrigem Selbstwertgefühl oder ohne jedes Verständnis dafür, was Selbstwertgefühl überhaupt ist, unter Umständen mißfallen könnte. Der Artikel wird Sie aber bestimmt anregen und Ihnen bei der Entwicklung Ihres eigenen Potentials helfen. Der letzte Satz des Artikels ist wirklich des Pudels Kern:

> Viele kompetente Manager steigen in ihrer Organisation nicht weiter auf, weil sie einen wichtigen Karrierefaktor übersehen – die Notwendigkeit, »für sich selbst zu werben«.
>
> Bei einer Umfrage, die kürzlich von der New Yorker Stellenvermittlungsagentur Henchy & Co. durchgeführt wurde, stellte sich heraus, daß 83 Prozent der entlassenen leitenden Angestellten etwas gemeinsam hatten – sie hatten nicht auf ihre Fähigkeiten und Leistungen aufmerksam gemacht. Die Folge: Es wurde angenommen, sie hätten keine vorzuweisen.
>
> Eine andere, von einem Institut in Boston durchgeführte Studie ergab anderseits, daß erfolgreiche Manager wissen, wie sie ihr Image durch Selbstwerbung aufpolieren können.
>
> Leider betrachten viele leitende Angestellte die Selbstwerbung nur als Spiel zur Förderung des Egos. Indem

sie diese Art von Image bewußt zu vermeiden suchen, fallen sie ins andere Extrem.

Leitende Angestellte, die zu wenig Eigenwerbung betreiben, mißbilligen unter Umständen das Verhalten profilierter Manager. Aber sie anerkennen murrend die Vorteile, welche eine erfolgreiche Selbstwerbung mit sich bringt.

Da die Möglichkeiten in jedem Unternehmen begrenzt sind, haben Manager, die Eigenwerbung betreiben, in der Regel bessere Karriereaussichten – sie steigen rascher auf, haben interessantere Jobs, einen besseren Lohn und leichteren Zugang zur Firmenleitung. Manager, die etwas von Eigenwerbung verstehen, wissen, wie heikel diese Kunst ist. Es besteht immer die Gefahr, zuviel Eigenwerbung zu betreiben. Dennoch gibt es gewisse Möglichkeiten, die in unterschiedlichem Ausmaß überall und jederzeit angebracht sind, nämlich:

● *Komplimente an Kollegen.* Sie können Sicherheit und Vertrauen in Ihre eigenen Fähigkeiten beweisen, indem Sie die Aufmerksamkeit auf die Leistungen anderer lenken. Ein solches Verhalten kann Ihnen den Ruf als ingesamt »positiver« Mensch eintragen, und eine solche Einstellung wird Rückwirkungen auf Sie selbst haben.

● *Loben Sie Untergebene.* Wenn ein Untergebener gute Arbeit leistet, sagen Sie ihm das. Schließlich ist sein Erfolg auch Ihr Erfolg. Häufige Aufmunterungen bewirken, daß Ihre Leute sich mehr anstrengen. Und damit steigt auch Ihr Ruf als guter Vorgesetzter.

● *Lassen Sie Memos zirkulieren.* Wenn Sie auf Informationen stoßen, die auch Ihre Kollegen interessieren, lassen Sie sie zirkulieren. Ihre Kollegen werden Ihre Bemühungen und Ihre Rücksicht zu schätzen wissen.

● *Führen Sie kreative Neuerungen ein.* Wenn Sie eine bessere Methode finden, um irgend etwas zu erledigen, führen Sie sie ein. Ihre Bemühungen, den Betrieb zu verbessern, werden anerkannt, und Ihr Wert steigt.

● *Melden Sie sich freiwillig.* Besondere Projekte oder Arbeitsgruppen werden Sie mehr Zeit kosten. Ihre Mitwirkung bei solchen Aktivitäten beweist aber, daß Sie sich nicht für den Lohn interessieren.

● *Reden Sie.* Sie verfügen vielleicht manchmal über Informationen, die andere nicht haben, wenn sie eine Entscheidung treffen müssen. Dann reden Sie. Möglicherweise verkompliziert sich die Angelegenheit, aber wenn Sie recht haben, wird man es Ihnen später danken.

● *Legen Sie sich möglichst viel Wissen zu.* Geben Sie sich nicht damit zufrieden, nur das zu wissen, was man von Ihnen erwartet. Finden Sie möglichst viel über Ihr Unternehmen heraus. Man kann nie wissen, wann sich solche Informationen bezahlt machen.

● *Beobachten Sie.* Achten Sie darauf, was um Sie herum vorgeht. Wenn irgend etwas Ihr Einschreiten verlangt, zögern Sie nicht. Je länger Sie warten, desto geringer die Chance, die Dinge unter Kontrolle zu bekommen. Wenn Sie zu lang warten, gerät manch eine Situation ins Uferlose.

Sie sehen, keiner dieser Vorschläge schreibt eine laute, auffällige Aufmerksamkeit erheischende Eigenwerbung vor. Im Gegenteil, es sind sehr subtile Methoden, um ein Image durchschlagender Kompetenz aufzubauen. *Denn es geht darum, daß man Sie nicht möglichst viel sieht, sondern daß man Sie für möglichst fähig hält.*

Abdruck mit Genehmigung des Verlags, aus *Management Review*, American Management Association, New York. Alle Rechte vorbehalten.

Ein gesundes Bild von sich selbst aufbauen

Wenn das Selbstwertgefühl doch so wichtig ist, um Spitzenleistungen zu erbringen, was können wir denn tun, um ein besseres Bild von uns selbst zu bekommen? In *See You at the Top* (Wir treffen uns an der Spitze wieder) habe ich fünfzehn Schritte zu einem gesunden Bild von sich selbst beschrieben. Hier will ich mich mit dreien begnügen, mit denen der Manager sein eigenes und das Selbstwertgefühl seiner Leute verbessern kann.

Schritt 1: Stellen Sie eine Liste mit Ihren Erfolgen zusammen

Wenn Sie nach Gründen suchen, *weshalb* Sie an sich glauben sollten, stellen Sie eine Liste mit Ihren Erfolgen zusammen. Da muß nicht unbedingt draufstehen, daß Sie das Pulver erfunden haben. Führen Sie kleine Erfolge aus dem Alltag auf, z. B. daß Sie einer alten Frau behilflich waren, die Straße zu überqueren (vorausgesetzt, daß die Frau die Straße auch wirklich überqueren wollte!).

Wenn ich Sie bitten würde, sich an den peinlichsten Vorfall innerhalb der letzten zwei Wochen zu erinnern, könnten Sie sich vielleicht nur schwer entscheiden, *welchen* Sie erwähnen sollten. So sind wir Menschen nun einmal. Wenn ich Sie aber bitten würde, mir von Ihrem größten Erfolg in der gleichen Zeit zu erzählen, hätten Sie unter Umständen Mühe, sich überhaupt an einen zu erinnern. Der Mensch neigt einfach dazu, sich in Fehler zu verbeißen und die Erfolge zu vergessen. Um dieser natürlichen Tendenz entgegenzuwirken, müssen Sie eine Liste mit Erfolgen zusammenstellen.

Mit dieser Liste sollen Sie nicht prahlen! Es sollte sie außer Ihnen auch niemand zu sehen bekommen. Und diese Liste hat nichts mit Eitelkeit zu tun. Ich sage oft: »Eitelkeit ist eine Krankheit, die alle krank macht außer dem, der sie hat!« Diese Liste soll Sie daran erinnern, daß Sie ein wertvolles menschliches Wesen sind.

Es ist auch keine »Vergleichsliste«. Sie bauen sich selbst nicht im Vergleich zu andern auf. Es gibt immer Leute, die mächtiger, hilfreicher, attraktiver ..., weniger mächtig, weniger hilfreich und weniger attraktiv sind. Wenn sie positive oder negative Vergleiche anstellen, begeben Sie sich auf gefährlichen Grund. Um ein gesundes Selbstbild aufzubauen, ist nur ein Vergleich zulässig: *Vergleichen Sie Ihre Taten mit Ihren Fähigkeiten*. Wenn Sie nur diesen Vergleich anstellen und realisieren, daß auch er nicht ganz fair ist, weil Sie Ihre Fähigkeiten durch Lernen und Wachsen verbessern können, haben Sie schon einen tüchtigen Schritt auf dem Weg zu einem guten Bild von sich selbst und zu Spitzenleistungen zurückgelegt.

Vergessen Sie nicht, Erfolg mißt sich nicht an einem Vergleich zwischen Ihrer Leistung und der Leistung anderer. Unter Umständen haben Sie doppelt – oder nur halb so viele Fähigkeiten. Erfolg – *echter* Erfolg – mißt sich daran, was Sie leisten im Vergleich zu dem, was Sie mit Ihren von der Natur gegebenen Fähigkeiten alles leisten könnten.

Sie sollten auch eine Liste mit den Erfolgen aller Leute haben, die Sie führen oder beaufsichtigen. Warum nicht Buch führen über alle Gelegenheiten, wo Sie sie bei etwas Richtigem ertappen? Wenn Sie das tun, gehören Sie *und* Ihre Angestellten zu den Gewinnern.

Schritt 2: Leben Sie, bis Sie sterben

Das waren Will Rogers Worte bei seiner allerletzten Rede: »Herr, laß mich leben, bis ich sterbe!« Natürlich spielte er auf diese »wandelnden Zombies« an, die sich so durch ihr Leben schlagen und nie durch Tatsachen verwirren lassen wollen. Sie erblickten das Licht in den 40er oder 50er Jahren, starben in den 70er Jahren und werden in den 90er Jahren beerdigt werden! Sie bewegen sich in einer Einbahnstraße, und wenn wir da herauskommen (und auch draußen bleiben) wollen, müssen wir einsehen, daß glückliche, erfolgreiche Menschen nicht einfach durchs Leben gehen, sondern durchs Leben *wachsen!*

Wenn ich wachsen sage, denke ich unwillkürlich an die Geschichte, die Dr. Robert Schuller in seiner Fernsehsendung »Hour of Power« über Sir Edmund Hillary erzählte. Sie erinnern sich: Sir Edmund bezwang als erster den

Mount Everest, den höchsten Berg der Welt. Die ersten Versuche schlugen fehl, bei einem verlor er sogar fünf seiner Freunde an den Berg. Das britische Parlament wollte diese heroischen Bemühungen belohnen und lud Sir Edmund in seine Säle ein. Ja, es wurde sogar ein Bild vom Mount Everest ganz vorne beim Eingang aufgestellt. Als Sir Edmund eintrat, erhoben sich die Abgeordneten wie auf ein geheimes Signal hin und spendeten ihm stehend Beifall. Dabei traten ihm Tränen in die Augen. So mancher Abgeordnete bemerkte dies und dachte wohl bei sich selbst: *Ach, Tränen des Glücks, daß wir seine guten Leistungen anerkennen.* Aber es waren nicht Tränen des Glücks und der Freude – es waren Tränen der Wut und der Frustration! Denn Sir Edmund Hillary war nicht aufgebrochen, um mit der Besteigung des Berges eine »gute Leistung« zu vollbringen, und schon gar nicht, um fünf seiner Freunde als Opfer des Berges zurückzulassen.

Als Hillary nach vorn in den Saal ging, erkannte er etwas, was auch Sie vielleicht schon erkannt haben, nämlich daß er bei seinem Versuch, den Berg zu erobern, eine »gute Leistung« vollbracht hatte, daß aber

das Gute der schlimmste Feind des Hervorragenden ist!

Sir Edmund Hillary ging nach vorn, schlug buchstäblich auf das Bild ein und schrie den Berg an: »Du hast mich besiegt! Aber du wirst mich nicht nochmals besiegen! Denn *du kannst nicht mehr größer werden, aber ich, ich wachse noch immer!*«

Sehen Sie, wenn Sie auch noch wachsen, liegen noch große Dinge vor Ihnen – egal, was Sie schon oder noch nicht geleistet haben. Und im Zusammenhang mit dieser

Aussage, die so positiv und optimistisch ist, muß ich Sie an Emersons Worte erinnern: »Was hinter Ihnen und vor Ihnen liegt, verblaßt im Vergleich zu dem, was in Ihnen liegt.« Und er hatte recht.

Wenn Angestellte ins Management aufsteigen, meinen sie oft, sie müßten *alles* über ihre neue Position wissen. Und dies ist eine schwere Bürde, die man da tragen muß. Aber Sie wurden ja nicht als Enzyklopädie oder als Computer engagiert... Sie wurden als Manager engagiert. Manager müssen wissen, wie sie an Informationen herankommen, aber sie müssen nicht alles auswendig wissen. Leute, die denken können, sind viel wichtiger als Leute, die nur Tatsachen herunterleiern können. Vergessen Sie nicht: *Es ist sehr schwierig, zu gut ausgebildet zu sein!* Also bilden Sie sich stetig weiter, mit Seminaren, Büchern, Tonbändern. Ihr Durst nach Wissen und Verstehen darf niemals gestillt werden – aber deswegen brauchen Sie nicht sämtliche Unterlagen von jedem Seminar auswendig zu lernen. Nehmen Sie sich vor, als Manager ständig weiterzulernen und zu wachsen, und Sie werden Ihr Bild von sich selbst wesentlich verbessern.

Wir dürfen nie darüber hinwegsehen, daß unser Unternehmen Millionen und Abermillionen von Dollars in Gebäude, Computer, elektronische Einrichtungen, Kommunikationssysteme usw. investieren kann, die vollumfängliche Nutzung dieser monumentalen Investitionen aber einzig und allein von Wachstum, Ausbildung, Einstellung und Fähigkeit der Menschen in diesem Unternehmen abhängt. Und die Verantwortung für Wachstum, Ausbildung, Einstellung und Fähigkeiten lastet einzig und allein auf den Schultern des Managements.

Schritt 3: Konzentrieren Sie Ihre Aufmerksamkeit auf die, für die und gegenüber denen Sie verantwortlich sind

Am schnellsten können Sie Ihr Selbstwertgefühl steigern, wenn Sie Ihre Aufmerksamkeit auf andere konzentrieren. Je mehr wir an uns denken, desto weniger Selbstvertrauen haben wir oft. Wenn wir *uns* vergessen und uns ernsthaft für *sie* interessieren, gewinnen wir sehr rasch eine gesunde Selbstachtung. Schenken Sie andern Ihre volle und ungeteilte Aufmerksamkeit, und bemühen Sie sich um ihr Wohlbefinden, dann kümmern Sie sich weniger um sich selbst.

Dr. Alfred Adler sagte, wir könnten uns in nur vierzehn Tagen von unseren Depressionen befreien, wenn wir uns nur jeden Tag überlegten, wie wir andern helfen können. David Dunn schrieb ein herrliches kleines Buch mit dem Titel *Einer von zehn*, in dem er sehr einfache, praktische Anleitungen gibt, *wie* wir andern helfen und sie aufmuntern können. Wenn wir uns ernsthaft für andere interessieren, haben wir keine Zeit, Negatives auf uns zu lenken.

»Mr. Ziglar, ich habe gehört, was Sie sagten.«

Vor mehreren Jahren wollten meine Frau und ich an einem schönen Samstagnachmittag um ein Uhr auf einem herrlichen Platz in Dallas Golf spielen. An Samstagen war der Platz aber sowohl von Einheimischen als auch von Auswärtigen sehr stark belegt, und so gab es ein paar Minuten Verspätung. Unmittelbar vor uns war die Reihe an zwei Ehepaaren, und einer der jungen Männer machte sich beim ersten Abschlag bereit. Wir saßen in unserem Golf-cart, und ich konnte nicht umhin, den jungen Mann zu beobachten.

Er war ungefähr dreißig, eins fünfundneunzig groß und wog gut und gern über hundert Kilo. Als er sich anschickte, den Ball auf den Tee zu legen, war mir aber klar, daß er kein Golfspieler war. Er schien sich ziemlich unbehaglich zu fühlen und stellte sich auch ziemlich schwerfällig an. Er nahm seinen Schläger auf, holte ein paarmal probeweise aus, legte ihn wieder hin, nahm ihn wieder auf ... eine kleine Ewigkeit lang.

Schließlich murmelte ich leise vor mich hin: »Dieser junge Mann hat nun wirklich keine Ahnung von Golf!« Leise fragte mich meine Frau, wieso ich das wüßte. Ich erwiderte, ich spiele ja selbst schon seit vielen Jahren Golf, habe viele Golfspieler beobachtet und wisse einfach, daß der da keiner sei. Inzwischen fummelte der junge Mann weiter mit seinem Schläger herum. Dann holte er endlich aus und trieb den Ball gut 220 Meter weit schön genau in die Mitte des Grüns. Soviel Erfahrung hatte ich also bei der Beurteilung von Golfspielern!

Nach dem Schlag steckte der junge Mann sein Eisen in die Tasche und kam geradewegs auf mich zu. Seine Miene verriet weder Freude noch Zorn, aber als er vor mir stand, sagte er: »Mr. Ziglar, ich habe gehört, was Sie sagten ...«

(Nun versetzen Sie sich einen Augenblick in meine Lage. Was hätten Sie an meiner Stelle gedacht oder getan? Mir schwante Unheil, und ich wäre am liebsten in den Erdboden versunken. Aber zum Glück sprach der junge Mann weiter.) »... damals vor drei Jahren, und es hat mein Leben komplett verändert. Ich möchte Ihnen einfach sagen, Mr. Ziglar, daß es für mich nur schon eine große Ehre ist, mit Ihnen auf dem gleichen Golfplatz zu spielen.«

Ich atmete erleichtert auf, dankte dem jungen Mann überschwenglich und war dankbar, daß die Sache eine so unerwartete und angenehme Wendung genommen hatte. Ich beschloß auch, von Stunde an vorsichtiger mit meinen Urteilen zu sein, wenn ich Leute beobachten oder mit ihnen zu tun haben sollte.

Ich habe mir oft überlegt, wie tragisch es gewesen wäre, wenn der junge Mann meine sarkastischen, unfreundlichen und – wie sich herausstellen sollte – unzutreffenden Bemerkungen über ihn gehört hätte. Es hätte ihn zweifellos negativ beeinflußt, und er hätte nachher bestimmt keine so hohe Meinung mehr von mir gehabt. Aber nicht nur das: Ich hätte ihn rein fachlich und sachlich in Zukunft auch nicht mehr positiv beeinflussen können.

Als Manager kommen wir unter anderem um eine Tatsache nicht herum: Wenn Leute zu uns aufschauen, müssen wir ihnen zeigen, daß wir es verdienen, diese Führungsposition einzunehmen. Sie beurteilen uns weitgehend aufgrund dessen, wie wir sie sehen, was wir von ihnen halten *und* wie wir sie behandeln, und dementsprechend fallen auch ihre Reaktionen aus. Deshalb ist es so wichtig, daß wir das Gute suchen, das Beste erwarten und immer daran denken, daß wir als Manager das Vorbild für viele Leute in unserem Team oder in unserem Unternehmen sind. Es ist ziemlich wichtig, daß sie uns mögen. Es ist aber in äußerstem Maße wichtig, daß sie uns respektieren. Und es ist für sie schwierig, uns zu mögen *oder* zu respektieren, wenn wir schnippische, abschätzige, unfreundliche und/oder unwahre Bemerkungen machen, wie ich über den jungen Golfspieler.

Verstehen Sie mich bitte nicht falsch. Jeder von uns – auch jener junge Mann – ist für seine eigenen Handlungen und Verhaltensweisen verantwortlich. Ich könnte mir nicht im Traum vorstellen, daß ich für sein Tun verantwortlich wäre. Aber ich bin *ihm gegenüber* verantwortlich, daß ich gerecht, ehrlich, objektiv und einfach so bin, wie ich zu sein scheine. Als Manager sind Sie in Ihrem Unternehmen nicht *für* Ihre Leute verantwortlich, aber Sie sind *ihnen gegenüber* verantwortlich.

Ehrlichkeit + Höflichkeit = Loyalität

Spitzenmanager sind loyal zu den Menschen, mit denen Sie leben und arbeiten. Mamie McCullough stellt sich vor, beim Jüngsten Gericht würde der Herr alle Menschen, über die wir je etwas Unschönes gesagt hätten, in Reih und Glied aufstellen und uns all diese unschönen Dinge von Angesicht zu Angesicht wiederholen lassen. Eine ernüchternde Vorstellung, nicht wahr? Und sie bewirkt hoffentlich, daß wir in Zukunft zweimal überlegen, bevor wir über andere häßliche Dinge sagen.

Es gibt da einen Satz, den haben Sie bestimmt schon als Kind oft zu hören bekommen, der aber heute noch genauso wahr ist wie damals: »Wenn du nichts Nettes zu sagen hast, sag lieber gar nichts.« Natürlich ist diese Ermahnung zu einer Art Klischee geworden und klingt vielleicht etwas zu einfach und abgedroschen. Aber täten wir nicht alle besser dran, diesen weisen Rat zu befolgen?

Die Forum Corporation in Boston führte eine Studie mit 341 Verkäufern aus 11 verschiedenen Firmen in 5 verschiedenen Branchen durch. Davon waren 173 Spitzenleute und 168 durchschnittlich gute Verkäufer. Der Hauptunterschied zwischen den beiden Gruppen lag aber nicht im Bereich Fertigkeit, Wissen und Fähigkeit. Die 173 Spitzenleute waren viel produktiver, weil ihre Kunden ihnen vertrauten, und Kunden neigen eher dazu, einem *ehrlichen* Verkäufer zu glauben. Wie die Studie zeigte, kaufen die Kunden nicht aufgrund dessen, was man ihnen erzählt *oder* zeigt. Sie kaufen vielleicht aufgrund dessen, was man ihnen erzählt *und* zeigt und was sie auch glauben. Das gleiche gilt, wenn Sie Ihre Leute führen. Mit Begeisterung »kaufen« und handeln sie *nur* aufgrund dessen, was Sie ihnen erzählen und zeigen und was sie auch glauben.

Beim Führen von Menschen sind Vertrauen und Ehrlichkeit Güter, die wir jederzeit auf dem Markt gegen bare Münze eintauschen können. Spitzenmanager lernen es, durch *absolute* Ehrlichkeit in allen Belangen das notwendige Vertrauen aufzubauen. Die zweite Eigenschaft, welche diese Superverkäufer laut *Forum Report* in reichem Maße aufweisen, war schlicht und einfach gute, alte Höflichkeit. Diese Verkäufer sind mit der Telefonistin und der Sekretärin genau gleich höflich wie mit dem Bürochef und dem Buchhalter. Sie sind mit dem Magaziner und dem Hilfspersonal genauso anständig wie mit dem Präsidenten des Verwaltungsrates. Der Grund dafür ist einfach: Sie wissen, daß der Verkaufsvorgang nicht abgeschlossen – und der nächste Auftrag gefährdet – ist, solange der jetzige Auftrag nicht abgeliefert, installiert, abgerechnet *und* bezahlt worden ist. Aus diesem Grund wissen sie, daß sie auf die Mitarbeit, die Anstrengung und den Goodwill aller Mitarbeiter in ihrer Firma angewiesen sind.

In jedem Geschäft und in jeder Familie, wo mehr als zwei Menschen sind, gibt es immer gewisse Diskussionen darüber, wer was tun soll. Eine der besten Gelegenheiten, Vertrauen und Ehrlichkeit aufzubauen, liegt eben im Bereich der Verantwortung – tun, was getan werden muß. Leider hört man in vielen Unternehmen und Heimen allzu oft den Kriegsruf: »Das ist nicht meine Aufgabe!« Wer Spitzenleistungen erbringt, ist aber loyal zu den Menschen, mit denen er zusammenleben und zusammenarbeiten muß, und er beweist seine Loyalität, indem er das, was er tun muß, zum richtigen Zeitpunkt auch tut. Er muntert auch tüchtig mit Worten auf und sagt nie etwas Negatives oder Unfreundliches über die andern. Wer Spitzenleistungen erbringt, ist auch bereit, Zusätzliches zu leisten, weil er instinktiv begreift, daß er in seiner Karriere um so schneller vorwärtskommt, je mehr Erfolg seine Firma oder seine Abteilung erzielt.

Die Burke Marketing Research Inc. stellte leitenden Angestellten in hundert der tausend größten Unternehmen Amerikas die Frage: »Welches Verhalten stört Sie bei Ihren Angestellten am meisten?« Das Ergebnis war eine »Hitparade von Dingen, welche den Chef die Wände hochjagen, von Verhaltensweisen, welche ihm auf die Nerven gehen«, sagte Marc Silbert, dessen Vermittlungsagentur für temporäre Mitarbeiter die Studie in Auftrag gegeben hatte. »Sie können bewirken, daß Arbeitgeber die Qualitäten der Arbeitnehmer gar nicht mehr sehen. Da ist nichts mehr zu retten.« Lügner, Trottel, Egoisten, Trödler, Aufbegehrer, Heulsusen, Luftikusse und Faulpelze – acht Kategorien von Mitarbeitern, die einem Chef das Leben schwermachen, wobei laut Studie *Unehrlichkeit* und *Lügen* an der Spitze der Liste stehen. »*Ist ein Unternehmen der Ansicht, ein Angestellter beweise nicht genügend Integrität, werden alle positiven Eigenschaften – von Fertigkeit und Erfahrung bis zu Produktivität und Intelligenz – bedeutungslos*«, sagte Silbert. Loyalität zu den Menschen, mit denen wir zusammenleben und -arbeiten, ist eine unabdingbare Voraussetzung für Spitzenleistungen.

Seien Sie loyal zu Ihrem Unternehmen

Wenn ich sage, Loyalität zu Ihrem Unternehmen sei wichtig, heißt das nicht, daß Sie alles akzeptieren müssen, was vom Management kommt, als ob es ein Gebot des Himmels wäre. Niemand erwartet, daß Sie vor Freude in die Luft springen, wenn das Provisionssystem so geändert wird, daß die Firma zu Ihrem Nachteil mehr bekommt. Man erwartet auch nicht, daß Sie dem Direktor danken, wenn Sie plötzlich mehr für den gleichen oder gar einen geringeren Lohn arbeiten dürfen. Loyalität zu Ihrem Unternehmen bedeutet, solche Probleme in geeigneter Weise zu bewältigen.

Gehen wir doch einmal anders vor, und sprechen wir darüber, wie man in solchen Situationen *nicht* reagieren sollte. Sie teilen Ihre Sorgen nicht in der Kaffeepause mit einem Kollegen, der an der Situation nichts ändern kann. Sie gehen mit internen Problemen nicht hinaus – d.h. zu jemandem, der nicht für Ihr Unternehmen arbeitet. Wer einen dieser beiden Wege einschlägt, entwickelt sich zu einem Krebsgeschwür für sein Unternehmen. Krebs ist bekanntlich eine Zelle, die unabhängig von den andern Zellen im Körper drin lebt und schließlich zum Tod führt, sofern sie nicht rechtzeitig entfernt wird. Es gibt nur wenige Krankheiten, die sich tödlicher auf Ihr Unternehmen auswirken oder sich unbemerkter ausbreiten als Mangel an Loyalität. Ich habe bereits erwähnt, was ich vom Konsequenz-Verfahren halte, aber wenn es je einen Grund für eine Entlassung außerhalb des Konsequenz-Verfahrens gibt, dann ist es Mangel an Loyalität.

Wie bewältigt also der loyale Angestellte die Situation? Das richtige Vorgehen in jedem Fall, der Sie betrifft, besteht darin, mit dem »erkannten Problem« zu jemandem zu gehen, der die Autorität für eine Lösung besitzt. Legen Sie dieser Person das Problem und ein paar »mögliche Lösungen« vor. Handelt die Firma innerhalb einer vernünftigen Frist nach einem Ihrer Vorschläge oder trifft sie sonst eine annehmbare Lösung, sollten Sie sich dazu gratulieren, daß Sie von innerhalb Ihres Unternehmens zu dessen Stärkung beigetragen haben.

Unternimmt die Firma aber innert nützlicher Frist nichts, um die Situation zu bereinigen, haben Sie zwei Möglichkeiten: 1. Schweigen, 2. Kündigen. Eine andere Wahl haben Sie nicht! Wenn Sie weiterhin vor diesem Problem stehen, zu dessen Lösung nichts getan werden soll, wächst das Krebsgeschwür. Und wenn Sie weiterhin dagegen ankämpfen, ist das ungefähr so, als ob Sie mit dem Kopf gegen die sprichwörtliche Mauer rennen würden. Ich bin davon überzeugt, daß dies oft die Ursache von Magengeschwüren, Kopfschmerzen, Müdigkeit, Streß und Herzbeschwerden ist. Dr. David Schwartz behauptet in seinem Buch *Die Wunderwirkung großzügigen Denkens*, über 80 Prozent unserer Spitalbetten seien von Menschen mit »EIK«, Emotional induzierten Krankheiten, belegt. Das heißt nicht, daß diese Menschen nicht krank sind, es heißt nur, daß ihre Krankheit in der Seele wurzelt.

Sie sind es *sich*, aber auch Ihrem Unternehmen schuldig, entweder das zu unterstützen, was geschieht, oder sich nach einer andern Stelle umzusehen. Nun werden Sie wohl sagen, es sei nicht so einfach, eine Stelle zu finden, und ich gebe Ihnen recht. Aber es ist auch nicht einfach, einen neuen Körper zu finden – zumindest herrscht eine riesige Nachfrage nach Ersatzteilen! Die Antwort ist einfach, aber nicht leicht: Machen Sie beim Programm mit, oder suchen Sie ein anderes Programm, bei dem Sie mitmachen können!

Alles hat zwei Seiten

Loyalität zum Unternehmen ist wichtig, aber auf der andern Seite schulden Management und Unternehmen ihren Mitarbeitern die gleiche Loyalität. Ein klassisches Beispiel dafür ist Ross Perot mit seiner EDS (Electronic Data Systems). Zunächst ein paar Hintergrundinformationen.

Perots Geschichte vom großen Aufstieg hört sich an wie so manche andere. Er kam 1958 als junger Mann in einem alten Plymouth, Baujahr 1950, nach Dallas. Auf dem Rücksitz befand sich praktisch seine ganze Habe, vorne auf dem Beifahrersitz hatte er seine Frau und sein kleines Kind untergebracht. Er war 1958 einer der Spitzenleute von IBM, aber später hatte er eine bessere Idee, wie man Computer einsetzen könnte. Die Idee war so gut, daß er beschloß, seine eigene Firma zu gründen. Und ich glaube, es gibt heute in den USA nicht viele Menschen, welche die Namen Ross Perot und EDS noch nie gehört hätten.

Nun ist Ross Perot ein einziger Mann. Mit sehr wenig eigenem und etwas Geld von seiner Familie und von Freunden gründete er sein Unternehmen. Und EDS hat sehr viel zum Computer-Zeitalter beigetragen, in dem wir alle heute leben. Und 1985 übernahm General Motors Perots Firma EDS für mehr als drei *Milliarden* Dollar.

Eine interessante und ermutigende Seite an dieser Geschichte ist die Tatsache, daß EDS zwar mit Computern zu tun hat, aber dennoch ein sehr »menschliches« Unternehmen ist. Sein Management ist der Auffassung, daß Loyalität zu Vaterland und Familie, eine hohe Geschäftsethik und ein Gespür für Fairplay gegenüber dem Mitmenschen viel wichtiger sind als einzelne Fähigkeiten in einem total auf Wachstum ausgerichteten Unternehmen.

Die Übernahme von EDS durch General Motors machte Ross Perot zu einem der reichsten Männer der Welt. Was für Spitzenmanager aber im Vordergrund steht, ist die Frage, *weshalb* er derart erfolgreich war. Das folgende Ereignis wird Ihnen einigermaßen klarmachen, was dieser erfolgreiche Mann für einen Charakter hatte.

Wie weit geht eigentlich Loyalität?

Als 1979 die amerikanische Botschaft im Iran evakuiert wurde, gerieten zwei von Ross Perots Spitzenmanagern in iranische Gefangenschaft. Ross Perot ist als Mann der Tat bekannt. Und seine Leute kennen seine grenzenlose Loyalität. Er stellt sich hinter seine Leute und unterstützt sie, genießt dafür aber auch uneingeschränkte Loyalität von ihnen. Nun ging es darum, was man für diese beiden Männer in iranischen Gefängnissen tun konnte. Die Antwort war – soweit es Ross Perot anbetraf – einfach. Er hatte wenig Hoffnung, daß seine Männer schnell wieder auf freien Fuß gesetzt würden, ja er fürchtete sogar um ihr Leben. Und so berief er kurzerhand eine Konferenz mit seinen höchsten Angestellten in den USA ein. Und sie arbeiteten einen riskanten Plan zur Rettung ihrer Kollegen aus.

Die Einzelheiten dieses Unternehmens sind so spannend und aufregend, daß ich hier nicht gebührend drauf eingehen kann. Ich empfehle Ihnen aber, die ganze Geschichte in Ken Folletts *Auf den Schwingen des Adlers* nachzulesen, die ich hier nur in zwei Sätzen zusammenfassen will. Ross Perot organisierte eine Kampagne, um seine beiden Manager herauszuholen. Er warb eigene, loyale Männer an und befreite die beiden im Verlaufe eines inszenierten Aufruhrs aus dem iranischen Gefängnis. Wen wundert es da noch, daß seine Leute derart loyal zu ihm sind?

Offensichtlich werden die meisten von uns kaum je in eine solche Lage geraten, aber

wir haben jeden Tag eine Gelegenheit, zu unsern Leuten loyal zu sein und ihnen zur Seite zu stehen.

Ein letztes Wort zum Thema Loyalität

Ich habe dieses Kapitel mit einem Zitat von Elbert Hubbard eingeleitet, und er soll es auch mit weisen Worten beenden.

Wenn Sie für einen Mann arbeiten, *arbeiten* Sie um Himmels willen auch für ihn. Wenn er Ihnen den Lohn bezahlt, mit dem Sie Ihr Brot und Ihre Butter kaufen, arbeiten Sie für ihn; sprechen Sie gut über ihn; stehen Sie ihm und dem Unternehmen, das er repräsentiert, zur Seite. In einem Notfall wiegt eine Unze Loyalität ein Pfund Cleverness auf. Wenn Sie schmähen, verurteilen und auf ewig verunglimpfen müssen – kündigen Sie Ihre Stellung und verurteilen Sie nach

Herzenslust, wenn Sie draußen sind; aber verurteilen Sie nicht, solange Sie Teil des Unternehmens sind. Tun Sie es doch, reißen die Bande, die Sie noch beim Unternehmen halten, und sobald ein kräftigerer Wind weht, werden Sie entwurzelt und weggewirbelt, wahrscheinlich ohne jemals zu wissen, weshalb.

Leistungsprinzipien

1. Loyalität beginnt mit Loyalität zu sich selbst.

2. Man kann nicht permanent Leistungen erbringen, die nicht mit der Art, wie man sich selber sieht, in Einklang stehen.

3. Es geht darum, daß man Sie nicht möglichst viel sieht, sondern daß man Sie für möglichst fähig hält.

4. Das Gute ist der schlimmste Feind des Hervorragenden.

5. Wenn Sie nichts Nettes zu sagen haben, sagen Sie lieber gar nichts.

6. Unterstützen Sie Ihr Unternehmen, oder gehen Sie für ein Unternehmen arbeiten, das Sie unterstützen können.

»Es interessiert die Leute nicht ...«

Man lernt die Menschen durch das Herz, nicht durch die
Augen oder den Intellekt kennen. *Mark Twain*

Leider ist es uns als Manager von Menschen oft ähnlich
zumute wie dem Redner, der nicht eben mit tosendem Beifall empfangen wurde und sprach: »Um es mit Shake-
speare zu sagen: Es ist nett, unter Freunden zu sein ...
auch wenn es die Freunde von jemand anderem sind.« Wie
oft scheinen doch Manager und ihre Angestellten auf eine
alles andere als freundschaftliche Beziehung hinzuarbeiten. Dabei sollten wir sein wie jener kleine Junge, der es mit
drei großen Bengeln zu tun bekam, von denen jeder einzelne spielend leicht mit ihm fertig geworden wäre. (Und
alles machte den Anschein, als ob die drei genau das vor-
hätten.) Wie viele von uns war auch der kleine Junge nicht
gerade zum Kämpfer geboren, aber er konnte – wie *alle*
erfolgreichen Manager – denken. (Und in diesem Fall hing
sein physisches Wohlbefinden davon ab!) Dies überlegte
sich der kleine Junge, trat rasch ein paar Schritte zurück,
zog mit der Schuhspitze eine Linie in den Staub, schaute
dem Anführer der drei in die Augen und forderte ihn auf:
»Nun wag dich über diese Linie.« Nun, wie Sie sich un-
schwer vorstellen können, überquerte der große Bengel zu-

versichtlich – ja beinahe arrogant – besagte Linie. Daraufhin lachte der kleine Junge fröhlich und rief: »Nun sind wir beide auf der gleichen Seite!« Wenn wir erfolgreich Menschen führen wollen, müssen wir daran denken, daß der Manager und die Leute, die er führt, »auf der gleichen Seite« *sind*.

Von Sir Edmund Hillary war ja bereits die Rede. Als er sich nach seinem historischen Erfolg im Jahr 1953 zusammen mit seinem treuen Sherpa Tensing auf dem Abstieg befand, rutschte Sir Edmund plötzlich aus. Tensing hielt das Seil straff und bewahrte beide vor dem Absturz, indem er seinen Pickel tief ins Eis trieb. Später weigerte sich Tensing, speziell dafür belohnt zu werden, daß er Sir Edmunds Leben gerettet hatte; für ihn gehörte das einfach mit zu seinem Job, und er sagte jeweils: »Bergsteiger helfen einander in jeder Situation.« Können wir als Manager es uns leisten, anders zu sein? Sind wir nicht verpflichtet, mit unseren Leuten zu arbeiten und ihre Energien so zu steuern, daß sie ihre Fähigkeiten und Talente optimal entwickeln können?

Ein Trumpf von unschätzbarem Wert

Ich bin der festen Überzeugung, wenn Sie nur einen einzigen Gedanken aus diesem Buch übernehmen könnten, dann wäre es der folgende: Wenn Sie wirklich ein Fachmann im Umgang mit Menschen werden wollen (der ja 85 Prozent Ihres Erfolges bestimmt), sollten Sie sich diesen Satz merken:

Es interessiert die Leute nicht, wieviel Sie wissen, bis sie erfahren, wie sehr Sie sich interessieren ... für sie!

Wahrscheinlich haben Sie ihn schon einmal gehört, und als Spitzenmanager muß man Ihnen das auch nicht sagen..., aber manchmal schadet es nicht, nochmals daran erinnert zu werden. Sehen Sie, ob wir nun von Eltern, Geschwistern, Kindern, Ehepartnern, Freunden, Bekannten, Kollegen, Angestellten oder Chefs sprechen – es interessiert niemanden, ob Sie am Massachusetts Institute of Technology oder an der Harvard University doktoriert haben. Es interessiert niemanden, daß Sie schon zwanzig Jahre Erfahrung haben (oder zwanzigmal ein Jahr immer die gleiche Erfahrung!), ob Sie mehr von irgendeinem Artikel verkauft haben als irgendein anderer Verkäufer, ob Sie alle Rekorde der Firma gebrochen haben ... bis die Leute erfahren, wie sehr Sie sich für sie interessieren.

Jedermann kann eine Arbeit erledigen; jedermann kann eine Arbeit *gut* erledigen. Aber erst wenn der Mensch seine Arbeit liebt, erbringt er Leistungen, die andere dann als *großartig* bezeichnen! Liebe ist Interesse ... Interesse, sein Leben einzusetzen, Interesse, alles zu geben, Ihr Bestes zu geben.

Liebe leistet einen Beitrag, investiert, hilft, ist ein loyaler Teil einer Arbeit oder eines Unternehmens. Liebe holt aus einem Menschen sein Bestes heraus, und das ist oft mehr, als er oder jemand anders für möglich gehalten hätte. Liebe setzt das ganze Potential eines Menschen frei, damit er einen totalen Erfolg erreichen kann. Aber Liebe inspiriert auch andere dazu, diejenigen zu motivieren, die ihnen folgen.

Vor mehreren Jahren hörte ich einmal eine Geschichte,

deren eigentliche Bedeutung mir erst viel später aufging. Sie stammt aus Dr. George Cranes Zeitungskolumne »Die Sorgenklinik«, und ich glaube, sie paßt ganz hervorragend zu dem, was wir hier gesagt haben.

Einer der älteren Ärzte am Wesley Hospital erzählte mir die Geschichte. Sie trug sich im Jahr 1910 zu, als Bluttransfusionen und ähnliche medizinische Wunder noch nicht so bekannt waren.

Der zehnjährige Jimmy liebte seine vier Jahre jüngere Schwester sehr. Eines Tages stürzte sie mit dem Fahrrad und zog sich einen bösen Schnitt am Bein zu. Das Blut floß in Strömen, und als der Arzt eintraf, hing ihr Leben nur noch an einem dünnen Faden.

Rasch konnte der Arzt die zerfetzte Arterie abklemmen, aber das Herz hatte keine Kraft mehr. Voller Verzweiflung wandte sich der Arzt an Jimmy und fragte ihn: »Jimmy, würdest du dein Blut geben, um das Leben deiner Schwester zu retten?«

Jimmy schluckte schwer, aber dann nickte er zustimmend. Der Arzt legte ihn auf den Küchentisch und begann, Blut aus einer seiner Venen abzuzapfen. Dann injizierte er das Blut direkt in eine Vene des kleinen Mädchens.

Dreißig Minuten lang beobachteten der Arzt und die Familie das Mädchen besorgt. Der Arzt horchte mit seinem Stethoskop ununterbrochen auf den Herzschlag. Nach langem schien das Mädchen die Krise überwunden zu haben. Der Arzt erhob sich, wischte sich den Schweiß von der Stirn und drehte sich um. Erst dann bemerkte er, daß Jimmy immer noch auf dem Küchentisch lag, zitternd und voller Angst.

»Was ist denn los, Jimmy?« fragte der Arzt. »Wa-wa-wann mu-muß ich sterben?« fragte Jimmy zwischen zusammengebissenen Zähnen hindurch zurück.

Nun begriff der Arzt, daß Jimmy nicht richtig verstanden hatte, was die Bitte um sein Blut eigentlich bedeutet hatte. Jimmy hatte sich vorgestellt, seine Schwester würde *all* sein Blut benötigen! Was hieß, daß Jimmy sich ganz im stillen bereit erklärt hatte, für seine Schwester zu sterben!

Der Arzt hatte Tränen in den Augen, als er Jimmy versicherte, er habe ihm nur ein bißchen Blut abgenommen und er müsse nicht sterben. Die Tränen des Arztes waren beispielhaft für Descartes' Aussage über die göttlichen Funken, welche Gott uns allen in unser Gehirn gibt. Jimmys Bereitschaft zu sterben, damit seine Schwester leben konnte, gehört zu den Ereignissen, die bei einfühlsamen Lesern diese göttlichen Funken beim Lesen von Jimmys Opfer zum Erglühen bringen.

Opfer bringen und etwas von uns weggeben sind in unserer heutigen Gesellschaft nicht eben beliebt, aber denken Sie doch noch einen Augenblick lang mit mir weiter. Nehmen wir an, Sie kommen am Abend nach Hause und werden von Ihrer Ehefrau empfangen, die Sie – förmlich übersprudelnd – mit einer Geschichte überfällt, die Sie überhaupt nicht interessiert, und Sie halten inne und hören ihr mit ungeteilter Aufmerksamkeit zu. Geben Sie Ihrer Liebsten dann nicht auch einen Teil von Ihrem Leben? Geben Sie nicht ein bißchen von sich selbst auf?

Wenn Sie den ganzen Tag lang mit Leuten zu tun hatten – und nicht immer mit Erfolg –, dann möchten Sie doch nur noch ein paar Minuten Ruhe und Frieden bei der Tagesschau oder mit Ihrer Zeitung. Sie machen es sich gerade bequem, als Ihre Kinder, die Sie zwar sehr lieben, für die nächsten paar Minuten aber lieber aus einer gewissen Distanz, sich an Sie hängen, als ob Sie eine Liane im Urwald wären. Wenn Sie nun in diesem Augenblick entweder Ihren Fernseher abstellen oder Ihre Zeitung weglegen, damit Sie ihnen Ihre ungeteilte Aufmerksamkeit und Liebe zuwenden können, dann investieren Sie einen Teil Ihres Lebens in das Ihrer Kinder, und Sie geben ein kleines bißchen von sich selbst auf. Wenn Sie todmüde sind, weil es »einer von diesen Tagen« war und ein Angestellter noch dringend einen guten Zuhörer oder ein bißchen Hilfe braucht, und Sie sich diese Zeit noch nehmen, geben Sie dann nicht einen Teil von sich selbst auf?

Wenn Sie ein Fachmann im Umgang mit Menschen werden wollen, lesen Sie das Leistungsprinzip am Ende dieses Kapitels, prägen es sich tief ins Herz ein und leben es an jedem Tage Ihres Lebens.

Leistungsprinzipien

Es interessiert die Leute nicht, wieviel Sie wissen, bis sie erfahren, wie sehr Sie sich interessieren ... für sie.

2. Teil

Die Wissenschaft der Spitzenleistungen

Wissenschaft ist organisiertes Wissen.
Herbert Spencer

»Aber ich habe gemeint, Sie hätten gesagt ...«

Die Genauigkeit der Kommunikation ist sehr wichtig, in unserer hochempfindlichen Zeit wichtiger als je, wo ein falsches oder falsch verstandenes Wort zu einer ähnlichen Katastrophe führen kann wie eine unbedachte Handlung.

James Thurber

Jeder Manager hat schon einmal gehört, wie wichtig *Kommunikation* ist. Und dennoch müssen wir alle hie und da wieder daran erinnert werden, *wie* wichtig sie ist, und wir benötigen konkrete Anregungen, *was* wir tun können, um effizienter zu werden. *Wir dürfen auch nicht vergessen, daß Fehlkommunikation, schlechte Kommunikation oder gar keine Kommunikation unwahrscheinliche Probleme schaffen können.* Denken Sie nur daran, wie schwierig und kaum verständlich zum Beispiel gewisse juristische Texte für einen Nichtfachmann manchmal sind.

In diesem Kapitel wollen wir uns mit einigen Gebieten befassen, welche eine Kommunikation verhindern, ein paar Regeln zur Verbesserung der Kommunikation erarbeiten und uns spezifische Situationen wie z. B. Sprechen vor Publikum oder in Sitzungen näher anschauen, um möglichst wirksam kommunizieren zu lernen. Und schließlich interessiert uns auch, welche Rolle die Kommunikation beim Aufbau einer produktivitätsfördernden Arbeitsatmosphäre spielt.

Laut *Harvard Business Review* ist die Kommunikationsfähigkeit die günstigste Eigenschaft, die ein Manager, ein Verkäufer oder irgendein anderer Mensch haben kann. Alan Loy McGinnis verrät uns in seinem exzellenten Buch *Wie Sie das Engagement Ihrer Mitarbeiter gewinnen* den Grund dafür:

Motivierende Sprecher gehen immer sehr verschwenderisch und gefühlsbetont mit Worten um, wenn sie potentiellen Anhängern ihre Träume beschreiben. So unterschiedliche Führungspersönlichkeiten wie Winston Churchill, Lyndon B. Johnson und Lee Iacocca hatten alle etwas gemeinsam: eine faszinierende Begabung zum Reden. Der eine oder andere war in mancher Hinsicht vielleicht sogar etwas scheu, aber wenn sich die Gelegenheit bot, konnte sich jeder in einen Strom von Worten ergießen. »Der inspirierende Sprecher erzeugt Begeisterung«, sagte Aldous Huxley, »deren Intensität nicht von der Vernünftigkeit des Gesagten abhängt oder von der Güte der verfochtenen Sache, sondern einzig von der Fähigkeit des Propagandisten, auf erregende Weise mit Worten umzugehen.« Worte sind bemerkenswert starke Medien. Franklin D. Roosevelts Erfolg war mindestens teilweise auf seine Fähigkeit zurückzuführen, prägnante Sätze zu formulieren und seine Träume in Schlagworten zusammenzufassen, und diese Schlagworte sind landesweit in unser Leben eingegangen. Gandhi und Martin Luther King jr. wußten beide, daß Worte eine erhebende und erhöhende, beinahe berauschende Macht haben, wenn man nur lange genug spricht. Die meisten von uns haben das schon Hunderte von Malen erlebt – wenn wir einem Sprecher entweder vor

Publikum oder bei einem Gespräch unter vier Augen so lange zugehört haben, bis der Klang der Worte und das schiere Gewicht ihres Stromes uns schließlich überzeugt haben.

Man kann eine beträchtliche Anhängerschar gewinnen, wenn man seine Botschaft bereitwillig genügend vielen Menschen übermittelt und sich durch die große Zahl jener nicht abhalten läßt, die nicht darauf einsteigen. Statt dessen nimmt man seine Idee auf und stellt sie dem nächsten vor. Wenn man sie genügend oft genügend vielen Leuten vorgestellt hat, beginnen sich ein paar wenige dafür zu begeistern, schließen sich dem Zug an, und schon ist die Bewegung ins Rollen geraten. Worte können billig sein; wenn man sie aber richtig einsetzt, kann man bei seinen Anhängern etwas erzeugen, was man nicht kaufen kann ... Feuer im Herzen!

Und dennoch gibt es jeden Tag im Geschäft und zu Hause Beispiele von Fehlkommunikation, die Kummer und Verzweiflung nach sich ziehen. Die folgende, bittersüße Geschichte könnte sich wirklich ereignet haben und verrät viel über die Kommunikationsprobleme des Lebens.

Ein Ehepaar feierte seine goldene Hochzeit im Kreise seiner Kinder, Großkinder und Urgroßkinder, und auch die Bewohner des kleinen Städtchens nahmen regen Anteil an diesem seltenen Ereignis. Der Bürgermeister verlieh den beiden Jubilaren das Ehrenbürgerrecht, im Country Club fand am späteren Vormittag ein Empfang statt, am Abend wurde ein großes Bankett veranstaltet, und männiglich kam, dem Jubelpaar zu gratulieren. So gegen zehn Uhr abends war dann der offizielle Teil abgeschlossen. Wie üblich ging der Mann in die Küche und bereitete – wie jeden Abend vor dem Schlafengehen – für seine Frau und sich selbst Toastbrote mit Butter und Marmelade und ein kleines Glas Milch vor.

Vielleicht war die Müdigkeit nach dem langen und anstrengenden Tag schuld, aber als der Mann seine langjährige Lebensgefährtin in die Küche rief, setzte sie sich hin und brach in Tränen aus. Besorgt stand der Mann auf, ging um den Tisch herum, nahm seine Frau in die Arme und fragte, was denn los sei. Schluchzend brach es aus ihr hervor: Sie habe gedacht, wenigstens an diesem ganz besonderen Tag würde er ihr nicht das Ende des Brotes geben. Ziemlich schockiert und überrascht erwiderte der Mann: »Aber mein Liebes, ich habe gemeint, du wüßtest, daß dies mein Lieblingsstück ist!«

Ironisch – und tragisch zugleich, daß der Mann seiner Frau während so langer Zeit das seiner Meinung nach beste Stück gab, während seine Frau das ihrer Meinung nach schlechteste Stück bekam. Leider könnten auch viele von uns Beispiele für eine derartige Fehlkommunikation anführen.

Was stört denn die Kommunikation?

Die kleine Geschichte hat bewiesen, daß das Wort *annehmen* zu den schlimmsten Störfaktoren effizienter Kommunikation zählt. Der Mann *nahm an*, seine Frau wüßte, daß er ihr das seiner Meinung nach beste Stück gebe, und seine Frau *nahm an*, er gebe ihr absichtlich das schlechteste Stück Brot. Innerhalb einer Familie kann dies zu Spannungen mit schrecklichen Folgen führen. Im Geschäft können die Folgen sich katastrophal auf die Produktivität auswirken. Immer wenn Sie denken, *die wissen ja wahrscheinlich*, sollte in Ihrem Kopf ein Signal ertönen, das Sie daran erinnert, daß sie wahrscheinlich *nicht* wissen – und dann nützen Sie die Gelegenheit, um sie an das zu *erinnern*, was sie wissen sollten.

Laut AT & T wird in jedem Büro der Löwenanteil der gesamten Zeit auf Kommunikation verwendet: zuhören, sprechen, nachfragen, die Post erledigen usw. Würden Sie darüber Buch führen, wären Sie erstaunt, wie wenig Zeit eigentlich für produktive Arbeit übrigbleibt (für hohe leitende Angestellte ungefähr 15 Prozent des Arbeitstages).

Zudem kann die Kommunikation auch sehr schwierig sein, und Sie müssen sich unermüdlich anstrengen. Im Englischen zum Beispiel haben die fünfhundert am meisten gebrauchten Wörter insgesamt vierzehntausend verschiedene Bedeutungen, und im Deutschen dürfte das wohl kaum wesentlich anders sein. Und dann verkompliziert man die Dinge gern noch etwas mehr, indem man Wörter, die eigentlich überhaupt nicht zusammenpassen, in ein und denselben Satz hineinzwängt, z.B.: »Es ist der *gleiche* Unterschied!« Ja, Bedeutung und Anwendung von Wörtern können einem das Leben schon sehr schwermachen.

Die Kommunikation sollte immer so klipp und klar sein wie auf einem Schild, das ich kürzlich in Chicago sah: *Achtung, bissiger Hund – Überlebende werden mit Buße bestraft!* Da kommt die Kommunikation klar durch! Ich wollte nicht das geringste mit dem Gartenzaun, dem Hund, dem Haus oder sonst etwas zu tun haben. Um effizient zu kommunizieren, müßten wir uns immer so klar, wenn auch nicht unbedingt so drohend ausdrücken.

Effiziente Kommunikation

Die Kommunikationsprobleme im geschäftlichen wie übrigens auch im gesellschaftlichen Bereich sind derart groß, daß die Zig Ziglar Corporation unter dem Titel *Effiziente Kommunikation im Geschäftsleben* ein Seminar für Firmen und Einzelpersonen aufgebaut hat, auf das wir sehr stolz sind. Unsere Mitarbeiter trainieren zwei Tage lang mit den mittleren und höheren Kaderleuten, um ihre so überaus wichtige Kommunikationsfähigkeit zu verbessern.

Sich so sehen, wie andere einen sehen (und hören), ist sehr wichtig, und deshalb werden die Teilnehmer rund ein dutzendmal auf Video aufgenommen, in Einzellektionen unterrichtet und mit zwölf lebenswichtigen Punkten vertraut gemacht. Unser Seminar ist unter anderem deshalb so gut, weil nur ungefähr 30 Prozent der Zeit auf die Theorie verwendet werden. Während der übrigen 70 Prozent übt jeder Teilnehmer Fähigkeiten ein, die er braucht und *unmittelbar* nach dem Seminar bei seiner Arbeit anwenden kann. Nun, das klingt ja bald wie richtige Werbung ..., und das ist es auch: Werbung für das Erlernen von Kommunikationsfähigkeiten! Ich möchte Ihnen ein paar Beispiele für solche Fähigkeiten und ein paar Ideen aus unserem Seminar vermitteln, die Sie sofort selber anwenden können.

Wußten Sie das schon?

Sie haben ungefähr vier Minuten, um akzeptiert oder abgelehnt zu werden, wenn Sie jemanden zum ersten Mal sehen. Rund 87 Prozent aller Informationen, die Sie in

Ihrem Leben erhalten, nehmen Sie über den Sehsinn, 7 Prozent über das Gehör, 3,5 Prozent über den Geruchssinn, 1,5 Prozent über den Berührungssinn und 1 Prozent über den Geschmackssinn auf. Wenn Sie also zum ersten Mal einem Kunden oder einem Angestellten gegenüberstehen, ist das, was er *sieht*, von entscheidender Bedeutung. Zuhörer brauchen visuelle Anreize – einen Punkt, auf den sie ihre Aufmerksamkeit richten können. Gebärden, Körpersprache und Mienenspiel sind nebst andern visuellen Anreizen von allergrößter Bedeutung. Der Mensch *spricht* normalerweise ungefähr 150 Wörter pro Minute, aber er *denkt* ungefähr 600 Wörter pro Minute – also rund viermal schneller. Sie glauben vielleicht, Sie ließen Ihre Gedanken schweifen, in Wahrheit *galoppieren* sie Ihnen aber wie ein Rennpferd voraus. Wenn Sie kommunizieren, müssen Sie alles tun, um die Aufmerksamkeit des Zuhörers zu fesseln, also auch Ihre Gedanken ordnen und Ihr Sprechtempo zügeln.

Die Leute sprechen zu 50 Prozent auf Körpersprache und Mienenspiel, zu 38 Prozent auf Stimmodulation und nur zu etwa 7 Prozent auf den Gesprächsinhalt an. Und dank dem Fernsehen soll heute die durchschnittliche Konzentrationsphase des Menschen ungefähr sieben bis elf Minuten dauern – dann ist es Zeit für einen Werbeblock. Wenn wir kommunizieren, müssen wir versuchen, solche Gewohnheiten zu überwinden, die sich bei unseren Zuhörern eingenistet haben.

Das saubere Dutzend

Sie können lernen, effizienter zu kommunizieren, indem Sie sich der zwölf lebenswichtigen Punkte bewußt werden, die da sind: Erscheinung, Gehabe, Gestik, Augenkontakt, Mienenspiel, Stimme, Füllung, Einbezug, Umgang mit Fragen, Humor, Vorstellen anderer Personen und visuelle Hilfsmittel.

Erscheinung. Dazu gehören Ihre Kleidung, die Art, wie Sie sich kämmen, wie Sie sich geben, und Ihre Accessoires. Ihre Erscheinung sagt etwas über Sie aus; sie verrät andern, was Sie von sich selbst halten. Unterstützt Ihre Erscheinung das, was Sie zu sagen haben, oder lenkt sie davon ab? Was sagt Ihre Erscheinung überhaupt aus?

Gehabe; Körpersprache. Sagt Ihre Körpersprache, daß Sie Selbstvertrauen und die Sache im Griff haben, daß Ihnen die Person, mit der Sie kommunizieren, am Herzen liegt, daß Sie sich wohl fühlen – oder sagt sie genau das Gegenteil aus?

Gestik. Damit ist die Körpersprache insbesondere mit Armen und Händen gemeint. Man sagt, es gebe Leute, die mit gebundenen Händen nicht kommunizieren könnten, und das ist zum Teil bestimmt wahr. Natürliche Arm- und Handbewegungen helfen dem Sprecher, sich deutlicher auszudrücken.

Augenkontakt ist für die Augen, was der Handschlag für die Hände. Wenn wir jemandem in die Augen blicken, senden wir positive Signale von Vertrauen, Mut, Interesse und Anteilnahme oder aber negative Signale von Langeweile, Verwirrung, Abscheu, Opposition oder sogar Ärger aus.

Mienenspiel. Lächeln, die Stirn runzeln. Ihr Gesicht ist

eines der wichtigsten Instrumente für effiziente Kommunikation. Mit beherrschtem Gesichtsausdruck geben Sie die Tonart für das Gespräch an und machen die Leute auf das aufmerksam, was noch kommt. Sie zeigen damit auch, was Sie meinen, und erleichtern es Ihren Gesprächspartnern, Ihren Gedankengängen zu folgen.

Stimme. Dazu gehört nicht nur die Stimmlage, sondern auch Lautstärke, Betonung und Tempo. Wenn Sie die Lautstärke variieren, gewisse Wörter oder Wendungen betonen und auch das Sprechtempo verändern, sind Sie effizienter und werden leichter verstanden.

Füllung. Damit sind die äh leeren mmmh Wörter gemeint, die wir mhm, äh so oft äh, nun ja, hm, Sie wissen ja, in unsere ach Konversation einstreuen. Nehmen Sie doch einmal nur so zum Spaß Ihren Anteil eines Telefongesprächs auf Band auf, und zählen Sie dann, wie viele solche Wörter Sie gebraucht haben. Wahrscheinlich werden Sie staunen!

Einbezug. Damit meine ich aktives Zuhören sowohl Ihrerseits als auch von seiten derer, die zuhören *könnten*. Sprechen Sie die Leute mit Namen an, stellen Sie Fragen, hören Sie sich die Antworten an, und sprechen Sie auch für die Interessen anderer. Das sind ein paar Beispiele, wie Sie andere in die Kommunikation mit einbeziehen können.

Umgang mit Fragen. Dies ist bei geschäftlichen Besprechungen besonders wichtig. Nur allzu oft hören wir nicht genau hin, wenn eine Frage gestellt wird, oder wir beantworten eine ganz andere Frage. Wenn Integrität und Vertrauen im Geschäft wichtig sind – und sie sind es! –, dann kann die Art, in der Sie auf Fragen eingehen, das Vertrauen stärken, das Ihre Leute zu Ihnen haben.

Humor. Mit Humor können Sie Ihr Publikum – einen einzelnen Gesprächspartner oder elftausend Zuhörer – auflockern und sich mit ihm anfreunden. Mit Humor läßt sich auch gut eine Brücke zwischen zwei Themen schlagen. Und er kann bei längeren Präsentationen ein müdes oder abschweifendes Publikum wieder zur Sache zurückholen. Aber Vorsicht – übertreiben Sie nicht. Nur zu viele Möchtegern-Kommunikatoren opfern Inhalt zugunsten von Humor. Übrigens, wenn Sie nicht wissen, ob Sie Humor einer gewissen Art überhaupt in Ihr Gespräch einfließen lassen sollen, gibt es eine einfache Regel. Wenn Sie zuerst überlegen müssen, ob ein bestimmter Witz nun angebracht sei oder nicht, haben Sie die Antwort bereits: *Nein!* (Ich habe noch nie gehört, daß Lästerungen oder zweideutige Witze einem Redner ein Engagement, einem Angestellten eine Beförderung, einem Verkäufer ein Geschäft oder einem Politiker Stimmen eingebracht hätten. Umgekehrt sind mir zahlreiche extrem negative Reaktionen auf sprachliche Entgleisungen oder absolut geschmacklose Geschichten bekannt.)

Vorstellen anderer Personen. Dies scheint auf den ersten Blick nicht besonders wichtig zu sein, aber ein weiser Mann sagte einst: »Man bekommt nie eine zweite Chance, einen ersten Eindruck zu hinterlassen.« Bei Vorstellungen haben Sie Gelegenheit, nicht nur einen ausgezeichneten ersten Eindruck zu machen, sondern auch andern durch aufrichtige Anerkennung ihrer Stärken ein Gefühl der Bedeutung zu vermitteln.

Visuelle Hilfsmittel. Sie sind nicht nur bei Verwaltungsratssitzungen nützlich, sondern auch bei Gesprächen unter vier Augen. Wann immer auch Sie mehr als einen Sinn Ihres Zuhörers ansprechen können, sind Sie in Sachen

Kommunikation anderen um eine Nasenlänge voraus. Nur schon dadurch, daß Sie sich dieser lebenswichtigen Punkte bewußt sind, wird Ihre Kommunikation verbessert, und wenn Sie sich Zeit nehmen und sich intensiver damit befassen, werden Sie Ihre Kommunikationsfähigkeiten ganz wesentlich verbessern können.

Unterschiede zwischen gesprochener und geschriebener Sprache

Ihr schriftliches Ausdrucksvermögen mag hervorragend sein. Das heißt aber noch lange nicht, daß Sie auch ein hervorragender Sprecher sind, denn zwischen der geschriebenen und der gesprochenen Sprache gibt es doch wesentliche Unterschiede.

● Gesprochene Sprache muß leicht und unmittelbar verständlich sein, denn wenn ein Zuhörer etwas falsch versteht, kann er nicht noch einmal zurückblättern und nachlesen.
● Gesprochene Sprache sollte repetitiv sein, d.h., wichtige Punkte, die Sie den Zuhörern mit auf den Weg geben wollen, sollten mehrmals und auf unterschiedliche Arten formuliert werden.
● Gesprochene Sprache sollte idiomatischer sein, sonst klingt sie leicht gespreizt und künstlich.
● Gesprochene Sprache sollte in ihrer Struktur einfacher sein als geschriebene Sprache.
● Bilder bringen Leben und Farbe in die gesprochene Sprache, und der Zuhörer erinnert sich leichter an sie. Kennedy sprach von Freiheit als »Fackel, die einer

neuen Generation übergeben wird«. J. F. Bere, Präsident
der Borg-Warner Corporation, beschrieb brachliegende
Fähigkeiten als »Sprungfedern, die nur darauf warten,
enorme Kräfte freizusetzen«. Probleme waren »schwe-
lende Feuer«, neue Programme wurden »mit einem
Baustein da, einem Baustein dort« aufgebaut.

Kommunikation zwischen Manager und Angestellten

Schauen wir uns doch einmal an, wie ein Spitzenmanager
die geeignete Atmosphäre für Kommunikation schafft. Die
folgenden Punkte sind meiner Meinung nach exzellente
Richtlinien für Topmanager.

*Offenheit schafft die Basis, um Ihre Angestellten per-
sönlich kennenzulernen.* Kommunizieren Sie den
Wunsch, Ihre Angestellten kennenzulernen, und bemühen Sie sich dann auch, sie beruflich *und* persönlich kennenzulernen. Über ihre persönlichen Ziele,
ihre Interessen, Hobbys, familiären Beziehungen, Gedanken und Überzeugungen sollte möglichst viel bekannt sein, damit der Angestellte mehr wird als nur
ein Objekt. Manager sollten ihre Angestellten als dynamische, einzigartige Persönlichkeiten anerkennen.
Offenheit kommuniziert Würde. Wenn er kein Objekt
mehr ist, kann sich der Angestellte an seinem Betei-
ligtsein und seinem Engagement freuen, was wichtig
für gegenseitiges Vertrauen ist. Aufrichtigkeit und Vertrauen auf Gegenseitigkeit schaffen eine Verhaltensweise, die zu einer positiven seelischen und geistigen
Stütze wird.

Zuhören und kommunizieren. Um Angestellte in- und auswendig kennenzulernen, müssen Sie andern zuhören und sie ermutigen, ihre eigenen Motivationen, Sorgen, Persönlichkeiten und Geisteshaltungen zu kommunizieren. Hören Sie sich ihre Ideen an. Dadurch kann die Verantwortung nicht nur für die Arbeit, sondern auch für die Qualität der persönlichen Beziehungen gemeinsam getragen werden.

Leute verwirklichen ihre eigenen Ideen am besten selbst. Ihre Empfänglichkeit bewirkt auch beim Angestellten Empfänglichkeit: Gegenseitige Empfänglichkeit schafft die Grundlage für Wachstum und Weiterbildung. Mit Ihrer Bereitschaft für eine derartige Entwicklung helfen Sie den Leuten, ihre eigenen Fähigkeiten zu entdecken.

Kommunizieren Sie Teilnahme und Anerkennung. Indem Sie aufmerksam zuhören, lernen Sie Ihre Angestellten durch und durch kennen. Der Mensch reagiert gleichermaßen auf Freude und auf Schmerz. Der Manager, der Teilnahme für die Stärken und das Potential anderer signalisiert, kann eine Freundschaft zum Tragen bringen, die zu Reife und gegenseitiger Übernahme von Verantwortung führt. Das Gegenteil trifft wahrscheinlich genauso zu. Freundschaft ist besser als diese feindselige Beziehung zwischen »wir und sie«.

Wenn Sie Teilnahme kommunizieren, ist dies eine Art Anerkennung, die für die Entwicklung von Menschen unerläßlich ist. Und gute Leistungen sind eine Folge der Entwicklung von Menschen.

Kommunizieren Sie Mitarbeit beim Management. Autorität blockiert menschliches Wachstum und behindert Entwicklung im Organisationsbereich. Mitarbeit beim Management bedeutet, daß jeder einzelne Mitarbeiter Gelegenheit bekommt, in den Ablauf einer dynamischen Organisation einbezogen zu werden. Auf informelle und komplexe Art und Weise wird gemeinsames Engagement zu einer Definition einer für jedermann erreichbaren Lebensqualität.

Kommunizieren Sie Fehlbarkeit und Engagement. Niemand ist vollkommen. Geben Sie zu, wenn Sie einen Fehler machen, und bitten Sie um Hilfe. Wenn Sie alle Punkte, die wir bisher erwähnt haben, auch beachten, werden die Angestellten Ihre Menschlichkeit nicht als Schwäche auslegen. Wenn Sie Fehlbarkeit kommunizieren, kommunizieren Sie auch Engagement. Wenn der Manager Fehler machen kann, kann jedermann Fehler machen. Und damit sind gemeinsame Entscheidungen, Autorität und Verantwortung möglich. Die Leute engagieren sich, weil sie es sich leisten können. Das Axiom »Management ist die Fähigkeit, etwas durch die Mitarbeit anderer Leute zu erreichen« wird wahr.

Kommunizieren Sie Initiative durch »Betreuung«. Wir »betreuen« jedermann, auch uns selbst, wenn wir danach streben, lebensfähige menschliche Wesen zu werden. Wie gute Eltern setzt ein guter Manager Organisationsmechanismen in Gang, damit Entscheidungen möglichst bis zu den untersten Stufen durchgesetzt werden können, und damit fördert er Initiative. Autoritäres Verhalten um seiner selbst willen zerstört Initiative; dann wollen die Leute, daß man ihnen sagt, was getan werden muß. Der Manager als Betreuer kann die Entwicklung von autonomen, verantwor-

170

tungsbewußten Arbeitern fördern, die sich engagieren und Initiative zum Vorteil der Organisation entwickeln.

Kommunizieren Sie Vertrauen, Aufgaben und Erwartungen. Der Manager teilt als Betreuer Verantwortungen und Entscheidungen bezüglich der Arbeit und damit auch die Bedeutung der Arbeit. Daraus resultiert Engagement. Wenn Vertrauen und Bedeutung Engagement bewirken, wird es möglich, Aufgaben und Erwartungen zu kommunizieren. Und dann können erreichbare, klar definierte und gemeinsam in organisatorischen Aufgaben getragene Ziele formuliert werden.

Kommunizieren Sie Zuversicht. Die Freiheit, Aufgaben zu Ende zu führen, sollte durch zuversichtliches Vertrauen in die Angestellten unterstützt werden. Der Manager sollte den Mut haben, sich etwas zurückzuziehen und seine Leute Fehler machen zu lassen, die eine Neuformulierung der Ziele bedeuten können. Zur richtigen Betreuung gehört es auch, am richtigen Ort Kredit einzuräumen, Vorschläge und Wünsche anzubringen, nicht zu befehlen und anzutreiben. Ihre Leute werden die Gründe für Vorschläge und Wünsche kennen: Lob vor allen, Kritik unter vier Augen. Machen Sie von beidem konstruktiv Gebrauch.

Kommunizieren Sie Spaß und Zufriedenheit. Seien Sie positiv. Selbstwertgefühl, Vertrauen und Zufriedenheit tragen auf einmalige Weise zu Produktivität und angenehmer Arbeitsatmosphäre bei. Die Lebensfreude eines Kindes beruht auf der Hoffnung und der Freude auf morgen und auf der Erwartung zahlreicher neuer Gelegenheiten. Reife wird zum Betreuer des Kindes in Ihnen. Dies bedeutet einfach, daß Sie die natürlichen Fähigkeiten des Kindes fördern, von denen die größte die Eigenschaft ist, »Spaß zu haben«. *Kommunizieren Sie Erwartungen*. Behandeln Sie die Leute als das, *was aus ihnen werden kann*. Neue Aufträge sind die natürlichen Folgen von Erwartungen, sofern Würde und Verantwortung gemeinsam getragen werden. Die Leute leisten das, was von ihnen erwartet wird. Wenn Sie ihnen ein Gefühl für die Wichtigkeit ihrer Arbeit vermitteln, geben Sie ihnen ein Ziel, eine Richtung, etwas, wonach sie streben können. Sie können das werden, was sie werden wollen.

Aus *Training and Development Journal*, August 1985, von Gerald D. Baxter und John K. Bowers.

Zu den Gedanken dieser beiden Autoren möchte ich lediglich hinzufügen, daß sich die jüngeren Arbeitskräfte, die ungefähr 48 Prozent aller Arbeitnehmer ausmachen, grundlegend von der Generation vor vierzig Jahren unterscheiden, ja sogar wesentlich von der Generation vor zwanzig Jahren. Sie sind in einer Zeit der Permissivität aufgewachsen und lehnen autoritäre Gestalten weitgehend ab. Zudem sind sie offenherziger und wollen sich ernsthaft am Entscheidungsprozeß beteiligen. Die meisten von ihnen legen Einstellungen an den Tag, die ihre Väter schockieren würden, und das ist nicht unbedingt schlecht. Sie sprechen nicht auf Diktatoren an, sondern auf Manager, die sich an ihrem persönlichen Wachstum und an ihrer persönlichen Entwicklung interessiert zeigen.

Laut einem Artikel von Glen Raschick im Magazin der

Air Canada vom Januar 1986 sind diese neuen Mitglieder der Arbeitswelt viel stärker »menschenorientiert« und sprechen auf sanfte Führung besser an als auf harsche Disziplin. Die Ergebnisse zeigen, daß sich dieses straflose Vorgehen positiv auswirkt. Die jüngeren Angestellten bleiben seltener vom Arbeitsplatz fern, es gibt weniger Entlassungen, Disziplinarverfahren, die Moral ist besser, und es kommt weniger oft zu ungerechten Entlassungen.

Werfen wir noch einen Blick auf die neue Arbeitswelt.

Eine Umfrage jüngeren Datums ergab, daß die Hauptaufgabe von Spitzenmanagern darin besteht, erfolgreich zu kommunizieren. Außer kommunizieren – wozu reden, schreiben, zuhören, lesen und denken gehört – haben Direktoren und Verwaltungsratspräsidenten praktisch nichts zu tun.

»Was für Kurse bereiten am besten auf Führungspositionen im Geschäftsleben vor?«

Diese Frage legte die University of Michigan 1158 frisch promovierten Spitzenmanagern vor. Kommunikation im Geschäftsleben war die häufigste Antwort; 71,4 Prozent der Befragten stuften sie als sehr wichtig ein. An zweiter Stelle folgten mit 64,7 Prozent Kurse über Finanzwesen.

Bruce Barton, Kongreßabgeordneter und Schriftsteller, sagte: »In meiner Bibliothek stehen ungefähr tausend Biographien. Grob geschätzt befassen sich mehr von ihnen mit Männern, die sich emporgeredet haben, als mit allen Wissenschaftlern, Schriftstellern, Heiligen und sonstigen Leistungsträgern zusammen. Die Redner haben schon immer das Sagen gehabt, und sie werden es auch in Zukunft haben. Wer klug ist, schließt sich ihnen an.«

Kommunikation mit zwei oder zweihundert Zuhörern

Von Zeit zu Zeit sehen sich die meisten von uns gezwungen, aufzustehen und sich in irgendeiner Besprechung oder Versammlung zu irgendeinem Thema zu äußern. Solche Augenblicke erlebt jeder Manager im Zusammenhang mit seiner Arbeit. Da wir alle – und Manager ganz besonders – von Kollegen, Untergebenen und Vorgesetzten danach beurteilt werden, wie wir uns präsentieren, ist unsere Fähigkeit, stehend zu kommunizieren, von größter Bedeutung. Da Sie wohl kaum Zeit haben werden, einen Dale-Carnegie-Kurs oder unser Seminar in Dallas zu besuchen, möchte ich Ihnen an dieser Stelle noch ein paar Ratschläge geben, die Ihnen schon sofort nützen können.

Vielleicht ist Ihnen bekannt, daß ein früherer Vizepräsident der Vereinigten Staaten, Alben W. Barkley, mitten in einer Rede verstarb. Ich erwähne das nur, weil er meines Wissens der einzige Mensch ist, der jemals während einer Ansprache das Zeitliche gesegnet hat. Seit Anbeginn haben zehn oder zwölf Milliarden Menschen auf dieser Erde gelebt. Mathematisch gesehen, darf ich Ihnen also ohne weiteres garantieren, daß öffentliches Reden zu den sichersten Beschäftigungen auf Erden gehört. Auch wenn Ihre Knie zittern, Ihr Herz rast, Ihre Hände schwitzen, Ihr Mund trocken wird und Ihr Blutdruck in die Höhe schnellt, haben Sie doch mehr als nur gute Chancen, Ihren Auftritt zu überleben.

Bruce Barton erzählt:

> Ich will nie reden, wenn ich nicht Angst habe; wenn ich nicht Angst habe, kümmere ich mich in der Regel zuwenig darum, was meine Zuhörer denken. Es ist mir

egal, ob das, was ich sage, ankommt oder nicht; ich will es nur möglichst rasch hinter mich bringen und nach Hause fahren. Aber wenn ich Angst habe, weiß ich, daß ich unter genügend Spannung stehe, um gute Arbeit zu leisten. Ich kenne nichts, was einem soviel Energie und Kreativität verleiht wie eine gesunde Portion Spannung und Streß.

Wenn Sie mit einem alten Maulesel vor Ihre Zuhörer träten, würde er wohl äußerst gelangweilt in den Saal schauen und vielleicht sogar stehend einschlafen. Träten Sie aber mit einem herrlichen Vollblüter vor Ihre Zuhörer, würde er sehr nervös hin und her tänzeln. Wenn Sie also angesichts Ihrer Zuhörer »Todesängste« ausstehen oder fürchterlich nervös sind, seien Sie einfach dankbar, daß Sie ein Vollblüter und nicht ein Maulesel sind! Toastmasters International pflegen zu sagen: »Um gute Reden zu halten, müssen Sie nicht die Schmetterlinge in Ihrem Magen beseitigen, aber Sie müssen sie zu einem Formationsflug zwingen.«

Echte und eingebildete Angst

Sprechangst ist aber keineswegs ein Grund zur Belustigung. Im *Book of Lists* steht sie sogar unter den Ängsten der Amerikaner an erster Stelle, weit vor der Angst, den Feuertod zu erleiden oder zu ertrinken. Sprechangst ist also eine legitime Angst. Angst kann man nur überwinden, wenn man dagegen vorgeht, und in diesem Fall könnte Ihnen Sprechtraining helfen. Ich möchte Ihnen ein paar Tips geben, wie man zum erfolgreichen Sprecher werden kann.

Erstens: Denken Sie noch einmal daran, daß Sprechen eine sichere Sache ist. Es sterben tagtäglich mehr Menschen beim Aussteigen aus der Badewanne, als in der Geschichte der Menschheit beim Sprechen gestorben sind. (Ich sage dies nicht, um Sie in Zukunft vom Baden abzuhalten, sondern um Sie zum Sprechen zu ermuntern!)

Zweitens: Wenn Sie nicht gern öffentlich sprechen, lassen Sie es sein. Sprechen Sie nur im kleinen Kreis, denn wenn Sie in unserem Buch schon so weit gekommen sind, haben Sie wahrscheinlich sehr oft mit Ihren Leuten im kleinen Rahmen zu sprechen. Ja, nun möchten Sie natürlich einwenden, daß Sie doch oft vor recht vielen Leuten sprechen müssen. Bleiben Sie dennoch beim Sprechen in kleinem Rahmen. Ich habe schon einmal vor dreiundzwanzigtausend Menschen gesprochen – und das ist eine Riesenmenge! Ich kann Ihnen aber ehrlich gestehen, daß ich eine Privatrede hielt. Und das ist ganz einfach: Ich wähle einzelne Zuhörer in der Menge aus und konzentriere mich fast ausschließlich auf sie. Natürlich suche ich mir freundliche, wohlgesinnte Leute aus, deren Körpersprache mir verrät, daß sie mit dem, was ich sage, einverstanden sind und mich aus diesem Grund sogar mögen. Gibt es unter den Zuhörern einen Miesepeter, der aussieht, als ob er direkt von Attila dem Hunnen abstammte, spiele ich nicht den Helden und versuche, ihn zu gewinnen. Ich ignoriere ihn und konzentriere mich auf die freundlichen Zuhörer. Wenn ich meine Sache als Redner gut mache, macht in der Regel auch der Miesepeter früher oder später mit, aber bis es soweit ist, zehrt er wenigstens nicht an meiner Begeisterung und Energie. (Ich bin *ihm gegenüber* verantwortlich, also tue ich das Beste für ihn, aber ich bin nicht *für* ihn, seine Einstellung und seine Art, meine Rede aufzunehmen, verantwortlich.) Ich fordere Sie auf, eine freundliche Person auszuwählen (und in Ihrer Firma sollte es mehr als nur eine geben), ihr in die Augen zu schauen und nur zu ihr zu sprechen. Gehen Sie dann zur nächsten freundlichen Person weiter, und tun Sie das gleiche. So gewinnen Sie ungeheuer viel Selbstvertrauen.

Drittens: Ich kann Ihnen verraten, daß ich wohl in meinen vielen Jahren als Redner und Lehrer nie auf etwas gestoßen bin, das soviel zum Aufbau von Selbstwertgefühl und Selbstvertrauen beigetragen hätte wie die Fähigkeit, stehend zu kommunizieren. Ich fordere Sie auf, Ihre Fähigkeiten in dieser Beziehung zu erweitern. Wenn die erste Angst einmal überwunden ist, entdecken Sie vielleicht sogar, daß Reden Ihnen Spaß macht! Und wenn Sie einmal aufgefordert werden, zu irgendeinem Thema zu sprechen, und Sie verspüren jenes Flattern in der Magengegend, denken Sie einfach an die folgende kleine Geschichte:

Zur Zeit des Römischen Reiches wurde bei einer Zirkusvorstellung im Kolosseum ein Christ einem hungrigen Löwen zum Fraß vorgeworfen. Unter dem Jubel der Menge setzte die Bestie zum Sprung an. Aber der Christ flüsterte dem Löwen schnell etwas ins Ohr, worauf dieser erschrocken zurückwich. Dies wiederholte sich mehrmals, und schließlich beauftragte der Kaiser einen Zenturio herauszufinden, mit was für einem Zauberspruch der Christ einen so hungrigen Löwen bezähmen konnte. Nach ein paar Minuten kam der Soldat mit der Antwort zurück: »Der Christ flüsterte dem Löwen ins Ohr: ›Nach dem Essen wird man dich bitten, ein paar Worte zu sagen.‹«

Leistungsprinzipien

1. Fehlkommunikation, schlechte Kommunikation oder fehlende Kommunikation können unwahrscheinliche Probleme schaffen.

2. Machen Sie bei einem Kommunikationstraining mit, bei dem Sie beide Seiten des Kommunikationsvorgangs lernen – sprechen *und* zuhören.

3. Erinnern Sie sich an folgende Punkte, die für die Kommunikation von entscheidender Bedeutung sind:
   - Offenheit gibt die Tonart an.
   - Zuhören, zuhören und nochmals zuhören.
   - Senden Sie Signale der Teilnahme und Anerkennung aus.
   - Kommunizieren Sie Mitarbeit beim Management.
   - Kommunizieren Sie, daß auch Sie Fehler machen.
   - Kommunizieren Sie Initiative durch »Betreuung«.
   - Kommunizieren Sie Vertrauen.
   - Kommunizieren Sie Zuversicht.
   - Kommunizieren Sie Spaß und Zufriedenheit.
   - Kommunizieren Sie Erwartungen.

Sonderteil zum Thema Kommunikation

Da so besonders viel Informationen bei Sitzungen ausgetauscht werden, haben wir beschlossen, an dieser Stelle einen Sonderteil einzuschieben, der sich mit allen Facetten einer Sitzung befaßt. Seit unser Unternehmen in den letzten zehn Jahren so groß geworden ist, weiß ich aus eigener Erfahrung, wie wichtig effiziente Sitzungen sind.

Sitzungen sind wie gewisse seltene Tier- und Pflanzenarten durch das Gesetz geschützt. In der Verfassung fast jedes Staats wird den Bürgern die sogenannte Versammlungsfreiheit garantiert. Und unter dieser Garantie haben sich die Sitzungen anscheinend vermehrt wie die Kaninchen . . ., und heute ist bald jeder ständig auf dem Weg von oder zu einer Sitzung. Erinnern wir uns doch an eine einfache Definition einer Sitzung: »*Eine Sitzung besteht aus einer Gruppe von Leuten, die um eines gemeinsamen Zieles willen zusammengekommen sind.*« Für den Spitzenmanager ist es nun geradezu eine Herausforderung, dafür zu sorgen, daß dieses Ziel auch erreicht wird. Weil Sitzungen für die Kommunikation im Geschäftsleben und somit auch für die Produktivität derart wichtig sind, möchte ich

Ihnen ein paar Tips, Hinweise und Geheimnisse verraten, wie Sie die Effizienz Ihrer Sitzungen verbessern können.

Die zehn Gebote zur Heilung des Sitzungswahns

Vor der Sitzung

1. *Überlegen Sie, ob die Sitzung notwendig ist.* Wenn Sie eine Sitzung vermeiden können, indem Sie eine Entscheidung treffen, tun Sie es. Läßt sich die Angelegenheit anders (z.B. mit einem telefonischen Konferenzgespräch) erledigen, tun Sie es. Und wenn die Teilnahme für Sie nicht absolut unumgänglich ist, delegieren Sie einen Untergebenen.
2. *Beschränken Sie Teilnahme und Zahl der Teilnehmer.* Wenn man Sie nur für eine Minute braucht, bleiben Sie nur eine Minute. Laden Sie nur Leute ein, die wirklich beteiligt sind – und beteiligen Sie sie dann auch.
3. *Wählen Sie den besten Zeitpunkt und den geeigneten Ort.* Wenn Sie den Sitzungstermin nicht auf die Terminkalender sämtlicher Teilnehmer abstimmen, werden Sie noch eine zweite Sitzung organisieren müssen. Vergewissern Sie sich vor Beginn, daß alles im Zimmer ist, was Sie brauchen.
4. *Machen Sie Ihre Traktandenliste auch zur ihren.* Überzeugen Sie sich, daß alle wissen, weshalb sie anwesend sind, was zu besprechen und zu beschließen ist und wieviel Zeit vorgesehen ist. Ordnen Sie die Punkte der Traktandenliste gemäß ihrer Priorität; beginnen Sie mit dem Wichtigsten, und lassen Sie das am wenigsten Wichtige eventuell am Schluß weg.

Während der Sitzung

5. *Bestimmen Sie jemanden, der auf die Zeit achtet.* Niemand achtet auf die Zeit, also achten Sie darauf! Am besten eignet sich oft der Protokollführer. Er achtet auf die Traktandenliste und ist ein objektiver Beobachter der Sitzungsdynamik. Er sorgt für pünktlichen Beginn, gibt zwischendrin die Zeit bekannt und treibt Sie zu einem Schluß hin.

6. *Steuern Sie den Ablauf der Sitzung gemäß der Traktandenliste.* Achten Sie auf Abweichungen und Verzögerungen, während Sie auf das Ende hinarbeiten: auf die Tat, welche dem festgesetzten Ziel dienen soll.

7. *Abschließen, Aufgaben verteilen, weggehen.* Fassen Sie kurz zusammen, was Sie getan haben oder was zu tun Sie beschlossen haben. Erinnern Sie alle an die Aufgaben, die sie übernommen haben (und wann sie erledigt sein sollten), und gehen Sie dann weg.

Nach der Sitzung

8. *Achten Sie darauf, daß die Teilnehmer das Protokoll nach 24 oder allerhöchstens 48 Stunden bekommen, nicht erst nach Wochen.* Nichts ist frustrierender, als das Protokoll einer Sitzung zu bekommen, an die man sich kaum mehr erinnern kann. Man wird es auch nicht mehr lesen. Benützen Sie das Protokoll als Bestätigung für zugeordnete Aufgaben und bei einer nächsten Sitzung als Checkliste.

9. *Beauftragen Sie jemanden, die zuständige Person zu informieren.* Organisieren Sie ein System, welches garantiert, daß die Entscheidungen ausgeführt werden und daß es vorwärtsgeht.

10. *Beurteilen Sie die Sitzung, und lösen Sie schlafende permanente Arbeitsgruppen auf.* War die Sitzung gut? Hat sie ihr Ziel erreicht? Hat sie die folgende Arbeit erleichtert? Wenn nicht, keine Sitzung mehr! Beurteilen Sie alle Sitzungen, alle permanenten Ausschüsse und Arbeitsgruppen usw. regelmäßig. War die Sitzung gut vorbereitet? Ging sie gut über die Bühne? War es eine kreative, der Kommunikation förderliche Sitzung, die ihr Ziel erreicht und die Leute sinnvoll in Anspruch genommen hat? Müssen Sie eine dieser drei Fragen verneinen, gehen Sie zum ersten Gebot zurück, und fangen Sie nochmals von ganz vorne an.

Um Ihnen bei der Vorbereitung wirklich produktiver Sitzungen zu helfen, füge ich eine Checkliste bei, die Ihrem Team oder Unternehmen zu Spitzenleistungen verhelfen kann.

Checkliste für die Planung von Sitzungen

Vor der Sitzung
Einberufung:
- ☐ Notizen
- ☐ Schriftliche Einladungen
- ☐ Anschlagbrett
- ☐ Persönliche Kontakte
- ☐ Zeitungen (falls notwendig)

Ort und Material:
- ☐ Raum reservieren
- ☐ Material reservieren

Traktanden:
- ☐ Traktanden aufstellen
- ☐ Beteiligung planen
- ☐ Kontakt mit Beteiligten aufnehmen
- ☐ Protokoll der letzten Sitzung
- ☐ Berichte von Arbeitsgruppen

- ☐ Liste des benötigten Materials aufstellen

Unmittelbar vor der Sitzung
Material:
- ☐ Audiovisuelle Apparate aufstellen und überprüfen
- ☐ Verlängerungskabel
- ☐ Mikrophone
- ☐ Filzstifte, Bleistifte, Papier

- ☐ Zeitungsausschnitte
- ☐ Schaumaterial
- ☐ Traktandenliste, andere Unterlagen verteilen
- ☐ Namensschilder

Raum:
- ☐ Einrichtung kontrollieren
- ☐ Sitzordnung arrangieren

- ☐ Zusätzliche Stühle bereitstellen
- ☐ Klima überprüfen

Während der Sitzung
- ☐ Begrüßung von Teilnehmern und Gästen
- ☐ Begrüßung und Platzanweisung für zu spät kommende Teilnehmer und Gäste

- ☐ Material verteilen
- ☐ Bedienung der Apparate
- ☐ Aufnahmegerät

Ende der Sitzung, nach der Sitzung
- ☐ Nicht benütztes Material einsammeln
- ☐ Apparate zurückbringen
- ☐ Aufräumen
- ☐ Allen Helfern danken

- ☐ Beurteilung, Feedback lesen und analysieren
- ☐ Teilnehmer an übernommene Aufgaben erinnern
- ☐ Nächste Sitzung planen, Datum etc.

Umgang mit einzelnen Sitzungsteilnehmern

Bei jeder Sitzung trifft man grundsätzlich zwei Arten von Leuten – Leute, die reden, und Leute, die nicht reden. Innerhalb dieser zwei großen Kategorien gibt es aber noch verschiedene andere Arten von Leuten, die Sie als Leiter der Sitzung richtig behandeln können müssen.

Verhalten	*Lösung*
Redet zu viel	Mit einer zusammenfassenden Bemerkung unterbrechen und eine Frage an jemand anders richten. Wenn er weiterredet, dazwischenfahren: »Wir wollen doch mal hören, was Jerry zu sagen hat.« Macht er Schwierigkeiten, andere Teilnehmer auf Ihre Seite bringen, indem Sie fragen, was sie von dem halten, was der Vielredner sagt.
Rasch, hilfreich	Obwohl dieser Typ oft die richtige Antwort hat, verhindert er, daß andere auch mitreden. Danken und eine Frage an jemand anders richten. Versichern, daß Sie seine Hilfe zu schätzen wissen. Vorschlag machen: »Holen wir doch ein paar Meinungen ein.« Benützen Sie ihn zum Zusammenfassen.
Abschweifen	Danken, wenn er einmal Luft holt, eine seiner Aussagen neu formulieren, weiterfahren.

Argumentieren	Typen, die von Natur aus mühsam sind oder versuchen, alles schwieriger zu machen, rechts neben sich im toten Winkel plazieren. So tun, als ob Sie sie nicht hörten. Legitime Einwände aber anerkennen und sich auf ihre Seite stellen, wenn das geht. Manchmal nimmt eine Gruppe solche Fälle auch selber in die Hand. Wenn alles fehlschlägt, privat mit ihnen reden und sie um Hilfe bitten.
Hartnäckig	Das kann jemand sein, der nun wirklich nicht begreift, worauf Sie hinauswollen. Überlegen oder bitten, noch mehr zu sagen. Andere um Hilfe bitten, ihm die Sache mit anderen Worten klarzumachen. Klappt das nicht, sagen, Sie möchten die Frage nach der Sitzung mit ihm persönlich besprechen.
Falsches Thema	Auf das aktuelle Thema konzentrieren. Sagen Sie vielleicht: »Das ist interessant, aber ich glaube, das würde den Rahmen unserer Sitzung sprengen.«
Eigenes Problem	Auf das Problem eingehen, wenn es mit dem anstehenden Problem zusammenhängt. Sonst bestätigen, daß es ein Problem ist, und bitten, es unter vier Augen zu besprechen.
Rassen- oder politische Frage	Offen sagen, was diskutiert werden kann und was nicht. Sagen Sie zum

Beispiel: »Es gibt da natürlich Probleme, aber unsere Sitzung ist nicht der Ort, sie zu behandeln.«

Nebengespräche Machen Sie eine Pause, und lassen Sie die andern zuhören. Ziehen Sie sie wieder in Ihre Diskussion, indem Sie sie um ihre Meinung bitten.

Schlechte Wortwahl Seine Idee mag gut sein, kann aber nicht richtig formuliert werden. Helfen Sie, indem Sie sie in Ihren eigenen Worten darlegen. Sagen Sie: »Mit andern Worten, Sie meinen . . .« Achten Sie darauf, daß niemand sich lächerlich macht.

Völlig falsch Kommentar: »Nun, das ist ein interessanter Standpunkt« oder: »Natürlich haben Sie das Recht auf eine eigene Meinung« und weiterfahren.

Aneinandergeraten Unterbrechen Sie die Diskussion mit einer gezielten Frage zum Thema. Bringen Sie einen andern Teilnehmer mit ins Gespräch. Hilft das nicht, offen darum bitten, daß Persönliches aus dem Spiel bleibt.

Frage, die Sie nicht beantworten können Geben Sie die Frage an alle weiter. Wenn Sie die Antwort nicht wissen, sagen Sie das. Bieten Sie an, die Antwort herauszufinden.

Gelangweilt Versuchen Sie etwas zu finden, das auf Interesse stößt. Bitten Sie die Betreffenden um ihre fachmännische Meinung.

Sich nie beteiligen	Stellen Sie direkte, provokative Fragen.
Scheu, unsicher	Stellen Sie direkte Fragen, die sie sicher beantworten können. Fragen Sie, ob sie mit dem Gesagten einverstanden sind. Bauen Sie sie in den Augen der Gruppe auf.

Wie ist es gelaufen?

Um »selbstzerstörerische« Sitzungen zu vermeiden, beurteilen Sie sie nachher. Hier ein paar der offensichtlicheren Probleme und ein paar Tips, damit Sie nicht in die üblichen Sitzungsfallen tappen.

Mangelnde Beteiligung an der Planung durch Leute, die an der Sitzung teilnehmen. Sie müssen sich als eine Art »Besitzer« fühlen und werden unterstützen, was sie selbst geplant und mitentwickelt haben.

Gleicher Plan, gleicher Ort, gleiche Zeit. Routine schenkt einigen Leuten zwar eine gewisse Sicherheit, langweilt aber andere. Die Teilnehmer können Würze in die Sitzung bringen, wenn andere Methoden und Verfahren angewendet werden.

Apparate, die nicht funktionieren. Überprüfen Sie alle Apparate vorher. Halten Sie Ersatzmaterial und Verlängerungskabel bereit. Überlegen Sie sich auch, was Sie bei einer Panne tun könnten.

Unleserliche Folien. Überprüfen Sie vor der Sitzung, ob Folien und ähnliche Unterlagen auch wirklich leserlich sind.

Keine Traktandenliste. Vergewissern Sie sich, daß

Zweck und Ablauf der Sitzung bekannt sind und daß die Teilnehmer wissen, was geschieht.

Ungünstige Sitzordnung. Eine Sitzordnung wie in der Schule ist für ein Publikum in Ordnung. Halbkreise, runde Tische oder weniger formale Sitzordnungen erleichtern hingegen die Kommunikation.

Langatmige Redner. Geben sie dem Redner ein bestimmtes Thema und einen zeitlichen Rahmen, und halten Sie die Sitzung in Fluß.

Kein Protokoll. Halten Sie die Pläne, die Diskussionen und Verpflichtungen in einem Protokoll fest.

Unterlassung, die Zukunft zu berücksichtigen. Planen Sie, wer was wann zu tun haben wird.

»Show« von ein paar wenigen Teilnehmern. Bringen Sie die ganze Gruppe dazu, sich zu beteiligen.

Diese Ratschläge stammen in leicht adaptierter Form aus *Tasking Your Meetings Out of the Doldrums* (Reiß deine Meetings aus der Flaute) von Eva Schindler-Rainman und Ronald Lippitt.

8

»Es wird weitergeschossen, bis die Moral wieder steigt«

Jeder Mensch hält die Grenzen seines Gesichtsfeldes für die Grenzen der Welt. *Schopenhauer*

Die Hauptaufgabe jedes Managers ist es, Erfolge zu erzielen; dies kann erreicht werden, indem die von uns geführten Leute eine entsprechende Leistung vollbringen. Wie wir eben erfahren haben, ist Kommunikation ein entscheidendes Element. Wichtig ist es aber auch, Normen zur Beurteilung der Leistung aufzustellen. Frage: Wie können wir Leistung überprüfen oder planen, wenn die beteiligten Parteien nicht verstehen, was zu tun ist, *und* damit nicht einverstanden sind? Die Antwort auf diese Frage heißt: gemeinsame Ziele und gegenseitiges Verständnis. Der Vorgang, bei dem diese gemeinsamen Ziele festgelegt werden und das gegenseitige Verständnis erzielt wird, verbirgt sich hinter unsern sogenannten Leistungsstufen, die wir in Kapitel 4 bereits angesprochen haben. Hier wollen wir uns nun näher mit ihrem »Wie« und »Warum« befassen.

Erinnern wir uns:

Die Grundleistung ist die Leistung, die jemand erbringen muß, um seinen Arbeitsplatz zu behalten. Als *Grund*leistung wird sie deshalb bezeichnet, weil die Leute – sofern sie sie erreichen – nicht nur ihre Stelle behalten, sondern auch eine Basis schaffen, auf der sie zukünftige Erfolge aufbauen können.

Die Erfolgsleistung ist die Leistung, mit der sowohl Manager als auch Angestellte – vernünftig und realistisch gesehen – rechnen dürfen.

Die Klasseleistung ist jene Leistung, die erwartet werden darf, wenn alles plangemäß abläuft und der Angestellte in allen Bereichen Hervorragendes leistet. Sie gibt Leuten, die Spitzenleistungen erbringen wollen, ein Ziel.

Wenn wir den Angestellten mit diesem Leistungsprinzip vertraut machen, stellen wir ihm im Grunde genommen ein dreistufiges Management-Konzept durch Zielsetzungen vor. Was dieses Prinzip der Leistungsstufen so wertvoll macht, ist die Tatsache, daß der Angestellte am Entscheidungsprozeß beteiligt ist und nicht einfach etwas diktiert bekommt. Dieses Prinzip des »gemeinsamen Urhebertums« wirkt sehr stark motivierend. Die einzige mögliche Ausnahme bildet die Grundleistung. Da sie die minimale Leistung bezeichnet, die ein Angestellter erbringen muß, um seine Stelle zu behalten, wird sie oft von der Firma und durch alte Normen für die betreffende Position diktiert.

Bei uns in der Zig Ziglar Corporation zum Beispiel müssen Telefonverkäufer pro Tag durchschnittlich Aufträge im Wert von $ 600 einbringen, um die festen Unkosten zu decken (einschließlich Telefonzeit, Lohn, Provision, Produktionskosten, Gebäudeunterhalt, Beteiligungen usw.). Wir haben festgestellt, daß ein Telefonverkäufer mindestens 80 Anrufe pro Tag machen muß, um über 30 Tage hinweg auf durchschnittlich $ 600 zu kommen. Diese Zahl von Versuchen führt zu 20 erfolgreichen Anrufen (Gelegenheiten zu einem Verkaufsgespräch), welche den notwendigen Umsatz ergeben. Das ist der Punkt, wo wir weder Gewinne noch Verluste machen. Diese Zahlen wurden sorgfältig ermittelt und werden laufend überprüft, um herauszufinden, ob sie sich ändern.

Wir wissen aber, daß wir uns nicht leisten können, Telefonverkäufer in unserer Firma zu haben, die diese Leistung nicht erbringen. Dadurch bleibt natürlich beim Festlegen der Grundleistung wenig Spielraum.

Bei der Erfolgsleistung sehen die Dinge ganz anders aus. Um sie festzulegen, beginnt der Manager mit den Zielen des Verkäufers. Für die Bestimmung der Ziele sind bei uns zwei Punkte ausschlaggebend: 1. die Zahl der Leute, denen wir helfen konnten (Verkäufe), und 2. die Einnahmen, wobei nicht vergessen werden darf, daß die Einnahmen ein Maßstab für Erfolg und nicht unser einziges Ziel sind. Wir wissen aber, daß wir nur im Geschäft bleiben können, wenn die Firma Gewinn erzielt, und so entschuldigen wir uns nicht, wenn wir für die Lieferung eines erstklassigen Produktes angemessen entschädigt werden. Wenn der Angestellte sich entschlossen hat, wie vielen Leuten er helfen (etwas verkaufen) und wieviel Geld er verdienen will, ist es nicht mehr schwer, die Ziele für seine Erfolgsleistung zu bestimmen. Die Klasseleistung wird zuletzt festgelegt und stellt wirklich ein Ziel dar, nach dem sich der Angestellte strecken muß.

Was geschieht nun, wenn ich die Grundleistung nicht erreiche?

Die Hauptsorge im Zusammenhang mit den Leistungsstufen ist stets die eben erwähnte Frage. Nun kommt das wirklich Großartige an diesem Konzept. Ein weiteres Vorgehen in ebenfalls drei Stufen macht alle zu Siegern.

I. Konsultation. Der Manager muß den Mut aufbringen, den Angestellten mit seinen Sorgen zu konfrontieren. Wenn er dies auf zurückhaltende, unpersönliche Art tut (das Problem angreifen, nicht die Person), indem er versucht, die Lage aus der Sicht des Angestellten zu sehen, dann können der Manager und sein Angestellter gemeinsam auf eine Lösung des Problems hinarbeiten und müssen sich nicht als Gegner gegenüberstehen.

II. Problem erkennen. Manager und Angestellter müssen sich über die Art des Problems einig sein. Können Sie sich darüber nicht einigen, müssen sie zumindest beidseitig zum Schluß gelangen, daß es ein Problem gibt, und sie müssen übereinkommen, die »Teile des Puzzles« zusammenzusuchen, um das Problem erkennen zu können.

II.a) Nach anderen Möglichkeiten suchen. Der Manager und der Angestellte suchen gemeinsam Vorschläge, um das Problem zu lösen. Dabei dürfen diese Vorschläge nicht »bewertet« werden, denn dies wäre zum jetzigen Zeitpunkt jeder Kreativität nur abträglich.

II.b) Auswählen des besten Vorschlags. Manager und Angestellter beurteilen gemeinsam jeden Vorschlag und wählen den aus, der das Problem ihrer Meinung nach am besten löst.

III. Planung. Manager und Angestellter einigen sich auf ein spezifisches Vorgehen samt Zeitplan und Aktivitäten, das sofort in die Wege geleitet wird.

III.a) Kontrolle. Manager und Angestellter setzen sich in

regelmäßigen Abständen zusammen, um die Fortschritte zu begutachten. Gibt es keine Fortschritte, wurde das Problem nicht richtig erkannt, oder es muß ein anderer Lösungsvorschlag ausprobiert werden.

Das wissenschaftliche und analytische Vorgehen

Gehen wir die einzelnen Phasen dieses Vorgangs durch, zerlegen wir sie in kleine, leicht verdauliche Bissen, und wenden wir das wissenschaftliche und analytische Vorgehen zur Problemlösung an.

I. Konsultation. Zu den schwierigsten Aufgaben des Managers gehört es, Angestellte zu konfrontieren, die offenbar nicht auf die erwünschten Leistungen kommen. Dabei verwechseln wir oft *Mitgefühl* mit *Einfühlungsvermögen* und leiden dann tatsächlich mit ihnen, statt sie mit dem notwendigen Einfühlungsvermögen zu führen. Weil dies ein derart wichtiger Aspekt des Vorgehens ist, möchte ich mich etwas genauer damit auseinandersetzen.

Jeder Manager bekommt es einmal mit Angestellten zu tun, deren Fortschritte durch tief verwurzelte Einstellungen oder Verhaltensweisen aufgehalten werden. Es kann eine Person sein, die ihre Zeit nicht effizient einteilen kann, oder eine Person, die ständig mit andern im Streit liegt. Oder es kann eine von jenen Personen sein, die nie zugeben, daß sie eine falsche Entscheidung getroffen haben, und die geringste Kritik scheuen ... Wo genau das Problem liegt, ist in der Regel unwichtig. Die eigentliche Schwierigkeit besteht darin, daß die betreffende Person in ihrem Verhalten eigentlich nichts Falsches entdecken kann.

Jedermann hat seine schwachen Punkte, aber niemand kommt auf die Dauer und gewinnbringend an der Realität vorbei. Letztlich bestimmt das, was andere über einen denken, ob man im Leben akzeptiert wird und weiterkommt.

Für solche Problemleute gibt es nur eine Lösung. Sie müssen sie dazu bringen, ihre Wertvorstellungen und ihr Verhalten nochmals zu überdenken. Zugegeben, das ist nicht leicht, aber es übersteigt keinesfalls die Fähigkeit eines Managers, der Einfühlungsvermögen besitzt und aufrichtig den Wunsch hat, Menschen bei der Entwicklung ihres vollen Potentials zu helfen. Und es ist ein wichtiger Bestandteil des Pflichtenheftes eines Managers, denn er kann eine seiner wichtigsten Rollen – die Rolle als Leistungsberater – nur spielen, wenn er das Verhalten seiner Leute so lenkt und beeinflußt, daß sie bessere und effizientere Angestellte werden.

Eine gute Beratung ist nicht nur wichtig für die Entwicklung von Menschen, sondern gleichbedeutend damit. Und doch beherrschen so viele Manager die Kunst der Beratung vor allem aus einem Grund nicht: Sie verstehen ihre wahre Rolle bei dieser Beratung nicht. Wenn man sie danach fragt, meinen viele, es gehe dabei um »ein Gespräch von Herz zu Herz«. Andere sind der Ansicht, es gehe um »väterlichen Rat«, wieder andere sprechen von »konstruktiver Kritik«. Wahre Beratung hat jedoch mit keinem dieser drei Dinge etwas zu tun. Ziel des Managers bei einer solchen Beratung ist es, die Einstellung und das Verhalten eines Angestellten durch eine Veränderung des Denkens zu beeinflussen.

Kurz, bei der Beratung macht der Manager einen Angestellten klar und deutlich derart auf eine die Leistung beeinträchtigende Verhaltensweise oder Einstellung aufmerksam, daß der Angestellte sie aus Überzeugung ändert.

Hier ein paar Hinweise für jeden Manager, der einen Angestellten in bezug auf seine Leistung beraten muß:

1. Vergessen Sie nicht, daß Beraten zu den Routinearbeiten eines Managers gehört und deshalb auch so zu behandeln ist. Beraten darf nicht als psychologische Übung oder Behebung einer tiefen seelischen Krise angesehen werden.

2. Begreifen Sie, daß die entscheidenden Vorgänge beim Beraten im Beratenen selbst ablaufen. Dort muß eine Änderung bewirkt werden, und dort muß der Antrieb zur Änderung entstehen. Dabei können Sie sich darauf verlassen, daß der Angestellte sich wünscht, Erfolg zu haben.

3. Orientieren Sie sich gründlich über den Hintergrund des Angestellten, über seine Laufbahn und seine Beziehung zu anderen Mitarbeitern im Unternehmen. Die meisten dieser Informationen finden Sie in den Personalakten und in frühern Qualifikationen. Manchmal hilft es auch, Beobachtungen in bezug auf das Verhalten des betreffenden Angestellten über einen gewissen Zeitraum hinweg zu notieren, z. B. über das Jahr zwischen zwei üblichen Qualifikationen. Sie müssen sehr klare Vorstellungen von dem Problem haben, das Sie zu lösen versuchen.

4. Wählen Sie für das Gespräch einen angenehmen

Ort aus, am besten irgendwo innerhalb des Unternehmens, beispielsweise Ihr Büro oder das Büro des Angestellten, sofern man Sie dort nicht stört. Manager, die Außendienstmitarbeiter betreuen, finden vielleicht eine ideale Gelegenheit für ein Gespräch bei einer Autofahrt zu einem Kunden. Wo immer auch das Gespräch stattfindet, bemühen Sie sich, Ihrem Angestellten ein Gefühl von Entspannung und Vertrautheit und damit auch von Sicherheit zu vermitteln.

5. Vergessen Sie nicht, daß Leute in unterschiedlichem Maße fähig sind, ihre persönlichen Probleme einzusehen. Reife Menschen, die sich selbstkritisch gegenüberstehen, sind rascher zur Einsicht zu bringen. Bei unreifen Menschen hingegen, die zudem das innere Bedürfnis haben, der Wahrheit auszuweichen, kann dies wesentlich länger dauern. Wie lange das dauern darf, müssen Sie entscheiden.

6. Konzentrieren Sie sich auf die Barrieren, die das »Vorankommen« des Angestellten verhindern. Versuchen Sie ihm zu zeigen, daß er dem, was er eigentlich erreichen will, genau entgegenarbeitet. Oft empfiehlt es sich, von Bemerkungen des betreffenden Angestellten auszugehen; dadurch lassen sich mögliche Reibereien vermeiden, und sein Wert wird nicht in Frage gestellt. Wie bereits gesagt, liegt das Problem bei einer Einstellung oder einer Verhaltensweise, die er nicht als problematisch erkennt, oder er übersieht Tatsachen, die sehr unmittelbar mit seinem Erfolg im Beruf zu tun haben. Das Herausarbeiten und sorgfältige Beurteilen dieser Tatsachen stellt an sich schon eine sehr wirksame Therapie dar.

Und schließlich wäre da auch noch die Frage der Kontrolle. Diese sollte so unauffällig wie möglich erfolgen. Ist keine oder nur eine vorübergehende Änderung festzustellen, sollten Sie es noch einmal versuchen. Ist das Problem aber nach mehreren Versuchen immer noch ungelöst, ist es an der Zeit, andere Lösungen – einschließlich Entlassung – in Betracht zu ziehen.

Vergewissern Sie sich, daß Sie Manager sind – oder sein wollen

Mancher Manager scheut beim Gedanken, Angestellte »beraten« zu müssen, zurück. Ist dies bei Ihnen auch der Fall, sollten Sie sich ganz ernsthaft überlegen, ob Manager wirklich der richtige Beruf für Sie ist. Wenn Sie so von Aktivitäten in Anspruch genommen werden, daß Sie keine Zeit für Ihre Leute haben, sind Sie meiner Meinung nach *kein* Manager. Blättern Sie auf die ersten Seiten dieses Buches zurück, wo wir definiert haben, *Management sei die Fähigkeit, etwas durch die Mitarbeit von andern Leuten zu erreichen*. Wenn wir die Leistung unserer Leute beeinflussen wollen, müssen wir bereit sein zu konfrontieren, zu beraten, zu führen und zu leiten.

II. Problem erkennen. Es gibt sehr selten nur *ein* Problem. Die meisten Probleme sind vielschichtig. Normalerweise sehen Sie nur verschiedene Symptome eines Problems. Die langen Haare der 60er Jahre waren kein Problem, sondern ein Symptom des Problems: des Widerwillens, sich etablierten Normen zu fügen.

Um das Problem eines Angestellten wirklich zu erkennen, sollten Sie die Aspekte oder primären »Faktoren« des Problems, wie Sie sie sehen, aufschreiben und den Angestellten bitten, das gleiche zu tun. Auf dem Papier erscheinen einzelne Faktoren vielleicht plötzlich nicht mehr so relevant. Halten Sie sich an die spezifischen und tatsächlich beobachteten Fakten, wenn Sie die Aspekte der Situation beleuchten. Fakten können belegt werden. Gibt es spärliche oder gar keine Beweise, haben Sie möglicherweise auch nicht viel Fakten.

Um das Problem zu erkennen, sollten Sie und der Angestellte gemeinsam Antworten auf folgende Fragen finden:

1. In welchen Bereichen haben Sie das Gefühl, ausgezeichnete Leistungen zu erbringen?
2. Warum leisten Sie da Hervorragendes?
3. Können Sie mir ein paar konkrete Beispiele nennen?
4. Wo glauben Sie akzeptable, aber nicht unbedingt lobenswerte Arbeit geleistet zu haben?
5. Warum waren diese Leistungen bloß durchschnittlich?
6. Können Sie mir ein paar konkrete Beispiele nennen?
7. In welchen Bereichen haben Sie nicht einmal die Grundleistung erbracht?
8. Weshalb?
9. Können Sie mir ein paar konkrete Beispiele nennen?
10. Sind Sie an einem Programm zur Leistungsverbesserung interessiert?
11. Wie glauben Sie Ihre Leistung verbessern zu können?
12. Wie kann ich Ihnen bei der Durchführung *Ihres* Plans behilflich sein?

Diese Fragen mögen sehr vordergründig erscheinen, doch sollten sie Material für mindestens eine Stunde Gespräch und Beratung liefern. Es werden irgendwo wichtige Punkte auftauchen, bei denen Sie auch Ihre Sicht vorbringen und die Besprechung in die richtige Richtung lenken müssen. Der Manager muß dem Angestellten helfen, die Lage zu *erkennen*. Dann muß der Manager dafür sorgen, daß der Angestellte von sich aus *wünscht*, eine Verbesserung zu erzielen und einen *Plan* zur Überwindung der Hindernisse auszuarbeiten. Sie sind nicht der Richter, der in seiner langen, schwarzen Robe nur darauf wartet, das Urteil zu fällen, sondern Sie werden zum Partner, der einem andern Menschen hilft, Spitzenleistungen zu erreichen.

Ist das immer so leicht, wie es klingt?

Ganz sicher nicht! Wenn man gewissen Management-Büchern Glauben schenkt, sind die Gespräche, die der Manager zur Beratung und Abklärung des Problems mit seinem Angestellten führt, das leichteste an der ganzen Sache, dabei ist oft genau das Gegenteil der Fall. Es braucht nur schon einiges an Mut, um die obenerwähnte Liste von Fragen durchzugehen, und es braucht sehr viel Geschick, damit der Angestellte in seinem Vorgesetzten wirklich den besorgten Manager und nicht den Staatsanwalt sieht. Hinzu kommt noch, daß Angestellte in vielen Fällen gar kein Problem sehen, sich daher nicht kooperativ verhalten und nicht die Antworten geben, die Sie sich erhofft hatten. Was dann? Gut, daß Sie fragen, denn das ist der nächste Punkt auf der Traktandenliste. Nun gilt es, das Problem in kleinste Bestandteile zu zerlegen. Hier ein paar Richtlinien und Fragen, um ein Problem zu erkennen und zu definieren.

a) Achten Sie auf potentielle Probleme, und ignorieren Sie Gefahrensignale nicht.
   1. Was hat sich innerhalb Ihrer Zuständigkeitsbereiche geändert?
   2. Wodurch sind Sie auf diese Veränderungen aufmerksam geworden?
   3. Was genau hat sich verändert? Was ist gleichgeblieben?
b) Identifizieren Sie die entscheidenden Elemente des Problems.
   1. Woran haben Sie zuerst gemerkt, daß sich etwas ändert?
   2. Welche konkreten Hinweise auf das Problem haben Sie?
   3. Wann sind Sie erstmals auf diese Hinweise aufmerksam geworden?
   4. Wer ist davon betroffen?
   5. Wo treten diese Hinweise auf?
   6. Bewirken diese Hinweise, daß Angehörige des Teams ihre Ziele nicht mehr erreichen?
   7. Gibt es Ähnlichkeiten zwischen den einzelnen Hinweisen, oder lassen sie sich in ein bestimmtes Schema einordnen?
c) Identifizieren Sie die offensichtlichen Ursachen für diese Hinweise.
   1. Welche Hinweise haben Sie früher schon einmal bemerkt?
   2. Welches sind die Ursachen dafür?
   3. Was muß dagegen unternommen werden?

4. Was würde geschehen, wenn nichts unternommen würde?

d) Definieren Sie nun das Problem.

   1. Formulieren Sie das Problem schriftlich in einem einzigen, präzisen Satz.

   2. Führen Sie Beweise auf, die zeigen, daß es sich um ein echtes, nicht um ein eingebildetes Problem handelt.

   3. Wer, was, wie, wann, wo und warum?

Anzeichen für schlechte Leistungen

Es klingt vielleicht fast übertrieben einfach, wenn wir hier ein paar Anzeichen erwähnen, auf die der Manager im Zusammenhang mit schlechten Leistungen achten sollte. Erkennen wir aber die frühesten Anzeichen, lassen sich spätere größere Probleme vermeiden. Wer schlechte Leistungen erbringt, verhält sich in der Regel defensiv, er zeigt sich desinteressiert und verzichtet auf jede Kommunikation mit seinen Kollegen. Er legt kaum Initiative an den Tag und übernimmt keine persönliche Verantwortung, sondern schiebt die Schuld auf andere, wenn er etwas tun muß, was mißlingt. Er sondert sich häufig ab und zeigt keine Begeisterung mehr für seine Arbeit. Dies hat natürlich schlechte Leistungen zur Folge, was sich in Flüchtigkeitsfehlern und mangelnder Organisation bemerkbar macht. Er liefert eventuell unfertige Aufträge ab – wenn er überhaupt etwas abliefert. Wenn Sie Termine festgelegt haben, hält er sie kaum mehr ein. Er drückt sich vor den schwierigen Aufgaben und wendet dafür ungeheuer viel Zeit für die leichteren Arbeiten auf.

Glauben Sie irgendeines dieser Anzeichen zu erkennen,

tun Sie das, was für Sie und Ihren Angestellten das einzig richtige ist: Konfrontieren Sie ihn. Vergessen Sie nicht:

Permissivität heißt Vernachlässigung der Pflicht.

Die Ausreden, die Sie benutzt haben, um das Gespräch mit einem Angestellten noch hinauszuzögern – »Es ist schwierig, Ersatz zu finden; wie soll ich ihm helfen können, wenn mein Vorgänger das schon nicht geschafft hat; ich habe einfach keine Zeit [die schlimmste aller Ausreden]; ich will doch seine Gefühle nicht verletzen« –, sie werden Sie schließlich auf übelste Weise verfolgen. Fassen Sie Mut und unternehmen Sie etwas! Wenn Sie die Antworten zum Bestimmen des Problems ausgearbeitet haben, sind Sie genügend vorbereitet, um eindeutig die Probleme und nicht den Angestellten zu eliminieren.

II.a) Nach anderen Möglichkeiten suchen. Bevor Sie sich mit Ihrem Angestellten zusammensetzen, sollten Sie noch einmal die folgenden Schlüsselpunkte durchgehen:

1. Bewerten Sie keine Ideen. Wenn Sie auch nur *eine* Möglichkeit kritisieren, tut dies jeder Kreativität Abbruch, und die Besprechung ist sinnlos.
2. Diskutieren Sie die Vorschläge noch nicht. Ziel dieser Phase ist es, möglichst viele Vorschläge auszuarbeiten, aber noch nicht, über ihre Brauchbarkeit zu reden.
3. Halten Sie alle Ideen schriftlich fest.

Ich kann nicht genügend betonen, wie wichtig es ist, alle Möglichkeiten in die Überlegungen mit einzubeziehen. Wenn Sie und Ihr Angestellter den Ideen freien Lauf lassen können, sind der Kreativität keine Grenzen gesetzt.

Gleichgültig, wie lächerlich eine Idee erscheinen mag, schreiben Sie sie auf. Ich beginne diese Besprechung sogar oft mit einem lustigen oder lächerlichen Beispiel, um klarzumachen, wie ich das meine.

II.b) Auswählen des besten Vorschlags. Nun kommt der alles entscheidende Schritt, wo der beste Lösungsvorschlag ermittelt wird. Dafür müssen Beweise und spezifische Gründe angeführt werden. Hier könnte sich Ben Franklins »Plus-Minus«-Methode als sehr hilfreich erweisen. Beurteilen Sie die einzelnen Vorschläge nach dem unten abgebildeten Schema. Sie bleiben damit eher auf dem Boden der Realität und gleiten weniger in Spekulationen ab.

Mögliche Lösungsvorschläge

Positive Punkte (+)	Negative Punkte (–)

III. Planung. Bei der Planung müssen wir darauf achten, daß wir die Aktivitäten genau umschreiben *und* daß sie meßbar und kontrollierbar sind. Vielleicht müssen die Aktivitäten für jeden Tag, ja sogar für jede Stunde geplant werden. *Nur* wenn Sie vom gewünschten Ergebnis ausgehen und es dann in kleinste Schritte zerlegen, haben Sie einen realistischen Plan vor sich.

In *See You at the Top* habe ich erklärt, wie ich innerhalb von zehn Monaten 16 kg abgenommen habe. 16 Kilogramm waren das angestrebte Ergebnis. Dies bedeutet 1,6 kg pro Monat und ungefähr 50 g pro Tag. Nun, 16 kg abnehmen zu wollen klingt unmöglich, 50 g pro Tag abnehmen klingt hingegen schon ganz akzeptabel. Die nächste Frage lautete dann: »Was muß ich nun tun – heute! –, um 50 g abzunehmen?« Ideen (spezifische, meßbare, kontrollierbare) gibt es mehrere, unter anderem: nur das Richtige essen (Huhn, Fisch, Salat, Obst); zusätzliches Brot, Butter und Nachspeisen weglassen; keine süßen Mineralwasser, sondern nur ungesüßten Tee trinken. Ich glaube, Sie sehen, was ich meine. Aber ich möchte Ihnen doch noch ein Beispiel aus dem Geschäftsleben geben.

Der Manager eines florierenden Immobilienbüros bemerkte eines Tages, daß eine seiner Angestellten plötzlich nicht mehr so begeistert bei der Sache war wie achtzehn Monate zuvor bei ihrer Einstellung. In den letzten dreißig Tagen war Mary zu spät zu Sitzungen erschienen, schien während der Sitzungen irgendwie abwesend zu sein und hatte sich ganz allgemein etwas in sich zurückgezogen. Und dies war sehr ungewöhnlich, hatte sie doch vorher den Umgang mit Menschen sehr geschätzt. Sie hatte zwar nie Spitzenleistungen erbracht, aber doch sehr zufriedenstellend gearbeitet und sich ständig verbessert. In den letzten dreißig Tagen hatte sie aber miserabel gearbeitet. Der einzige Abschluß, den sie hätte machen können, mußte hinausgeschoben werden, weil sie bei der Vorbereitung der Papiere unerklärliche Flüchtigkeitsfehler begangen hatte.

Es war ihm klar, daß er etwas unternehmen mußte, wenn er seine doch sehr zuverlässige Angestellte nicht verlieren wollte, also rief er Mary in sein Büro. Kaum hatte sie die Tür hinter sich zugemacht, begann sie zu weinen: »Ich weiß, jetzt werden Sie mich rausschmeißen«, schluchzte sie, »und ich kann es Ihnen nicht im geringsten verdenken!« (In diesem Augenblick realisierte der Manager, daß er mit diesem Gespräch zu lange gewartet hatte, und schwor sich, nie mehr so lange mit einer Konfrontation zu warten.) »Nein«, sagte er, »ich habe nicht die Absicht, Sie zu entlassen. Ich möchte nur herausfinden, wie man Ihnen helfen könnte, wieder so produktiv wie in den vielen Monaten zuvor zu werden. Ist irgend etwas geschehen, was Sie aus dem Gleichgewicht gebracht hat?«

Nachdem sie sich wieder etwas gefaßt hatte, brach es aus ihr heraus: Sie schämte sich so, daß sie das älteste Auto aller Agenten fuhr, so daß sie sich vor mehreren Monaten zum Ziel gesetzt hatte, zu Beginn dieses Monats ein neues Auto zu kaufen. Und nun war sie am Boden zerstört, weil sie nicht genug verdient hatte, um sich den Wagen leisten zu können. »Sehen Sie, mein Problem ist, daß ich ein Auto habe, das zu fahren ich mich schäme, und dies blockiert meine Produktivität.« Ihr Manager überlegte einen Augenblick und erwiderte dann: »Ist das wirklich Ihr Problem, oder ist es vielleicht nur ein Symptom Ihres Problems?« Und dann ging er mit ihr die Fragen auf S. 198 durch.

1. In welchen Bereichen haben Sie das Gefühl, gut gearbeitet zu haben? (»In keinem.«)
2. Weshalb? (»Ich erreiche meine Grundleistung nicht.«)
Der Manager pflegte zusammen mit seinen Angestellten alle drei Leistungsstufen aufgrund ihrer persönlichen Ziele festzulegen. Mary kannte also ihre Grund-, Erfolgs- und Klasseleistung. Der Manager hatte mit ihr auch festgelegt, welche Aktivitäten jeweils notwendig

waren, um auf den einzelnen Leistungsstufen Erfolg zu haben.

3. Geben Sie mir ein konkretes Beispiel. (»Meine Grundleistung sieht vor, daß ich jede Woche an fünf Türen klopfe, um mich nach möglichen Verkäufern umzusehen; ich habe nicht an eine einzige Tür geklopft.«)

Aufgrund dieser Antwort konnte der Manager die Fragen 4 bis 9 übergehen und direkt zur Sache kommen. Er fragte Mary: »Wären Sie an einem Programm zur Leistungsverbesserung interessiert?« Mary: »Das einzige, was mich wirklich interessiert, ist ein neues Auto!« Beide lachten und kamen überein, sich eingehender mit dem Problem zu befassen. Der Manager ging mit ihr die Fragen auf S. 200 durch. Unter a) *Achten Sie auf potentielle Probleme, und ignorieren Sie Gefahrensignale nicht* kamen sie zum Schluß, daß die Probleme begonnen hatten, als Marys Aktivitäten geringer wurden. Unter b) *Identifizieren Sie die entscheidenden Elemente des Problems* kamen sie überein, daß das Verfehlen ihres Ziels offenbar nicht das entscheidende Element war, hatte Mary doch bis zu jenem Zeitpunkt mit dem gleichen Auto gute Leistungen erbracht. Unter c) *Identifizieren Sie die offensichtlichen Ursachen für diese Hinweise* stellten der Manager und Mary gemeinsam fest, daß sie sich unrealistische Ziele und eine unvernünftige Frist gesetzt hatte, um ihr Ziel zu erreichen, d.h., ein neues Auto zu kaufen. Unter d) *Definieren Sie nun das Problem* schrieben sie folgendes auf: »Mary verstand vom Vorgang der Zielsetzung zuwenig, um sich ein realistisches Ziel zu setzen, d.h., ein neues Auto zu kaufen.« Was darauf hindeutete, daß es sich um ein echtes, nicht um ein eingebildetes Problem handelte, war der sieben Jahre alte Wagen in Marys Garage. Nun ging es darum, Mary zu zeigen, wie sie sich ein realistisches Ziel setzen konnte. Also setzten sich der Manager und Mary zusammen, um gemeinsam einen Plan auszuarbeiten.

Sie gingen vom erwünschten Ergebnis aus – ein neues Auto. Mary wußte genau, was für ein Auto es sein sollte, was für eine Farbe, was für eine Ausstattung, ja sie kannte sogar den Preis auf Heller und Pfennig genau. Durch sorgfältiges Studium von Marys Leistungen in den ersten siebzehn Monaten konnten sie sich ausrechnen, daß es nicht vier – wie Mary ursprünglich vorgesehen hatte –, sondern neun Monate dauern würde, bis Mary sich ihr Auto kaufen konnte. Sie entdeckten auch, daß sich diese Zeit auf sechs Monate verkürzen ließ, sofern Mary ihre Leistungen noch ein bißchen steigern würde.

Anschließend befaßten sich Mary und ihr Manager mit dem letzten Schritt.

III.a) Kontrolle. Dabei geht es nicht darum, das Pult Ihrer Angestellten heimlich in der Nacht zu durchsuchen oder Abhörgeräte in ihrem Büro zu installieren. Die Angestellten müssen wissen, *wann* sie eine Kontrolle zu erwarten haben und *was* es damit auf sich haben wird.

Mary und ihr Manager machten jede Woche einen Termin aus, um ihre Fortschritte mitzuverfolgen. Dadurch gab Marys Manager ihr nicht nur zu verstehen, daß er an ihrer beruflichen Laufbahn interessiert war, sondern auch, daß er sie dafür verantwortlich machte.

Nachher überlegten Mary und ihr Manager noch, was geschehen sollte, wenn Mary ihre Leistungen nicht verbessern würde. Mary stimmte zu, daß sie es sich nicht leisten konnte, ihre Position zu behalten, wenn sie sich nicht steigern würde, und ihr Manager versicherte ihr, daß Entlassung zwar eine Möglichkeit wäre, aber *nicht* die seiner Wahl. Er würde sie bei diesen wöchentlichen Besprechungen über ihre Fortschritte auf dem laufenden halten, so daß eine allfällige Entlassung für beide nicht zu überraschend käme, und bestimmt das Konsequenz-Verfahren beachten.

Genaugenommen geht es bei den Leistungsstufen nur darum, Ziele auf drei verschiedenen Ebenen abzustecken. Die sieben Schritte zur Bestimmung eines Ziels oder einer Norm (oder wie immer man es nennen will), bleiben immer gleich. Sie können mir vielleicht nicht sagen, wieviel 782×411 gibt, aber sie kennen die Formel, mit der Sie zum Ergebnis gelangen. Die sieben Schritte beim Vorgang der Zielsetzung sind die Schritte in der Formel, mit der Sie jede Leistungsstufe bestimmen können.

Die sieben Schritte zur Zielsetzung

1. Stecken Sie das Ziel ab.
2. Überlegen Sie sich Ihre persönlichen Vorteile, wenn Sie dieses Ziel erreichen.
3. Bestimmen Sie die größten Hindernisse, die Sie auf dem Weg zu Ihrem Ziel überwinden müssen.
4. Überlegen Sie, welche Fähigkeiten oder Kenntnisse erforderlich sind, um dieses Ziel zu erreichen.
5. Legen Sie fest, mit welchen Einzelpersonen, Gruppen, Firmen und Organisationen Sie arbeiten müssen, um dieses Ziel zu erreichen.
6. Arbeiten Sie einen Plan aus, wie Sie Ihr Ziel erreichen können.
7. Setzen Sie sich eine realistische Frist.

Mein Ziel:

Meine Vorteile, wenn ich dieses Ziel erreiche:

Ich, _____ , verpflichte mich, alles zu tun,
um mein Ziel spätestens am _____ zu erreichen.
Ich bin zum Siegen geboren!!

_____

Unterschrift   Datum

In unserem dreitägigen Seminar *Zum Sieger geboren* lehren wir diese Formel, und wir üben auch ihre Anwendung.
Wir haben ein Formular mit allen sieben Schritten entwor-
fen, das Ihnen hilft, die einzelnen Schritte auf einem sogenannten »Detail«-Blatt vorzunehmen.

Dank einem realistischen Ziel und der Unterstützung
ihres Managers ging es mit Marys Leistungen augenblicklich wieder nach oben. Acht Monate später fuhr sie ihren
neuen Wagen. Ihre Leistungen hatten sich nicht so weit
gesteigert, daß sie das Auto schon nach sechs Monaten
hätte kaufen können, aber immerhin so weit, daß sie es in
weniger als neun Monaten schaffte. Sowohl sie als auch ihr
Manager waren äußerst zufrieden.

Dieser Manager tat, was alle guten Manager in einer solchen Situation tun. Rekapitulieren wir die wichtigsten Punkte:

1. Er beanstandete die schlechte Leistung.
2. Er half seiner Angestellten, klare und gut durchdachte Ziele abzustecken.
3. Gemeinsam bestimmten sie die Frist, innerhalb deren das Ziel zu erreichen war.
4. Gemeinsam bestimmten sie ein Mittel zur Kontrolle, um sicher zu sein, daß sie das bekamen, was sie erwartet hatten.
5. Sie vereinbarten regelmäßige Besprechungen, um den Fortschritt zu beurteilen.
6. Gemeinsam bestimmten sie, was für eine Art Hilfe erforderlich war.
7. Sie überlegten sich andere Möglichkeiten, falls sich die Leistungen nicht bessern würden.

Im Zusammenhang mit der Frist bezogen sie die folgenden Faktoren in ihre Überlegungen mit ein: Wie hatte Mary zuvor gearbeitet; welches war eine vernünftige Frist, in der das Ziel zu erreichen war; was war für die schlechten Leistungen verantwortlich; wie unbefriedigend war die Leistung überhaupt? Indem er all diese Überlegungen zusammen mit Mary verarbeitete, tat dieser Manager, was jeder gute Manager tun sollte:

1. Realistische, verständliche und meßbare Leistungsnormen erarbeiten.
2. Ein Nachlassen der Leistungen so früh wie nur möglich erkennen.

3. Die Leistung kritisieren, nicht die Person, die sie erbringt.
4. Sich auf beobachtete Verhaltensweisen verlassen, nicht
   auf Gerüchte.
5. Klare Konsequenzen für den Fall festlegen, daß die ver-
   einbarte Leistung nicht erbracht werden sollte.

Exzellente Manager geben ihren Angestellten jede nur er-
denkliche Gelegenheit zum Erfolg. Sie betrachten das Versagen eines Angestellten als eigenes, persönliches Versagen
und tun alles, um ihren Angestellten zum Erfolg zu verhelfen. Sie dulden negatives Verhalten weder bei ihren Angestellten noch bei sich selbst. Große Manager verlangen exzellente Leistungen ... und setzen das Prinzip der Leistungsstufen als Instrument zum Erfolg ein!

Leistungsprinzipien

1. Die Leistungsstufen bestehen aus Zielsetzungen auf drei Ebenen:
   a) Grundleistung – Mindestanforderung.
   b) Erfolgsleistung – realistisch zu erwartende Leistung.
   c) Klasseleistung – Leistung, nach der sich der Angestellte »strecken« muß.

2. Dies sind die Phasen beim Vorgehen:
   a) Konsultation/Konfrontation
   b) Problem erkennen
   c) Lösungsmöglichkeiten suchen
   d) Die beste Lösung auswählen
   e) Planung des weiteren Vorgehens
   f) Kontrolle

3. Hervorragende Manager stellen oft Fragen, deren Antworten sie bereits kennen, um auch den Blickpunkt des Angestellten zu verstehen.

9

Anerkennen, Belohnen und Vorbild sein

Es gibt nichts im Leben, was mehr erniedrigt, als sich mit ganzer Kraft für etwas einzusetzen, von dem man sich große Anerkennung erhofft, und dann leer auszugehen.

Edgar Watson Howe

Das Beste aus einem Menschen herauszuholen bedeutet, ihn zu belohnen und ihm die Vorbilder zu geben, die er braucht, um Spitzenleistungen zu erbringen. In diesem Kapitel wollen wir uns mit diesen drei so wichtigen Aspekten des erfolgreichen Managements befassen.

Anerkennung

Vor mehreren Jahren war ich als Redner bei einem Bankett einer Versicherungsgesellschaft in Dallas geladen. Während des Essens saß ich oben am Tisch zwischen zwei Vizedirektoren der Gesellschaft und unterhielt mich angenehm mit ihnen. Als unsere Kellnerin mir den Salat vorsetzte, sagte ich: »Dankeschön.« Als sie ein paar Minuten später das Brot brachte, sagte ich erneut: »Dankeschön.« Als sie die Vorspeise brachte, bedankte ich mich nicht nur, sondern fügte hinzu: »Wissen Sie, ich möchte Ihnen sagen, wie sehr ich Ihre gute Bedienung zu schätzen weiß. Es ist in der Tat erstaunlich, wie flink Sie arbeiten und doch nicht den Eindruck machen, als ob Sie in Eile wären. Und was noch wichtiger ist, Sie sind so angenehm und freundlich. Ich wollte Ihnen einfach sagen, wie sehr ich Ihre Bemühungen schätze.« Sie strahlte und dankte mir für mein Kompliment.

Während sich all dies abspielte, kümmerten sich die beiden Vizedirektoren an meiner Seite nicht um die Kellnerin oder nahmen ihre Bedienung höchstens mit einem grunzenden Laut zur Kenntnis. Sie richteten ihre ganze Konzentration und Aufmerksamkeit auf mich. Der Nachtisch brachte dann aber die Überraschung. Es gab Eis, und die beiden Vizedirektoren bekamen eine Kugel ungefähr in der Größe eines Golfballs vorgesetzt. Meine Eiskugel hatte die Größe eines Baseballs! Auf alle Fälle war der Unterschied so augenfällig, daß beide wie aus einem Mund sagten: »Nun, Zig, es ist nicht zu übersehen, daß Sie diese Dame kennen.« Lachend erwiderte ich: »Nein, ich habe sie vor heute abend noch nie gesehen. Aber ich weiß eine Menge über sie.« Immer noch scherzend, erkundigten sie sich nach den Umständen. Ich wies darauf hin, daß sie ein Mensch sei und wie alle andern Anerkennung und Aufmerksamkeit brauchte und daß ich ihr beides gegeben hatte.

Das gleiche gilt für jedes Mitglied Ihres Unternehmens oder Ihrer Familie. Jedermann mag Anerkennung. Und wie kann man Anerkennung besser ausdrücken als mit einem einfachen »Dankeschön«, wenn jemand etwas Nettes gesagt oder eine einfache Dienstleistung erbracht hat. Eins war klar: Ich war nicht nett zu dieser Kellnerin, weil ich mir einen größeren Nachtisch erhofft hatte. Ehrlich gesagt, wäre mir ein kleinerer lieber gewesen. Aber indem ich ihr Bedürfnis befriedigte, sprach sie darauf in der einzigen ihr möglichen Art an – indem sie ein bißchen tiefer in die Schüssel griff und mir eine größere Eiskugel auf den Teller zauberte. Wenn wir andern zu Spitzenleistungen verhelfen, indem wir ihnen beibringen, den andern Menschen gegenüber nett und zuvorkommend zu sein, zeigen wir ihnen meiner Meinung nach, wie sie etwas tiefer in den Topf greifen und etwas mehr vom Leben haben können.

Blinder Optimismus? Keineswegs!

In der Ausgabe des *Wall Street Journal* vom 6. Dezember 1982 erschien ein Artikel von Jack Falvey mit dem Titel »Sie wollen die Produktivität steigern? Versuchen Sie es mit einem Dankeschön«. Ich glaube, auch Sie werden von diesen Konzepten profitieren.

Die Menschen arbeiten für Liebe und Geld. Nur wenige von uns scheinen vom einen oder andern je genug zu bekommen. Hinter einem guten Management verbergen sich aber keine großen Geheimnisse der Verhaltensforschung. *Räumen Sie der Unterstützung und Bezahlung Ihrer Leute höchste Priorität ein, und Sie werden mit Ergebnissen beschenkt, die Sie sich nie hätten träumen lassen.*

Manager sehen sich oft als Systemspezialisten, Problemlöser oder Fachleute für Betriebsabläufe. *Sie vergessen dabei vollkommen, daß es einfach darum geht, andere dazu zu bringen, daß sie bereitwillig etwas für sie tun. Ein guter Manager gibt seinen Leuten einfach bekannt, was er von ihnen erwartet, kontrolliert, was sie gemacht haben, und fördert das, was gut gemacht worden ist.* Fachleute bestätigten, daß wir die Grenzen des Menschen nicht kennen. Wir wissen nur, daß selbst eifrigste Menschen bei einem normalen täglichen Arbeitspensum selten mehr als 15 oder 20 Prozent ihrer Gehirnkapazität ausnützen. Durchschnittsmenschen können ihre Leistung mit mehr Selbstvertrauen, mehr Ermunterung, besserer Organisation, einem intensiveren Engagement und überraschend wenig zusätzlicher Anstrengung verdoppeln oder gar verdreifachen. Zudem: Wenn Manager sich endlich zur Einsicht durchringen könnten, ihren Leuten nicht etwas *an*zutun, sondern etwas *für* sie zu tun, würde die Produktivität in astronomische Höhen klettern ...

Hier ein paar Dinge, die Sie sofort tun können, ohne Ihr Budget zu erhöhen, die Ihnen aber sehr viel einbringen werden.

Stellen Sie eine Liste mit sämtlichen Leuten auf, die für Sie arbeiten. Sagen Sie jedem Mitarbeiter noch vor Ende der Woche, was er in dieser Woche geleistet hat und wie sehr Sie seine Bemühungen schätzen. Kritik ist um jeden Preis zu vermeiden (so etwas wie konstruktive Kritik gibt es nicht; Kritik ist immer destruktiv). Wenn Sie jemanden korrigieren müssen, tun Sie es nie unmittelbar danach. Beißen Sie auf die Zähne und halten Sie sich zurück, bis er im Begriff ist, das gleiche wieder zu tun, und fordern Sie ihn dann auf, einen positiveren Beitrag zu leisten. Wenn Sie das durchziehen können, verdienen Sie Ihr Geld als professioneller Manager.

Organisieren Sie zwanglose Zusammenkünfte mit Ihren Mitarbeitern. Finden Sie mit Ihren Augen und Ohren heraus, was so alles läuft. Suchen Sie keine Probleme, sondern halten Sie Ausschau nach Stärken und guten Leistungen. Holen Sie aus jeder noch so kleinen positiven Sache etwas heraus. Als Manager haben Ihre Worte und Taten viel mehr Gewicht, als Sie vielleicht annehmen. Nur eine geringe Anstrengung mit dieser Methode wird sofort Wirkungen zeitigen. Ein konzentrierter, disziplinierter und fester Impuls in dieser Richtung wird unglaubliche Gewinne bringen. Veröffentlichen Sie alles Positive, das Sie entdecken. Drucksachen kosten nicht viel. Aber die Belohnungen halten lange Zeit vor.

Machen Sie positive Notizen über solide positive Bemühungen, und lassen Sie sie den entsprechenden Leuten zukommen ...

Wie erfinderisch können Sie sein? Ist Ihnen Ihre Wirkung auf die andern bewußt? Können Sie das Negative im Umgang mit Ihren Leuten reduzieren oder eliminieren? Unternehmen Sie die notwendigen Nachforschungen und Untersuchungen, um positive Beiträge zu erkennen? Kennen Sie die Stärken all Ihrer Leute? Können Sie am Ende der Woche all Ihren Mitarbeitern irgendein Kompliment machen?

So simpel und einfach dies alles klingen mag, ist es doch eine ungeheuer schwierige berufliche Herausforderung. Wie gut sind Sie als professioneller Manager? *Wenn willige Leute Ergebnisse erbringen, wieviel Liebe und Geld können Sie austeilen, um diese Bereitwilligkeit und diese Ergebnisse zu erzielen? Gehen Sie, tun Sie für jemanden etwas Nettes, oder sagen Sie jemandem etwas Nettes, und zwar jetzt!*

Spitzenleistungen anerkennen

Die meisten Manager wünschen sich Angestellte und Mitarbeiter, die stolz sind auf ihre Karriere. Da Stolz für viele sehr vieles bedeuten kann, wollen wir eine für uns brauchbare Definition einführen.

Für mich bedeutet Stolz: persönliche Verantwortung für tägliche Anstrengung. Wenn wir unsere Leute ermutigen, persönliche Verantwortung für eine tägliche Anstrengung zu übernehmen, müssen wir aber auch einsehen, wie wichtig Anerkennung ist.

Mary Crowley, diese äußerst tüchtige Geschäftsfrau, sagt, jedermann trage ständig ein Schild bei sich mit der Aufschrift: *Geben Sie mir das Gefühl, wichtig zu sein!* Wenn wir das können (andern das Gefühl geben, wichtig zu sein) – und zwar *aufrichtig* –, haben wir einen Riesenschritt in Richtung Spitzenleistungen gemacht.

Jeder Mensch braucht Anerkennung. Der einfache Arbeiter, weil er für seine Familie sorgt; der Angestellte, weil er ein großes Potential besitzt; der Verkäufer, weil er gute Einkommenschancen hat. Damit will ich sagen, daß manche Leute ein sehr elementares, andere hingegen ein sehr viel komplexeres Bedürfnis nach Anerkennung haben. Die Spitzenleistungen auf dieser Welt werden von Leuten erbracht, die aufbauen, handeln und konkurrieren, und sie wollen – ja müssen – einen Beitrag an alles leisten, was sie tun. Sie müssen wissen, wann sie etwas beitragen und wieviel sie beitragen. Wer solche Leute managt, entwickelt am besten ein »Punkte«-System, das *jedermann* ständig über seine Leistungen auf dem laufenden hält. Und vergessen Sie nicht, negative Punkte sollten unter vier Augen besprochen werden, positive hingegen in der Öffentlichkeit.

Begeisterten Optimismus entwickeln

Um Leute zu Spitzenleistungen anspornen zu können, müssen wir ihnen zeigen, wie man sich für das Leben begeistert, wie man anständig mit andern Menschen umgeht und wie man andere ermutigt.

Wenn Sie eine angenehme Persönlichkeit entwickeln, indem Sie etwas freundlicher und aufgeschlossener sind, kann Ihnen das gesellschaftlich, beruflich und sogar geistig sehr viel helfen. Ich möchte Ihnen ein Erlebnis nicht vorenthalten, das einige sehr wichtige Konzepte verrät.

Es war mir nie bewußt gewesen, wie hart die Arbeit hinter der Theke eines Selbstbedienungsrestaurants sein kann, bis meine jüngste Tochter mit sechzehn sich einen Ferienjob suchte – und nur in einem solchen Restaurant einen fand. Als mir klar wurde, was sie zu tun und mit was sie sowohl von den Kunden als auch vom Management her fertig zu werden hatte, nahm ich mir vor, ich würde nie wieder in ein Selbstbedienungsrestaurant gehen, ohne allen Angestellten hinter der Theke ein freundliches, liebenswürdiges, optimistisches und begeisterndes Wort zu sagen. Und diesem Vorsatz bin ich bis heute treu geblieben.

Kürzlich, es war an einem besonders heißen Tag im August, ging ich mit einem Freund nach dem großen Mittagssturm hinüber ins Selbstbedienungsrestaurant und »erfüllte wieder meine Pflicht«. Der Herr vor mir war offenbar von derselben Schule, denn auch er grüßte alle Angestellten freundlich und hatte für jeden ein aufmunterndes Wort. Das ging so lange gut, bis wir zum Fleisch kamen und er irgendeine Bemerkung über den Tag machte. Die Frau, die das Fleisch ausgab, stemmte die Fäuste in die Hüften, wischte sich mit der Rechten über die Stirn, schleuderte buchstäblich den Schweiß zu Boden und schrie: »Allerdings, das ist wieder einer von *diesen* Tagen!«

Nun, damit das klar ist: Sie hatte nicht mit mir gesprochen. Aber wenn Sie sich ein bißchen in dem Geschäft auskennen, in dem ich tätig bin, und wenn Sie meinen Ruf als positiver Denker kennen, müssen Sie – zumal ich noch in Begleitung war – verstehen, daß eben dieser mein Ruf auf dem Spiel stand. Also steckte ich meine große Nase wieder einmal in etwas, was mich gar nichts anging, und sagte: »Ja, ist doch ein herrlicher Tag, nicht wahr?« Verächtlich blickte sie nun mich an und sagte: »Sie waren doch einfach zu lange an der Sonne!« Ich erwiderte: »Nein, eigentlich komme ich eben aus Afrika zurück, und da habe ich erwachsene Männer und Frauen gesehen, die nichts zu essen hatten; ich habe kleine Kinder gesehen, die keine Kleider hatten; ich habe hygienische Verhältnisse angetroffen, die unbeschreiblich sind, und ich habe Armut erlebt, wie man sie sich nicht vorstellen kann. Und heute sehe ich nun Sie. Sie sind jung, hübsch, haben eine Stelle und sind amerikanische Staatsbürgerin. Ich weiß, daß Sie das Beste aus diesem Job machen und eines Tages hier die Managerin sein könnten. Ja, wenn Sie es darauf anlegten, könnten Sie eines Tages selbst ein solches Restaurant besitzen.«

Persönlich hatte ich den Eindruck, eine hervorragend improvisierte Rede gehalten zu haben, und ich war überzeugt, sie wolle mir nun dafür danken, daß ich solche Worte der Hoffnung und Ermutigung ausgesprochen hatte. Da ich aber befürchtete, sie wüßte nicht richtig, wie sie das in Worte fassen könnte, beschloß ich, ihr ein wenig zu helfen, und sagte also nach einer kurzen Pause: »Nun fühlen Sie sich gewiß viel besser, nicht wahr?« Diesmal schaute sie mich mit noch mehr Abscheu an und gab zurück: »Sie – sind – krank!«

Verrottetes Denken durch und durch

Nun, man kann ja nicht immer gewinnen. Und diese junge Frau war nun in ihrem Innern zutiefst negativ. Ihr verrottetes Denken hatte bereits eine fortgeschrittene Verhärtung ihrer Einstellung bewirkt, die das Schlimmste ahnen ließ. Kleinlaut ging ich weiter, stellte meine Mahlzeit fertig zusammen und bezahlte. Mein Freund und ich setzten uns in eine Ecke und begannen zu essen. Nach einer Weile wollten wir noch etwas Tee haben, und eine kleine Frau, die mindestens sechzig – vielleicht auch schon siebzig – war, trat mit der Kanne an unseren Tisch. Ich glaube, ich hatte zuvor noch nie einen Menschen in ihrem Alter mit einem solchen Funkeln in den Augen gesehen. Ich lächelte also freundlich und stellte meine übliche Frage: »Na, wie geht's?« Sie sprang buchstäblich einen Schritt zurück, verzog ihr Gesicht zu einem breiten Lachen und erwiderte: »Wenn es noch besser ginge, würde ich vermuten, die Karten seien gezinkt!« Ich lachte und sagte: »Warum gehen Sie denn nicht hinüber zur Theke und sagen den andern das, was Sie mir auch gerade gesagt haben?« In gespieltem Schrecken hob sie die Hände und erwiderte: »Puuh, nein! Mit diesen Mädchen will ich nichts zu tun haben! Wenn ich nur lange genug mit denen zusammen wäre, nähme es mit mir wohl das gleiche Ende!«

Ich weiß nicht, woher die alte Frau ihre Psychologie hatte, aber recht hatte sie. Es ist eine Tatsache, daß die Menschen in Ihrer Umgebung einen starken Einfluß auf Ihre Gefühle, Einstellungen, moralischen Werte und Verhaltensweisen ausüben. Das klassische Beispiel, das ich oft anführe, ist folgendes: Nehmen Sie einen Jungen aus dem Süden und schicken Sie ihn in den Norden oder Westen, und nach einer gewissen Zeit wird er den entsprechenden Akzent annehmen. Nehmen Sie ein Mädchen aus dem Norden oder Westen und schicken Sie es in den Süden, und es wird schon bald normal sprechen! (Natürlich dreht jeder das Beispiel nach seinem eigenen Gutdünken!) Man muß darauf achten, mit wem man Umgang pflegt, weil wir Teil unserer Umgebung werden.

Ich bin überzeugt, wenn Sie die Wahl hätten, längere Zeit um das Mädchen hinter der Theke oder um die alte Frau mit der Teekanne zu sein, würden Sie sich ohne Zögern für die alte Frau entscheiden. Ich habe dieses Buch geschrieben, damit Sie andern helfen können, Spitzenleistungen zu erbringen, und das können Sie, indem Sie Ihren Leuten helfen, eher dem Vorbild der alten Dame als demjenigen des Mädchens nachzueifern. Sie beeinflussen diese wichtige Dimension im Leben eines Menschen, indem Sie hervorragende Leistungen anerkennen.

Bäume, Hummeln und Flöhe

Im Juni 1984 beschlossen wir, unser Unternehmen solle ein offizielles Prämiensystem einführen. Da ein gutes System jene Eigenschaften auszeichnet, die dem Erfolg des Unternehmens und des einzelnen Angestellten gleichermaßen dienlich sind, überlegten wir uns, welche Eigenschaften wir fördern wollten. Aufgrund unserer Überzeugungen kamen wir zum Schluß, es sei wichtig, daß unsere Leute regelmäßig zur Arbeit kommen, eine gute Einstellung an den Tag legen und Führungsqualitäten besitzen,

222

die sie als »Teilhaber« des Unternehmens ausweisen. Wer Spitzenleistungen erbringt, muß einsehen, daß der Chef zwar die Lohnzahlung autorisiert, daß der Angestellte aber selbst über die Höhe des Lohns entscheidet.

Unsere elementaren Bedürfnisse – pünktliches und regelmäßiges Erscheinen, eine gute Einstellung, Führungsqualitäten und Loyalität – führten zu vier Prämien, die wir vierteljährlich verteilen. Hier sind die Informationen, die wir unseren Angestellten in diesem Zusammenhang geben:

Das Zig-Ziglar-Prämiensystem beruht auf der Voraussetzung, daß »das, was anerkannt und belohnt wird, identisch ist mit dem, was dem Unternehmen wertvoll erscheint«. Unsere Philosophie fordert jeden Mitarbeiter auf, das Gute in den andern zu suchen. Das Zig-Ziglar-Prämiensystem erlaubt uns, dieses Gute zu finden und außergewöhnliche Leistungen auszuzeichnen. Dafür kommen vier Bereiche in Betracht.

Anwesenheit ... »Chinesischer Bambusbaum«-Preis. Wer das ganze Vierteljahr über zur Zeit erscheint und den ganzen Tag lang an der Arbeit ist, erhält einen Barpreis von $ 50 und eine Ehrenurkunde. Erhöhte Produktivität und geringere Ausgaben für Ersatzpersonal sorgen dafür, daß die Zig Ziglar Corporation in der Tat etwas davon hat. Der Name leitet sich vom chinesischen Bambusbaum her, der fünf Jahre lang offenbar nicht wachsen will – dann aber in nur sechs Wochen rund 30 m in die Höhe schießt. Es sind die langen Jahre der Bewässerung und Düngung, die das Wachstum des Baumes bewirken. Diese Prämie kann ein- bis viermal jährlich vergeben werden.

Einstellung ... Der »Hummel«-Preis. Sie haben sicher schon gelesen, daß die Hummel, rein aerodynamisch gesehen, gar nicht fliegen kann; ihr Körper ist zu schwer, die Flügel zu schwach –, aber die Hummel liest nicht – sie fliegt! Diese »Ich kann«-Einstellung liegt der Zig Ziglar Corporation sehr am Herzen. Das Bild des Siegers wird gut sichtbar in der Eingangshalle ausgehängt. Der Sieger erhält zudem eine Plakette, einen Barpreis von $ 50, wird in unserer Hauszeitung *At the Top* (Ganz oben) veröffentlicht und wird von Präsident und Vizepräsident der Zig Ziglar Corporation zum Mittagessen eingeladen.

Kriterien für den »Hummel«-Preis:

a) Der Sieger muß aktiv die physischen, geistigen und moralischen Ideale der Zig Ziglar Corporation verkörpern.

b) Der Sieger spricht auf schwierige Situationen an, er darf nicht darauf reagieren.

c) Der Sieger hilft denen, mit denen er zu tun hat, bei ihrer Einstellung und muntert sie auf.

Führungseigenschaften ... Der »Floh«-Preis. Wer einen Flohzirkus trainiert, bringt andern bei, aus der Schachtel zu springen (Grenzen zu überwinden), und bewahrt sie vor dem negativen Einfluß anderer. Diese Führungseigenschaften können von allen Positionen innerhalb des Unternehmens ausgehen, nicht nur von Abteilungsleitern oder Managern. Diese Leute verbannen Klatsch, Kritik und negative Diskussionen aus ihrem Arbeitsbereich. Der Sieger erhält die gleichen Prämien wie der Sieger des »Hummel«-Preises.

Kriterien für den »Floh«-Preis:

a) Der Sieger muß aktiv die physischen, geistigen und moralischen Ideale der Zig Ziglar Corporation verkörpern.

b) Der Sieger »sucht das Gute« bei andern und bestätigt es durch mündliches oder schriftliches Feedback.

c) Der Sieger beweist seine Führungseigenschaften, indem er andern hilft, selbst zu wachsen.

d) Der Sieger führt andere so, daß andere durch die ausgestellten Fotografien in der Eingangshalle ermutigt werden, es diesen Kollegen gleichzutun.

Loyalität. Loyalität und Ausdauer werden wie folgt belohnt:

a) 5 Jahre = Der Angestellte darf zwischen Brosche, Ring oder Uhr wählen.

b) 10 Jahre = bezahlte Urlaubsreise.

c) 15, 20, 25 Jahre usw. = wird vom Exekutivausschuß festgelegt.

Alle Prämien werden vierteljährlich verteilt. Für allfällige Fragen oder Unklarheiten ist der Exekutivausschuß zuständig.

Sie sehen also, wir haben viel Zeit investiert, um unsere Ideen und Kriterien auszuarbeiten.

Wollen Sie es auch versuchen?

Wenn Sie überzeugt sind, daß *jedermann* Anerkennung braucht, und bereit sind, »es« mit Ihren Leuten oder Ihrem Unternehmen auch zu versuchen, hier ein paar Hinweise zum Vorgehen.

1. *Überlegen Sie, was Sie anerkennen wollen und müssen.* Beziehen Sie möglichst viele Leute in diese Überlegungen mit ein. Machen Sie bei Ihren Angestellten eine Umfrage, besprechen Sie die Sache bei einer großen Betriebssitzung oder in Einzelgesprächen. Finden Sie heraus, was Ihre Leute für Ihren Erfolg für wichtig halten. Dadurch erhalten Sie Einblick in die Wertvorstellungen Ihrer Angestellten und lassen Sie an der Ausarbeitung Ihres Anerkennungsprogramms »teilhaben«. Laut einem Artikel in der *New York Times* vom April 1982 kauften die Arbeiter eines Achslagerwerks von GM in New Jersey im Jahr 1981 die Fabrik auf, um ihre Schließung zu verhindern. Heute ist *die Produktivität um 80 Prozent gestiegen*, und der Anteil der fehlerhaften Teile ist von 10 auf 7 Prozent zurückgegangen. Klagen, von denen einst rund zweitausend hängig waren, liegen zur Zeit nur noch drei vor. Und die Arbeiter, die jetzt gleichzeitig auch die Besitzer sind, haben neuen Arbeitsregeln zugestimmt, um flexibler zu sein. Es kann viel Gutes geschehen, wenn sich die Angestellten einer »Beteiligung« bewußt sind.

2. *»Verkaufen« Sie das Programm.* Die Angestellten *müssen* an Ihr Programm glauben und sehen, daß es gerecht gehandhabt wird. Sprechen Sie von den Vorteilen, die ihnen aus diesem Programm erwachsen.

3. *Achten Sie darauf, daß Ihr Programm nicht »Konkurrenzkämpfe und Beliebtheitswettbewerbe« zur Folge hat.* Mary Kay Ashs Cosmetic Corporation anerkennt *alle* Mitarbeiter, die sich qualifizieren, in unterschiedlichem Maße. Auf diese Weise kämpfen ihre Leute nicht so sehr gegeneinander als vielmehr gegen sich selbst. Wir können unserem Selbstwertgefühl kaum mehr schaden, als wenn wir uns mit andern vergleichen. Wir müssen »unser Bestes geben« im Vergleich zu *unseren* Fähigkeiten – und nicht im Vergleich zu andern!

4. *Lassen Sie äußerste Vorsicht walten, wenn Sie die Kriterien für einen Preis aufstellen.* Das Vorgehen muß so objektiv wie nur möglich sein. Wie zum Beispiel äußert sich eine gute Einstellung? Gibt es spezifische und beobachtbare Verhaltensweisen, die als Beweis für die Eigenschaften gelten können, die Sie belohnen wollen? Natürlich ist der Sieger eines Verkaufswettbewerbs leichter zu ermitteln als der eines Einstellungswettbewerbs. Aber ist dieser letztere deswegen weniger wertvoll? Verbinden Sie die Prämien mit möglichst vielen spezifischen Kriterien.

5. *Anerkennen Sie die Sieger regelmäßig und prompt.* Verzögern, verschieben oder annullieren Sie Ihr Anerkennungsprogramm auf keinen Fall.

6. *Anerkennen Sie geringere Leistungen nicht.* Kann in einer einzelnen Kategorie kein Sieger ermittelt werden, ist es viel besser, dies bekanntzugeben, als jemanden auszuzeichnen, der es nicht verdient hat.

Was geschieht ohne Anerkennung?

Laut einem Zitat von Meinungsforscher Daniel Yankelovich im Magazin *Psychology Today* berichteten in den Jahren 1972–1982 Arbeiter, die genaue Tagebücher führten, sie hätten 10 Prozent weniger gearbeitet. Dies ist eine genügend große Abweichung, um den *gesamten* Rückgang der landesweiten Produktivität zu erklären. Doch bevor wir die Schuld den Arbeitern zuschieben, warnt Yankelovich, hätten seine eigenen Umfragen ergeben, daß die »Arbeitsethik« besser sei als je zuvor – die Arbeiter wollen hart arbeiten und gute Arbeit leisten. Er erklärt dieses Paradoxon mit den Ergebnissen einer andern Umfrage, wonach Arbeiter eigenen Angaben zufolge von einer erhöhten Produktivität nichts hätten. Weil sie der Ansicht sind, eine höhere Produktivität bringe nur dem Management, den Konsumenten und den Aktionären Vorteile, fehlt den Arbeitern jeder Anreiz zur Produktivität. Die Antwort besteht laut Yankelovich einfach darin, *die Arbeiter für ihre Produktivitätssteigerungen direkt zu belohnen*.

Belohnungen

Wenn wir an Belohnungen denken, denken wir meistens an Geld. *Motivation durch Anreize* ist aber für viele Unternehmen – vor allem im Bereich Verkauf – eine sehr willkommene Alternative. Eines darf man dabei aber auf keinen Fall vergessen: »Die kleinen Gewinne von heute gehören morgen schon zu den Erwartungen.« Das heißt, daß wir bei dieser Form der Motivation ständig bereit (und fähig) sein müssen zu »erhöhen«, um noch echte Anreize für die Motivation bieten zu können. Das Magazin *Sales and Marketing Management* veröffentlichte in seiner Ausgabe vom 10. September 1984 einige sehr erfolgreiche Anreiz-Programme, so daß wir aus den Erfahrungen anderer lernen könnten. Der folgende Auszug stammt aus einem Artikel mit dem Titel »Getting a Kick From Experience«.

Bei der Planung, Ankündigung und Einführung von Verkaufs-Anreiz-Programmen halten sich Manager an die Vergangenheit. Indem sie herausfinden, was am besten gewirkt und was überhaupt nicht gewirkt hat, betonen sie das Positive und lassen das Negative unter den Tisch fallen, um möglichst viel von diesen Anreizen zu profitieren ...

● Anstatt die Anreize mit dem gesamten Verkaufsvolumen zu verbinden, versuchen die Manager, die Programme auf spezifische Produkte oder Ziele abzustimmen.

● Mehr Manager halten Anreize in Form von Naturalien oder Reisen für wirksamer; einige sind allerdings nach wie vor für Anreize in Form von Geld.

● Ein sorgfältiges Timing solcher Programme kann Produktion und Versand beeinflussen, Bereiche also, die für die gesamten Verkaufs- und Marketingbemühungen entscheidend sind.

● Ständige Hinweise oder Erinnerungen an laufende Programme halten die Begeisterung in Schwung.

● Anreiz-Programme sollten leicht verständlich sein, so daß sich jedermann daran beteiligen kann ...

Während das Abstimmen von Anreizen auf die Produktion zu einer Frage der Logistik werden kann, läßt sich über die Wahl des bestgeeigneten Anreizes natürlich diskutieren. Zu sagen, verschiedene Dinge würden verschiedene Menschen unterschiedlich motivieren, genügt da nicht. Obwohl einige Manager aus Erfahrung wissen, daß gewisse Anreize besser funktionieren als andere, wird die Entscheidung, ob es sich um Bargeld, Naturalien oder Reisen – oder um eine Kombination – handeln soll, subjektiv ...

Eine andere wichtige Lektion, die Verkaufs- und Marketingmanager angeblich gelernt haben, besagt, daß die Anreiz-Programme genau wie die Produkte, zu deren Verkauf sie anregen sollen, richtig aufgebaut und angekündigt werden müssen.

Wenn es eine globale Lehre gibt, welche die Manager aus der Erfahrung ziehen können, dann diese: Anreiz-Programme müssen sorgfältig ausgedacht, geplant und durchgeführt werden. Auch wenn sie Kopfschmerzen in der Verwaltung, Sensationen bei Sitzungen und regelmäßige Nachfaßaktionen bedingen, sollten sie so einfach bleiben, daß jedermann sie verstehen kann und begeistert daran teilnehmen will ...

Man kann Verkäufer natürlich auch in ein Anreiz-Programm einbeziehen, indem man sie einfach fragt, was sie denn reizen würde. Sehen Sie, wie verschiedene Anreize sich unterschiedlich auf ein und denselben Mitarbeiter auswirken. Sprechen Sie mit einzelnen Mitarbeitern, und sagen Sie ihnen, was Sie vorhaben; finden Sie heraus, was für Anreize sie bevorzugen würden.

Was das Management mit solchen Anreiz-Programmen beabsichtigt, läßt sich im ganzen vielleicht so ausdrücken: Es will die Rolle des Verkäufers positiv beeinflussen. Die Arten und Mittel dazu sind so vielfältig wie die Erfahrungen der Manager. Dies ist unter Umständen sogar ein gutes Zeichen. Es zeigt doch, daß Manager bereit sind, neue Ideen auszuprobieren, um ihre Verkäufer wieder besser motivieren zu können.

In Gerichtsfällen stellt der kompetente Anwalt gezielte Fragen, um der Wahrheit auf den Grund zu kommen. Bei Krankheiten stellt der Arzt Fragen, um zu einer Diagnose zu kommen. Das gleiche tut auch der professionelle Verkäufer, wenn er einen Kunden besucht. Schauen wir uns doch ein paar Fragen an, die der professionelle Manager stellen muß, wenn er ein Anreiz-Programm aufbauen will.

Fragen zum Anreiz-Programm

1. Welches war die wirksamste Form von Anreizen, die ich bisher verwendet habe? Wird sie auch in diesem Fall wirken?
2. Habe ich genügend Zeit auf die Planung dieses Programms aufgewendet, damit ich optimale Ergebnisse erziele?
3. Habe ich den Anreiz an den vorteilhaftesten und am besten meßbaren Bereich angeknüpft (Produkt, Ziel statt Umsatzvolumen)?
4. Welches ist der beste Anreiz: Geld, Waren, Reisen, oder soll ich die Wahl den Leuten überlassen?

5. Bringt das Timing meines Programms allen Bereichen Vorteile (Produktion, Versand, Verkauf usw.)?
6. Wie kann ich alle Leute ständig wieder an das laufende Programm erinnern, damit die Begeisterung nicht erlahmt?
7. Habe ich das Programm so einfach und verständlich wie nur möglich formuliert?
8. Welche Auswirkungen wird der Wettbewerb auf das Unternehmen haben, wenn er abgeschlossen ist?

Werfen wir nun einen Blick auf ein ganz ungewöhnliches Programm, das sich ein fantasievoller Direktor einer Mittelschule ausgedacht hat.

Es braucht nicht richtiges Geld zu sein

Im Sommer 1981 nahm Charlie Pfluger aus Indianapolis an einem unserer Seminare teil, das für Erzieher im weitesten Sinn bestimmt war. Er war wirklich begeistert zu sehen, was für positive Methoden man in der Erziehung einsetzen kann und was mit der richtigen Einstellung unter fast allen Umständen möglich ist. Charlie war besonders begeistert, weil er Direktor einer Stadtschule war, die in einem Jahr ihre Tore schließen sollte. Er fuhr mit einer unbändigen Begeisterung nach Hause zurück und entwickelte gemeinsam mit seinen Lehrerkollegen einen Spielplan für das kommende Jahr.

Charlie nahm einen Silberdollar, zeichnete die Umrisse auf einem Blatt Papier nach und schnitt die Papiermünze aus. Auf die eine Seite schrieb er »*I can*« (*Ich kann*), auf die andere »*Pla money*« (*Geld für eine positive Lebenseinstellung für Amerika*).

Diese Papiermünzen produzierte er nun in rauhen Mengen und verteilte sie an die Lehrer. Wenn nun ein Schüler bei etwas Positivem »ertappt« wurde, wenn er zum Beispiel auf dem Schulhof unaufgefordert ein weggeworfenes Papier auflas, unaufgefordert die Wandtafel putzte, neue Schüler willkommen hieß oder eine gefundene Geldbörse abgab, erhielt er von einem Lehrer eine »I can«-Münze.

Hatte ein Schüler 100 solcher Münzen gesammelt, erhielt er als Anerkennung ein T-Shirt mit der Aufschrift *I can*. Von insgesamt 594 Schülern gewannen nicht weniger als 587 ein solches T-Shirt! Es wurde richtiggehend zu einem Statussymbol. Und Charlie sagte lächelnd, manchmal sei es schon zum Lachen gewesen, wenn sich fünf oder sechs Schüler auf ein Stück Papier stürzten, das der Wind über den Schulhof blies.

Sie wollen jetzt vielleicht einwenden, die 587 T-Shirts seien nicht gerade billig gewesen. Und Sie haben natürlich recht. Wenn Sie sich aber die Ergebnisse anschauen, war es wohl die beste Investition, welche die Schule seit ihrer Gründung getätigt hatte. Zunächst einmal gab es im ganzen Jahr nicht einen Fall von Vandalismus zu verzeichnen. Zum zweiten gab es spürbar weniger Absenzen. Die Noten waren besser (in manchen Fällen sogar erstaunlich gut). Und vielleicht das Beste am Ganzen: Zum ersten Mal hatten Eltern, Lehrer und Schüler das Gefühl, sie gehörten alle zu einem Team und verfolgten alle das gleiche Ziel.

Vorbilder

Primäre Aufgabe der Führungskräfte ist es, ein Team zu bilden, an dessen Spitze jemand steht, dem die andern folgen können, weil sie seine Integrität und seine Führungseigenschaften respektieren. Unser Beispiel aus der Schulwelt erfüllte dieses Ziel. Daß dieses Prinzip auch im Geschäftsleben funktioniert, zeigt das folgende Beispiel:

> Frage: Was haben Tom Selleck, Brooke Shields und Farrah Fawcett mit Lee Iacocca, William Norris und Malcolm Forbes gemeinsam?
> Antwort: Nicht viel. Aber sie sind alle Modelle.
> Tatsache ist, daß die drei zuerst erwähnten Topmodelle in der Modewelt waren, sind und bleiben werden. Millionen von Modefans, Fernsehzuschauern und Kinogängern kennen sie. Sie werden von Tausenden von Fans verehrt, die sich bemühen, den »Look« zu kopieren, den diese Topmodelle propagiert haben. Und alle drei stehen in ihrem Bereich für hervorragende Leistungen.
> Die andern drei hingegen sehen nicht besonders gut oder attraktiv aus. Und dennoch sind auch sie Millionen von Menschen bekannt. Jeder von ihnen steht in

seinem Bereich für hervorragende Leistungen. Alle drei sind Vorbilder.

Ein Topmodell ist etwas, was wir nicht sind und nie sein werden. Ein Vorbild ist etwas, was wir nicht sind, aber sein können. Heutzutage scheint unsere Gesellschaft eher Topmodelle als Vorbilder zu mögen und zu verhätscheln. Wir streben aktiv etwas an, was wir nie sein werden, anstatt auf etwas hinzuarbeiten, was wir sein sollten. Kurz: Wir haben unsere wahren amerikanischen Helden von einst systematisch durch neue, andere ersetzt!

Der einfachste und unmittelbarste Weg zu hervorragenden Leistungen besteht darin, das nachzuahmen, zu verfolgen und zu kopieren, was funktioniert. Leider hegen die Medien eine etwas morbide vorgefaßte Meinung von Mißerfolg und Erfolg. Und so müssen wir uns damit begnügen, auf den Reklameseiten unserer Zeitschriften Topmodelle statt Vorbilder zu betrachten.

Wir werden von Form, nicht Funktion, von Quantität, nicht Qualität, von Illusion, nicht Realität überschwemmt.

Was hat denn ein Vorbild an sich? Was verrät laut und deutlich hervorragende Leistungen? Was unterscheidet das Vorbild von den andern? Schauen wir uns eins an:

Nicola Iacocca wanderte 1902 aus Süditalien in die Vereinigten Staaten ein und ließ sich in Allentown, Pennsylvania, nieder, wo er sich eine kleine Autovermietung aufbaute. Sein Sohn Lee, der mit Autos aufgewachsen war, wollte bei Ford arbeiten. Mit akademischen Abschlüssen von Lehigh und Princeton trat er

1946 in die Ford Motor Company ein. Im Jahr 1970 nahm nur noch der Enkel von Henry Ford eine höhere Position ein als Lee. Am 13. Juli 1978 wurde er entlassen, da Ford seine Vetternwirtschaft unbedingt weiterbetreiben wollte. Am 30. Oktober 1978 wurde Lee Iacocca zum Präsidenten der Chrysler Corporation ernannt; am gleichen Tag gab Chrysler die massivsten vierteljährlichen Verluste seit Bestehen der Firma bekannt.

Am Donnerstag, dem 21. April 1983, verkündete The New Chrysler Corporation triumphierend einen Gewinn von $ 172,1 Mio., den höchsten vierteljährlichen Gewinn seit Bestehen des Unternehmens. Zu Beginn hatten viele Iacocca als Superverkäufer abgeschrieben, denn Chrysler stand ja unmittelbar vor dem Ruin. An der Wall Street lachte man, die Öffentlichkeit höhnte, der Kongreß wartete ab, und *Iacocca hielt durch*. Nachdem er das Unternehmen auf die Hälfte geschrumpft hatte, ging Iacocca daran, an den Menschen zu arbeiten.

Sein Management-Stil wurde als charmant, fordernd, arrogant, rücksichtslos und selbstsicher bezeichnet. Die Wahrheit ist, daß *Lee Iacocca nicht mehr verlangt, als er gibt*. Er ist das ideale Vorbild. Er setzt für Chrysler, sich selbst und sein Management-Team vierteljährliche Ziele. Iacocca strahlt Selbstsicherheit aus. Er ist makellos gekleidet und frisiert ... und verströmt buchstäblich Selbstvertrauen aus allen Poren. Er ist ein Sieger ...

Die Zutaten für den Erfolg

Es gibt in der Tat so etwas wie einen gemeinsamen roten Faden der Vortrefflichkeit, der sich durch Männer wie Lee Iacocca zieht. Und obwohl diese Männer auf vollkommen verschiedenen Gebieten tätig sind, weisen sie eine ganze Reihe von Gemeinsamkeiten auf. Sie sind die Zutaten für den Erfolg: *Einstellung, Aggressivität und Erscheinung.*

Einstellung. Vortrefflichkeit ist eine Einstellungsfrage. Man muß daran glauben. Alle Menschen, die erfolgreich sind, scheinen unglaublich viel Engagement und unerschütterlichen Glauben an ihre Fähigkeiten zu haben. Sie halten an einem elementaren Grundsatz des Geschäftslebens fest: Verlaß dich auf niemanden. Ihre Überzeugungen, ihre Einstellungen, ihre Haltungen sind kommunizierbar. Dies ist ein Phänomen, das sich in Organisationen von oben bis unten durchzieht. Wir wollen alle glauben. Wenn aber der oberste Chef glaubt und sein Glaube durch die ganze Organisation übertragen wird, dann ist Glaube ansteckend. Der Chef der Chrysler-Werke in St. Louis sagt: »Wir alle bei Chrysler glauben an diesen Mann . . .«

Aggressivität. Unsere heutige Gesellschaft treibt in einer landesweiten Lethargie, die epidemische Ausmaße angenommen hat. In einer multinationalen und unter größtem Konkurrenzdruck stehenden Welt können wir uns diesen Luxus nicht mehr leisten. Die Geschäftswelt wird von Leuten bewohnt, die hungrig und aggressiv sind. Vielleicht sind wir auch hungrig, aber einfach nicht hungrig genug. Die Suche nach Spitzenleistungen ist von A bis Z ein aggressiver Prozeß. Es ist ein Präventivschlag gegen die Geschäftsgemeinschaft. Zuerst gewinnt man, dann verliert man.

Erscheinung. Ein brillanter Student fand keine Stelle. Er verschickte Dutzende von Bewerbungsschreiben. Manche wurden positiv beantwortet, luden den Studenten zu einem Besuch und einem Anstellungsgespräch ein. Doch Angebote kamen keine. Da wollte der Student den Grund erfahren.

»Sind Sie absolut sicher, daß Sie erfahren wollen, weshalb?« fragte ihn sein Professor. »Ja«, antwortete der Student. »Sie sehen aus, als ob Sie soeben von einer sechsmonatigen Campingreise zurückgekehrt wären.« Beleidigt fragte der Student weiter: »Spielen Sie auf meine Haare und meinen Bart an?« – »Ja«, erwiderte der Professor, »und auf Ihre Kleider und Ihre Schuhe und Ihren Atem.« Der Student: »Das ist nicht fair.« Und geduldig antwortete der Professor: *»Sie haben mich nicht gefragt, ob es fair sei, Sie haben nur nach dem Grund gefragt.«*

Fair oder nicht, die Geschäftswelt spricht auf die Erscheinung an. Natürlich muß dann auch die nötige Substanz dahinterstecken, aber die Erscheinung ist dennoch sehr wichtig. *Man muß nach Spitzenleistungen riechen.* Ein großer Teil der guten Noten, die die Reagan-Administration anfänglich einheimste, beruhte nicht auf Substanz, sondern auf Erscheinung. Das

Abdruck mit Genehmigung von Dr. Michael H. Mescon, Dean, College of Business Administration, Georgia State University, und Inhaber von Ramsey Chair of Private Enterprise, sowie von Dr. Timothy S. Mescon, Assistant Dean, School of Business Administration, University of Miami. Herausgegeben von Mescon Group, Inc., Atlanta, Georgia.

Weiße Haus machte wieder einen »präsidentenwürdigen« Eindruck. Reagan und sein Stab sahen so aus. Iacoccas elegante Erscheinung ist nicht Mache. Erscheinung ist nichts anderes als eine optische Manifestation von Einstellung und Aggressivität ...

Besondere Anerkennung: Behandeln Sie jeden Menschen, als ob er leiden würde

Vorbilder findet man überall, wenn man nur nach ihnen Ausschau hält. Vor einigen Jahren hatte ich an einem unserer Seminare ein bewegendes Erlebnis. Am Ende eines bestimmten Vortrages bat mich eine bildschöne schwarze Frau aus dem Mittleren Westen um ein kurzes Gespräch. Nachdem die übrigen Kursteilnehmer den Saal verlassen hatten, setzten wir uns.

Nun muß ich noch etwas einfügen. Wenn ich vorher hätte sagen müssen, welcher von allen Teilnehmern in dieser Gruppe nun wirklich »alles« gehabt hätte, wäre ich vermutlich ohne langes Zögern auf diese Frau gekommen. Sie war eine echte Schönheit, und sie ging, sprach und handelte auch dementsprechend. Ihre Stimme klang sehr weiblich, sie war klar und kräftig und konnte sich in einem großen Saal mühelos durchsetzen. Sie hatte einen Universitätsabschluß und war eine sehr erfolgreiche Geschäftsfrau. Es sah in der Tat so aus, als ob alles für sie sprechen würde.

Nachdem wir uns gesetzt hatten, begann sie langsam und ruhig, anfänglich beinahe zögernd zu sprechen: »Wissen Sie, heute nachmittag habe ich endlich herausgefunden, weshalb ich dieses Seminar besucht habe.« Dann hielt sie kurz inne, um sich zu fassen, ehe sie weitersprechen konnte. »Wissen Sie, ich glaube, Sie sind der erste, der mich in meinem ganzen Leben richtig angeschaut und mir gesagt hat, er liebe mich. Und ich hatte keinen Augenblick das Gefühl, es stecke irgend etwas anderes dahinter als die Tatsache, daß ich auch ein Mensch bin und wie alle andern geliebt werden muß.« Tränen standen in ihren Augen. An jenem Tag lernte ich eine äußerst wichtige Lektion: Wenn ich jeden Menschen behandle, als ob er leiden würde, werde ich die meisten richtig behandeln.

Damit will ich nicht sagen, daß wir als Manager wie Beichtväter und väterliche Ratgeber durch unser Unternehmen gehen sollen, aber ich meine doch, daß viele Menschen leiden, und wenn ein Mensch persönlich leidet, ist er im Geschäftsleben nicht so produktiv, wie er eigentlich sein könnte. Eine gewisse Sensibilität für die Bedürfnisse der andern wird dazu beitragen, daß wir unsere Führungsaufgaben effizienter bewältigen können.

Wenn Sie *jedermann* die Anerkennung, die Belohnung und das Vorbild geben, das er verdient, haben Sie einen gewaltigen Schritt in Richtung Spitzenleistungen getan!

Leistungsprinzipien

1. Jedermann braucht Anerkennung.
2. Stolz = persönliche Verantwortung für tägliche Anstrengung.
3. Prämien-Programme anerkennen die *Eigenschaften*, die für den Erfolg von Unternehmen und Mitarbeiter unentbehrlich sind, und belohnen diese Eigenschaften.
4. Anerkennungs-Programm in sechs Stufen:
   a) Überlegen Sie, was Sie anerkennen wollen und müssen.
   b) »Verkaufen« Sie Ihr Programm.
   c) Achten Sie darauf, daß Ihr Programm nicht Konkurrenzkämpfe und Beliebtheitswettbewerbe zur Folge hat.
   d) Überlegen Sie sich die Kriterien für einen Sieg sehr genau.
   e) Anerkennen Sie die Sieger regelmäßig und prompt.
   f) Anerkennen Sie geringere Leistungen nicht einfach, um einen Preis zu vergeben.
5. Die drei Zutaten zum Erfolg:
   a) Einstellung
   b) Aggressivität
   c) Erscheinung
6. Behandeln Sie jeden Menschen, als ob er in irgendeinem Bereich seines Lebens leiden würde, und Sie werden ihm helfen, von nun an glücklicher und produktiver zu leben.

10

Sich selbst kennenlernen

Wissen, wie man Aufgaben vorbereitet, und die richtigen
Leute aussuchen, die diese Aufgaben ausführen – das ist
die wichtigste Fähigkeit, die ein Manager braucht.

Lee Iacocca

Haben Sie sich schon einmal gefragt, weshalb Sie mit irgendeinem Menschen auf Anhieb bestens zurechtgekom-
men sind, mit einem andern aber gar nicht? Warum ist es
offenbar viel schwieriger, mit Ihrem neuen Chef auszu-
kommen als mit seinem Vorgänger? Was macht denn eigentlich den Unterschied zwischen den verschiedenen Persönlichkeiten aus? Wer den Schlüssel zu diesen Fragen
besitzt, wird viel leichter Zugang zu sich selbst und zu
anderen finden.

Was dies mit Spitzenleistungen zu tun hat? Nicht wenig!
Spitzenleute kennen sich selber und wissen mit den verschiedenen Menschentypen umzugehen. Wir behandeln
nicht alle gleich. Wer sagt: »Ich behandle alle meine Leute
gleich«, wird kein besonders effizienter Manager sein.
Wenn Sie einige Grundzüge der verschiedenen Persönlichkeitstypen erkennen können, wird dies Ihre Fähigkeiten,
mit Menschen umzugehen, überraschend positiv beeinflussen.

Heutzutage gibt es jede Menge Informationen, die uns
Einblick in unsere eigene Persönlichkeit und in die von

anderen Menschen vermitteln. Psychologen wenden die Analyse nach Briggs-Meyer an; in seinem Werk *Psychologische Typen* schrieb der Schweizer Psychoanalytiker C.G. Jung im Jahr 1921, die Unterschiede zwischen den verschiedenen Persönlichkeitstypen seien hauptsächlich darauf zurückzuführen, daß jedes Individuum in wichtigen Verhaltensfunktionen ein Primat entwickle, und er ging auf die vererbten und erworbenen Züge ein, die wir alle besitzen. Bei uns in der Zig Ziglar Corporation wenden wir im Personalwesen seit mehreren Jahren zwei Analysen an. Die von Walter V. Clarke entwickelte »Aktivitäts-Vektoranalyse« hat sich dabei als ausgezeichnetes Instrument für uns entpuppt. In vielen unserer Seminare und Beratungstätigkeiten verwenden wir das Persönlichkeitsprofil-System der Performax Systems International, Inc. Je mehr wir über uns selbst und über andere wissen, desto besser können wir in unserer komplexen Gesellschaft mit Menschen umgehen. Vor zehn Jahren wäre es mir nie in den Sinn gekommen, bei der Einstellung von Mitarbeitern ein Persönlichkeitsprofil heranzuziehen, und heute könnte ich mir nicht mehr vorstellen, es ohne zu tun – und zwar nicht nur um unsertwillen, sondern auch um der Angestellten willen. Ich möchte Ihnen dazu zwei konkrete Beispiele geben.

Als Ron Ezinga sich mein Angebot, Präsident der Zig Ziglar Corporation zu werden, überlegte, hielten wir beide es für sinnvoll, uns auf unsere Kompatibilität testen zu lassen. Keiner von uns war daran interessiert, eine höchstens vorübergehende Geschäftsbeziehung einzugehen, denn Rons Zusage hätte für ihn bedeutet, seinen Direktorenposten bei einem größeren Unternehmen aufzugeben und mit seiner Familie über 1600 km weit nach Dallas umzuziehen. Es hätte auch größere Veränderungen innerhalb unserer Firma und eine ganz wesentliche Veränderung für mich persönlich bedeutet. Daß wir zwei uns fanden, war eigentlich ganz natürlich. Ich selbst hatte jährlich über zweihundert Engagements zu Vorträgen und konnte unser Unternehmen keineswegs mehr effizient leiten. Rons damaliger Posten war zwar finanziell interessant, gab ihm aber zuwenig Spielraum für seine kreativen und organisatorischen Fähigkeiten und für seine Erfahrung als Manager. Wir wollten uns zusammentun, aber wir wollten, daß für unsere Familien und unsere Karrieren alles »paßte«.

Als vorsichtige und doch entscheidungsfreudige Geschäftsleute unterzogen wir uns ausführlichen Tests und stellten fest, daß wir in der Tat das Potential für eine hervorragende geschäftliche Partnerschaft hatten. Ich selbst handle und entscheide gern schnell, während Ron eher besonnen ist und zuerst gern alle Faktoren zusammenträgt. Die Psychologen sagten: »Zig, wenn Sie Ron ein bißchen anfeuern können und er Sie ein bißchen bremsen kann, müßtet ihr wirklich Erfolg haben!« Es gab manch ein Gebiet, auf dem seine Stärken meine Schwächen und meine Stärken seine Schwächen zu kompensieren schienen. Die Wissenschaft bestätigte, was wir beide vermutet und auch erhofft hatten – daß wir erfolgreich zusammenarbeiten könnten. Und ich gebe ehrlich zu, ich bin unendlich dankbar dafür, daß ich Ron getroffen habe. Unter seiner effizienten und fantasievollen Leitung sind wir auf viele neue Gebiete vorgestoßen und erreichen heute fünf- bis zehnmal mehr Menschen als vorher.

Das zweite Beispiel betrifft eine junge Frau, die wir als Aushilfe für den Empfang eingestellt hatten. Sie war sehr angenehm und sehr gut am Telefon; bloß war sie nie auf ihrem Platz, wenn es auf allen Telefonlinien lichterloh brannte. Sie war so voller Energie, daß sie einfach kein »Sitzleder« hatte. Wir wollten ihr bereits nahelegen, sich doch nach einem andern Job umzusehen, als wir uns mit der Aktivitäts-Vektoranalyse zu befassen begannen. Und aus dieser Analyse ging hervor, daß nicht *sie* das Problem war – *wir* waren es! Wir hatten sie an einem völlig falschen Platz eingesetzt. Glücklicherweise war damals gerade der Posten einer stellvertretenden Leiterin unseres Sekretariates frei. Dieser Posten hatte es so an sich, daß man ungefähr vierzehn Aufgaben gleichzeitig und nebeneinander zu erledigen hatte (Büromaterial bestellen, Büromaschinen reparieren lassen, Besucher empfangen), und sie war spitze! Sie war eine der besten, die diese Position je innehatten. Und wir waren alle traurig, als sie uns verließ, weil die Laufbahn ihres Ehemannes sie in eine andere Gegend unseres Landes trieb.

Was ich damit sagen will, ist folgendes: Die Wissenschaft bestätigt unsere beruflichen Entscheidungen – beim Einstellen von Mitarbeitern genauso wie bei der Berufswahl. Und ich kann Ihnen nur dringend empfehlen, daß sich auch Ihr Unternehmen mit solchen Persönlichkeitsprofilen vertraut macht.

Entdeckungsreise zu sich und zu andern

Eine Persönlichkeitsanalyse weist gewisse Ähnlichkeiten mit der Analyse von Noten in einer Partitur auf. Diese Analyse wird die Art, ja sogar die Qualität der Darbietung enthüllen. Jedes Musikinstrument und jeder Mensch ist wieder anders. Nehmen Sie eine beliebige Gruppe von

Menschen, die gemeinsam auf ein Ziel hinarbeiten, und Sie werden feststellen, daß jeder Mensch Persönlichkeitszüge aufweist, wie sie kein anderer in dieser Gruppe hat. Jeder von ihnen hat eine andere Motivation, und diese Unterschiede können zu einer effizienten Leistung führen (wie bei Ron Ezinga und mir) oder aber zu einer totalen Katastrophe. Dies bedeutet nicht unbedingt, daß der eine recht hat und der andere unrecht. Es heißt nur, daß jeder von uns wieder anders ist. Und das ist gut so! Wenn wir uns immer einig sind, ist einer von uns zweien überflüssig.

Das Schöne an der Persönlichkeitsanalyse (unabhängig vom System) ist folgendes: Sie ermöglicht Ihnen nicht nur zu verstehen, weshalb Sie und die Leute um Sie sich so verhalten, wie Sie es tun, sondern sie erlaubt Ihnen auch, von diesem Wissen (nicht von diesen Leuten) zu profitieren, so daß Sie die vorhandenen Energien und Talente besser und gezielter einsetzen können. Wer Unterschiede in der Persönlichkeit versteht, weiß andere mehr zu schätzen, und daraus ergibt sich eine effizientere Zusammenarbeit.

Und so funktioniert das: Die meisten unserer Studien lassen vier sehr breite Kategorien von Verhalten erkennen. Natürlich gehört keine Persönlichkeit ausschließlich in eine dieser vier Kategorien, denn letzten Endes sind wir ja Menschen und keine Computer. Unsere Persönlichkeiten widerspiegeln zahlreiche feine Unterschiede und Nuancen, und wir haben von jeder Eigenschaft ein bißchen mehr oder weniger in uns. Einige Charakteristika sind aber dominant und tauchen ziemlich regelmäßig an die Oberfläche empor.

Wie aggressiv sind Ihre Angestellten?

Stellen Sie sich vier Glasbecher vor, wie sie zum Beispiel in einem Laboratorium anzutreffen sind. Jeder dieser Becher stellt einen Persönlichkeitszug dar. Bezeichnen wir den ersten als *Aggressions*becher. Ist dieser Aggressionsbecher weniger als halbvoll, ist die betreffende Person in der Regel gern bereit, andern die Entscheidung zu überlassen oder durch Konsens zu einer Entscheidung zu kommen. Sie ist oft sehr ruhig und anspruchslos; im Umgang mit andern gilt sie als angenehm, und auch in bezug auf ihre persönlichen Leistungen ist sie durchaus bescheiden.

Diese Leute motivieren Sie am besten, indem Sie sie nicht zu hohem Druck aussetzen und sie nicht in einem fordernden Stil, sondern in einem Stil unter dem Motto »Machen wir es doch gemeinsam« führen. Anreize vermögen diese gutherzigen Menschen kaum zu motivieren, Druck schon gar nicht. Sie sind bereitwillig und selbstlos, was mit ein Grund dafür ist, daß sie oft von aggressiven Leuten ausgenützt werden.

Leute, deren Aggressionsbecher mehr als halbvoll ist, gelten oft als willensstark und zielstrebig. Sie neigen dazu, sich selbst und andere anzutreiben, und sie lieben Abwechslung und Herausforderung. Sie erkennen sie an ihrem »stählernen« Gesichtsausdruck (streng und angespannt) und an den geballten Fäusten, die nachdrücklich auf den Tisch pochen (oder am Zeigefinger, zum gleichen Zweck ausgestreckt). Sie gehen nicht, sie »schreiten aus« und scheinen immer zu einem bestimmten Zweck und in großer Eile irgendwohin unterwegs zu sein.

Motivieren Sie diese Leute, indem Sie sie herausfordern und ihnen Autorität verleihen. Je weniger Sie sie binden,

   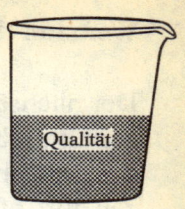

desto effizienter werden sie. Solange sie an der Arbeit sind, schätzen sie direkte Antworten und Gespräche, die sich nur auf die Arbeit beziehen. Wenn Sie mit ihnen nicht einer Meinung sind, halten Sie sich am besten an Tatsachen, nicht an die Person. Je mehr von Zielen, Ergebnissen und Erfolgsaussichten die Rede ist, desto mehr hören sie Ihnen zu.

Verlangen Sie von diesen Leuten nicht immer wieder Unterlagen und Berichte, erwarten Sie nicht, daß sie sich ständig an irgendwelche Richtlinien halten. Sie sind Pioniere, nicht Mitläufer. Wenn Sie ihre Autorität in Frage stellen oder ihre Einkommens- und Aufstiegsmöglichkeiten nach oben begrenzen, werden sie sich nach einem andern Arbeitgeber umsehen.

In diesem Zusammenhang dürfen wir nicht vergessen, daß *unsere Schwächen oft unmittelbare Folgen unserer Stärken sind*. Menschen dieses Typs arbeiten kraftvoll, entschlossen, beharrlich und strebsam auf ein Ziel hin. Und dies führt möglicherweise zu Ungeduld, Arbeitswut, Unaufmerksamkeit in bezug auf Einzelheiten, aufreibenden Kontakten mit Mitarbeitern und Überschreiten von Privilegien.

Wer sind die »Menschen«-Leute?

Der nächste Becher ist unser *Menschen*becher. Ist er weniger als halbvoll, deutet dies in der Regel auf jemanden hin, der gern ohne andere Menschen auskommt. Andere schätzen ihn oft als zurückhaltend und pessimistisch ein. Er geht nicht leicht aus sich heraus und ist oft mißtrauisch, was die Motive anderer anbetrifft. Er benimmt sich normalerweise in der Gesellschaft und am Arbeitsplatz recht selbstbewußt und legt Wert auf sein Äußeres.

Ihn motivieren Sie mit einem Arbeitsplatz ohne Kontakte mit andern Leuten. Lassen Sie ihn seine Probleme selbst zu Ende denken. Am meisten leistet er bei Aufgaben, die ein logisches und analytisches Denken erfordern. Oberflächliche und laute Menschen sind ihm ein Greuel.

Dieser einnehmende, aber eher zurückhaltende Mensch kann unter Umständen ausgezeichnet Probleme lösen, aber wenn er sich in einer Position findet, in der er Probleme im Zusammenhang mit »Menschen« lösen muß, dürfte er sich nicht wohl fühlen.

Leute, deren Menschenbecher mehr als halbvoll ist, sind in der Regel sehr spontan. Sie sind begeistert, freundlich und verstehen es, andere zu überreden, sich ihnen anzuschließen. Auf andere Leute wirken sie ausgeglichen, charmant, emotionell und optimistisch. Sie erkennen sie an ihrem offenen Lächeln und an ihrem entspannten, freundlichen Auftreten. Sie reden viel mit Armen und Händen, und wenn sie lange genug mit Ihnen zu tun haben, werden sie Ihnen auf die Schulter klopfen oder Sie an ihr Herz drücken.

Motivieren Sie diese Leute, indem Sie ihnen Zeit geben, sich mit den andern anzufreunden und mit ihnen zu reden.

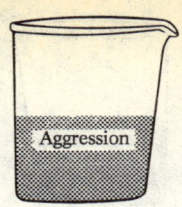

Hören Sie auf ihre Meinungen und Ideen, vor allem im Zusammenhang mit anderen Menschen. Helfen Sie ihnen, indem Sie sie in ihren Beziehungen unterstützen.

Diese Leute schätzen lange Arbeitszeiten mit hoher Konzentration, regelmäßige Aufzeichnungen und Kritik an ihren Freunden gar nicht. Setzen Sie sie an eine isolierte Position (an einen Computer oder an die Buchhaltung), und Sie werden nicht lange auf sie zählen können. Diese »Menschen«-Leute sind vertrauensselig, umgänglich, großzügig und beliebt. Wenn sie diese Stärken aber übertreiben, stellen sich eher Probleme mit ihrer Beliebtheit als mit ihren Ergebnissen oder Entscheidungen, die mit dem Herzen anstatt mit dem Kopf getroffen werden.

Eine Prise Geduld

Der nächste Becher ist unser *Geduld*becher. Ist er weniger als halbvoll, haben wir es in der Regel mit einem Menschen zu tun, der echt engagiert ist und eine nicht strukturierte Umgebung vorzieht. Er ist vom Status quo frustriert und möchte die Dinge ändern. Er ist impulsiv, einsatzbereit, initiativ und begeisterungsfähig und möchte die ihm gestellten Aufgaben rasch anpacken.

Ihn motivieren Sie am besten mit einer Vielfalt von Akti-

vitäten und einer gewissen Freiheit innerhalb seiner Arbeit. Die Energie, die er mitbringt, kann sich sehr positiv auswirken, sofern sie in richtige Bahnen gelenkt wird; geben Sie ihm aber keine Richtung, kommt es zu Nervosität und Spannungen. Seine Stärke liegt in der Initiative, die er ergreift, und sie wird zur Schwäche, wenn er so viele Projekte in Angriff nimmt, daß keines zu Ende geführt wird.

Menschen, deren Geduldbecher mehr als zur Hälfte gefüllt ist, sind sehr beständig und haben »Sitzleder«. Man schätzt sie als nette, geduldige, ruhige, disziplinierte und diensteifrige Menschen. Sie machen einen entspannten Eindruck, sie bewegen sich geschmeidig und mühelos. Diese Menschen motivieren Sie am besten, wenn Sie ihnen Zeit geben, sich einzurichten; achten Sie darauf, daß sich in ihrer Umgebung möglichst wenig verändert, und halten Sie Überraschungen möglichst fern. Wenn Sie ihre Leistungen aufrichtig anerkennen, werden Sie mit höchster Loyalität belohnt. Schaffen Sie eine sichere Umgebung, und überlassen Sie es ihnen, ihren Arbeitsrhythmus selbst zu finden; maximale Produktivität wird es Ihnen lohnen.

Was diese Menschen nicht mögen, ist Druck. Wenn sie es immer wieder mit neuen Aufgaben und neuen Menschen zu tun bekommen, wird ihre Produktivität darunter leiden. Diese Menschen sind loyal, mannschaftsdienlich, bedächtig, ehrlich, fleißig und zuverlässig. Ihre Stärken verwandeln sich ins Gegenteil, wenn sie Dinge auf die lange Bank schieben oder ein neues Projekt in Angriff nehmen sollten. Sie haben es oft schwer, sich an Termine zu halten. Kein Projekt bleibt je unvollendet – nur möchten sie es ihrem eigenen Zeitplan entsprechend durchführen.

Qualität, nicht Quantität

Unser letzter Becher ist der *Qualitäts*becher. Menschen, bei denen er weniger als halbvoll ist, wirken auf andere willensstark (eine liebenswürdige Umschreibung für stur). Sie sind normalerweise sehr unabhängig und kümmern sich überhaupt nicht um Einzelheiten. Bei ihnen kommt Quantität vor Qualität.

Ihre beste Motivation ist, wenn sie eine Aufgabe auf ihre Weise erledigen können und dabei autonom bleiben. Sie sind ausdauernd und bleiben bei einem Vorgehen, für das sie sich einmal entschieden haben. Diese Stärke wird zur Schwäche, wenn sie sich an ein Projekt klammern, das besser aufgegeben würde.

Menschen, deren Qualitätsbecher mehr als zur Hälfte gefüllt ist, sind für ihre Gewissenhaftigkeit und Sorge um Einzelheiten bekannt. Sie sind intuitiv und empfindsam auf die Umgebung. Sie sind vorsichtig und legen Wert auf Kompetenz und Genauigkeit. Sie sind Denker auf der Suche nach Fakten. Sie verzichten auf große Gesten und fühlen sich in Gesellschaft von emotionell überschäumenden Menschen unwohl.

Sie sind am besten zu motivieren, wenn Sie ihnen persönliche Aufmerksamkeit schenken, ihre Aufgabe genau

beschreiben und ihnen eine geordnete Umgebung verschaffen. Lassen Sie sie in einem Team mitarbeiten und untermauern Sie ihre Haltung in Diskussionen mit eindeutigen Beweisen, haben Sie Freunde gewonnen. Sie mögen Leute nicht, die rasche Entscheidungen in wichtigen Angelegenheiten fällen und ihnen zuwenig Zeit geben, um alles auf Richtigkeit hin zu überprüfen. Stellen Sie sie in eine unorganisierte Umwelt ohne Richtlinien in bezug auf Leistungen, und sie werden sich nach einem andern Arbeitsplatz umsehen.

Diese qualitätsbewußten Leute sind normalerweise reife, exakte, logische, präzise Menschen mit hohen Ansprüchen. Wenn ihre Stärken zu Schwächen werden, erkranken sie an einer Art »Analyseparalyse« und werden unnachgiebig. Sie verlieren sich unter Umständen zu sehr in Einzelheiten und handeln nicht gern auf innovative Art und Weise.

Und wie steht es mit Ihnen?

Ich hoffe, Sie haben versucht, sich selber ein bißchen zu analysieren. Wie viele Punkte zwischen 1 (Minimum) und 10 (Maximum) würden Sie sich bei den vier Bechern *Aggression, Menschen, Geduld* und *Qualität* geben? Wie viele Punkte würden Ihnen Ihre Eltern geben? Wie viele Ihre Angestellten? Und so weiter durch die ganze Liste. Ich möchte Sie aber nochmals an etwas erinnern: Wir alle haben *mehr oder weniger* von diesen Eigenschaften. Manchmal ist ein Becher fast leer, ein andermal beinahe voll. Aber ich glaube, Sie verstehen, daß doch bei jedem von uns gewisse Eigenschaften dominieren.

Aggression		*Menschen*	
Ich	_____	Ich	_____
Eltern	_____	Eltern	_____
Angestellte	_____	Angestellte	_____
Ehepartner	_____	Ehepartner	_____
Kinder	_____	Kinder	_____
Chef	_____	Chef	_____
Geduld		*Qualität*	
Ich	_____	Ich	_____
Eltern	_____	Eltern	_____
Angestellte	_____	Angestellte	_____
Ehepartner	_____	Ehepartner	_____
Kinder	_____	Kinder	_____
Chef	_____	Chef	_____

Eine andere Methode zum Vergleich

Wenn wir diese vier Becher nebeneinanderstellen, bekommen wir einen Vergleich, wie wir in den einzelnen Bereichen stehen. Und vergessen Sie nicht: Je weiter der Pegel von der Mittellinie entfernt ist, desto deutlicher nehmen andere diese Eigenschaft wahr.

	Aggression	Menschen	Geduld	Qualität
10	Direkt	Begeistert	Voraussagbar	Perfektionist
9	Wagemutig	Überzeugend	Entspannt	Exakt
8	Risikofreudig	Emotionell	Unauffällig	Systematisch
7	Entschlossen	Vertrauend	Bedächtig	Gewissenhaft
6	Wetteifernd	Umgänglich	Stabil	Anspruchsvoll
		Mittellinie		
4	Risiko abwägend	Nachdenklich	Extrovertiert	Voreingenommen
3	Selbstkritisch	Reell	Eifrig	Hartnäckig
2	+/− abwägend	Kontrolliert	Unruhig	Unabhängig
1	Friedlich	Selbstbewußt	Ruhelos	Unnachgiebig
0	Ruhig	Mißtrauisch	Aktiv	Fest

Einige von Ihnen (die in der oberen Hälfte des Qualitäts- und in der unteren Hälfte des Menschenbechers) haben bestimmt bemerkt, daß sich die Eigenschaften überschneiden. Sie fördern sich gegenseitig. Mit andern Worten: Wer sich selbst unter »Menschen« 3 und unter »Qualität« 8 Punkte gibt, hat analytische Fähigkeiten und erbringt wohl in Positionen, wo er diese Stärke ausspielen kann, hervorragende Leistungen. Sie auf längere Sicht im Bereich Public Relations unterzubringen wäre wohl weniger ratsam. Nicht, daß sie dort gar nichts leisten könnten. Die Frage ist nur, für wie lang und zu welchem Preis.

Wenn man diese Instrumente wissenschaftlich bei der Einstellung im Personalwesen einsetzt, findet man eben für jeden Job den passenden Mitarbeiter. Setzt man sie nach erfolgter Einstellung ein, helfen sie dem Angestellten, von seinen Stärken zu profitieren, indem er in einer Position arbeitet, die ihm nicht nur Spaß macht, sondern ihn auch zu hervorragenden Leistungen anspornt.

Die Informationen in diesem Kapitel sollen nicht mehr als eine Einführung in diese Instrumente der Wissenschaft sein, keineswegs ein Ersatz für sie. Die Forschung, die hinter diesen Instrumenten steht, ist enorm. Ich behaupte nicht, die mathematischen Formeln und Computerdaten zu verstehen, welche diese Analysen auch gültig machen.

Ein Gedanke muß aber klar hervorgehoben werden: *Es gibt keine richtigen oder falschen, keine guten oder schlechten Eigenschaften. Wo wir sind und was wir sind, hängt von dem ab, was in unser Denken eingegangen ist. Wo wir sind und was wir sind, können wir ändern, indem wir ändern, was in unsere Gedanken eingeht.* Geben Sie sich nicht mit den Allgemeinheiten zufrieden, mit denen wir in diesem Buch arbeiten müssen. Wenn diese Persönlichkeitsanalysen Sie interessieren, suchen Sie sich einen guten Berater, der Ihnen über Sie selbst und über Ihre Mitarbeiter Auskunft geben kann.

Lassen Sie es mich noch einmal betonen: Es gibt keinen falschen Charakter für das Management und keinen falschen Typ für Spitzenleistungen. Jeder Beruf scheint zwar so seine stereotypen Eigenschaften zu haben, und vielleicht beziehen Sie diese in Ihre Überlegungen mit ein, wenn Sie Entscheidungen hinsichtlich Ihre Laufbahn oder die eines Angestellten treffen. Dennoch werden Sie aber überall auf Abweichungen stoßen. Vergessen Sie nicht, daß verschiedene Führungsstile je nach Zeit und Situation durchaus angebracht sind. Wenn Sie einen Brandfall üben, dürfen Sie nicht damit rechnen, daß sich alle über Ihre Fluchtwege einig sind. Aber verlangen Sie auch nicht verbissen, daß Leute bei einem Brainstorming wirklich kreativ sind. Irgendwann gehen ihnen die Ideen einfach aus.

Es lohnt sich zu überlegen, wie Ihr Charaktertyp ganz allgemein am besten funktioniert. Sind Sie ein Theorie-X-Manager oder ein Theorie-Y-Manager? Jeder kann es fertigbringen, daß mit den Leuten und durch sie etwas geleistet wird. Was paßt am besten zu Ihnen? Wann? Im folgenden ein paar Hinweise über die positiven und negativen Seiten jedes Manager-Stils.

Auf sich selbst ausgerichtet

- Er hat alles im Griff und trifft Entscheidungen, bekommt aber von andern unter Umständen keinen Input.
- Er ist überzeugt, daß seine Ansichten richtig sind, läßt aber andere Ansichten vielleicht nicht gelten.
- Er ist zielorientiert und im Hinblick auf diese Ziele anspruchsvoll, vermittelt den andern aber vielleicht das Gefühl, es sei anmaßend.
- Er treibt an und wetteifert, setzt aber vielleicht zuviel Druck auf, um ein Ziel zu erreichen, oder geht zu streng mit denen ins Gericht, die ihre Arbeit nicht genau nach Anweisung erledigen.
- Er ist bereit, um der Anerkennung willen hart zu arbeiten, schenkt andern aber unter Umständen keine Anerkennung.
- Er beanstandet mangelnde Leistung klar und entschlossen, erwartet aber von seinen Untergebenen keine Kritik und läßt es nicht zu, daß seine Ideen oder Entscheidungen in Frage gestellt werden.

Auf die andern ausgerichtet

- Er trifft selten eine wichtige Entscheidung, ohne die Meinung der andern einzuholen und ihnen ein Gefühl der »Mitbeteiligung« zu vermitteln, arbeitet aber wesentlich langsamer.
- Er hat genügend Selbstvertrauen, um auch andere anzuhören, hat aber unter Umständen nicht genügend Selbstvertrauen, um seine eigenen Entscheidungen dann auch durchzusetzen.
- Er konzentriert sich darauf, eine kreative Atmosphäre zu schaffen, und ermutigt das Team, eigene Initiativen zu ergreifen, ergreift selbst aber keine Initiative.
- Er sorgt für sein Team und macht alles möglich, handelt als Produzent, der den andern mit dem guten Beispiel vorangeht, will aber selbst den Ball nicht übernehmen.
- Er nutzt jede Gelegenheit, um Leistungen angemessen und positiv anzuerkennen, beansprucht für sich selbst aber unter Umständen zu wenig Kredit.
- Er schätzt die Ideen der andern und hält das Team für wichtiger als das Individuum (einschließlich seiner selbst), mag es aber nicht, wenn sich Spitzenleute ins richtige Rampenlicht rücken.
- Er kämpft ständig mit sich selbst, um noch bessere Arbeit zu leisten, vermeidet aber Konkurrenzkampf mit andern.

Sie sehen also: Beide Management-Stile haben ihre Stärken und Schwächen. Der beste Manager wendet beide zur richtigen Zeit bei den richtigen Leuten an.

Der auf sich selbst ausgerichtete Führungsstil ist angebracht, wenn:

a) Angestellte ihre Autorität falsch einsetzen oder mißbrauchen;
b) die Organisationspolitik vernachlässigt wird;
c) neue Angestellte ihre Ziele nicht richtig verstehen;
d) eine Novelle existiert, wenn zum Beispiel die Sicherheit der Leute nicht gewährleistet ist.

Der auf andere ausgerichtete Führungsstil ist angebracht, wenn:

a) die Angestellten kompetent genug geworden sind, um ihre täglichen Aufgaben routinemäßig zu erledigen;
b) es darum geht, kreativ ein Problem zu lösen;
c) der Manager hoch qualifizierte Angestellte motivieren muß;
d) er sich mit der »weiterführenden« Organisationsplanung befaßt;
e) kreative Arbeit und »Mitbeteiligung« an Ideen erforderlich sind.

Eines der besten Beispiele für die richtige Kombination aller Eigenschaften, von denen wir in diesem Kapitel gesprochen haben, ist wohl Robert W. Woodruff von Coca-Cola. Er erhielt den Übernamen »Mr. Anonymus«, obwohl er geschäftsführender Direktor der Coca-Cola Company war. Der Text einer Broschüre, die er immer mit sich herumtrug, faßt eine gesunde persönliche und geschäftliche Philosophie zusammen.

Das Leben ist doch eigentlich weitgehend eine Verkaufssache. Ob wir Erfolg oder Mißerfolg haben, hängt in hohem Maße davon ab, wie gut wir die Menschen, mit denen wir zu tun haben, dazu motivieren können, uns und unser Angebot zu kaufen.

Erfolg oder Mißerfolg in diesem Beruf ist also im Grunde genommen eine Frage der menschlichen Beziehungen.

Es ist eine Frage, wie unsere Familienmitglieder, Kunden, Arbeitgeber, Angestellten, Kollegen und Partner auf uns reagieren. Fällt die Reaktion günstig aus, werden wir wahrscheinlich Erfolg haben. Fällt sie ungünstig aus, werden wir scheitern.

Die Todsünde in unserer Beziehung zu Menschen ist die, daß wir sie für gegeben hinnehmen. Wir bemühen uns nicht aktiv und stetig darum, Dinge zu tun und zu sagen, um derentwillen sie uns mögen, an uns glauben, uns vertrauen und das Bedürfnis verspüren, mit uns zu arbeiten, um unsere Wünsche und Ziele zu erfüllen und zu erreichen. Immer und immer wieder sehen wir, wie einzelne Menschen und Unternehmen Leistungen erbringen, die nur in sehr geringem Maße ihrem Erfolgspotential entsprechen oder die ganz versagen, einfach weil sie das menschliche Element im Geschäfts- und im Privatleben vollkommen vernachlässigen. *Sie nehmen Menschen und ihre Reaktionen als gegeben hin. Dabei sind es diese Menschen und ihre Reaktionen, die über Sein oder Nichtsein entscheiden.*

Man nimmt an, dies seien Worte von Woodruffs Freund Bernard F. Gimbel, dem ehemaligen Präsidenten der Gimbel Brothers Inc. Offenbar war er von der Botschaft in diesen Worten dermaßen beeindruckt, daß er sie sogar nachdrucken und an alle wichtigen Leute in seinem Unternehmen verteilen ließ. Man könnte fast sagen, diese Worte seien im Laufe der Jahre zum eigentlichen Geist von Coca-Cola geworden. Es sind Worte, denen nachzuleben allen Spitzenleuten wohl anstehen würde.

Leistungsprinzipien

1. Je besser ich mich selbst verstehe, desto effizienter kann ich mit andern Menschen arbeiten.

2. Persönlichkeitsprofile sind wertvolle Instrumente, um jede Position mit dem passenden Mitarbeiter besetzen zu können.

3. Selbstbeurteilung (mit einem wissenschaftlichen Instrument) ist viel wertvoller als Selbstverurteilung.

4. Unsere Schwächen sind oft Folgen unserer Stärken.

5. Es gibt keine guten oder schlechten, richtigen oder falschen Profile – sie helfen uns nur festzustellen, wo wir sind, so daß wir bestimmen können, wohin wir gehen wollen.

6. Wo wir sind und was wir sind, hängt von dem ab, was in unser Denken eingegangen ist. Wo wir sind und was wir sind, können wir ändern, indem wir ändern, was in unsere Gedanken eingeht.

11

Juwelen für Manager

Spüren Sie den Kern jeder Situation auf wie ein Holzflößer, der einen Stau beheben muß. Der Profi klettert auf einen hohen Baum, lokalisiert den störenden Stamm, beseitigt ihn und überläßt den Rest der Strömung. Ein Amateur würde sich vom Rand aus vorarbeiten, jeden Stamm und schließlich auch den störenden Stamm bewegen. Das Problem läßt sich auf beide Arten lösen, aber das Konzept »Suche den Kern« spart Zeit und Arbeit. Fast jedes Problem hat einen solchen Kern; wir müssen nur lernen, ihn zu finden.

Fred Smith

Wir haben uns bisher bemüht, Kredit zu geben, wo Kredit angebracht war. Wir haben jede Information nach Möglichkeit bis zu ihrem Ursprung zurückverfolgt, um uns nicht mit fremden Federn zu schmücken. In diesem letzten Kapitel des Teils »Die Wissenschaft der Spitzenleistungen« wollen wir Ihnen ein paar »Juwelen« zeigen, deren Urheber unmöglich zu eruieren ist. Es sind zeitlose Wahrheiten, die den meisten, vermutlich sogar allen effizienten Managern längst bekannt sind. Wir hoffen, daß auch Sie in diesen Konzepten ein paar »Kerne« und Formeln finden, mit deren Hilfe Sie Probleme besser und effizienter lösen können.

Formel für Spitzenleistungen im Management

1. Sprechen Sie bei jeder Gelegenheit offen Ihre aufrichtige Anerkennung aus – geben Sie den andern das Gefühl, wichtig zu sein.
2. Kritisieren, verurteilen und klagen Sie nicht.
3. Stellen Sie die Sache über Ihr Ego.
4. Arbeiten Sie auf Fortschritt, nicht auf Vollkommenheit hin.
5. Seien Sie lösungsbewußt und nicht problemorientiert.
6. Investieren Sie Zeit in die Aktivität, die nach der Investition gemäß der Prioritätsliste am meisten einbringt – Anstrengung allein zählt nicht. Ergebnisse sind der Grund für Aktivität.
7. Die Verantwortung wahrnehmen ist ein guter Grund zur Arbeit; Disziplin ist die Methode.
8. Erkennen und akzeptieren Sie Ihre eigenen Schwächen.
9. Machen Sie Checklisten, und gehen Sie sie immer wieder durch.
10. Erweisen Sie den Menschen in Ihrem Leben *immer* die Bescheidenheit der Dankbarkeit.

Sechs Schritte für den leistungsorientierten Manager

1. Sorgen Sie regelmäßig für leistungsbezogenes Feedback in bezug auf spezifisches und beobachtbares Verhalten.
2. Respektieren Sie die Wege der Kommunikation und der Autorität.
3. Treffen Sie Ihre Entscheidungen zur richtigen Zeit.
4. Seien Sie zugänglich.

5. Unterstützen Sie kreative Ideen.
6. Gewähren Sie persönliche Unterstützung.

Die zehn »Gewinn«-Regeln für Spitzenleistungen im Team

Wenn Sie mit andern Menschen umgehen:

1. Vergessen Sie nie, daß ein *Lächeln* das kräftigste soziale Werkzeug ist, über das wir verfügen.
2. Zuhören ist heute die am meisten vernachlässigte *Fähigkeit* im Geschäft (und zu Hause). Wer zuhört, hat letztlich den Ausgang der Diskussion in der Hand. Ermutigen Sie andere zum Sprechen, und bauen Sie dann bewußt alle Barrieren ab, die Sie am Zuhören hindern.
3. Sprechen Sie die Sprache des andern. In jedem Menschen, dem Sie begegnen, finden Sie etwas »Einzigartiges« oder »Besonderes«. Die andern sind interessant, wenn man sie entdeckt. Lernen Sie die Meinungen des andern ebenfalls kennen.
4. Stellen Sie Fragen, deren Antwort Sie schon kennen, und Sie werden die Perspektive des andern kennenlernen. Die meisten Ideen schmecken besser, wenn wir sie selber »entdecken«. Menschen, die sich auch um andere kümmern, lenken Sie auf den »Weg der Entdeckungen«.
5. »Was Sie sind, klingt so laut, daß ich nicht verstehe, was Sie sagen.« Denken Sie daran, dem andern in Verhalten und Einstellung als Vorbild zu dienen.
6. Teilen Sie Aufgaben zu, von denen Sie vertrauensvoll

und zuversichtlich annehmen, daß sie vom andern erfolgreich gelöst werden können.

7. Formulieren Sie immer Bitten, erteilen Sie nie Befehle.

8. Entwickeln Sie Ihre Fähigkeit, bildhafte Geschichten und sinnvolle Analogien zu erzählen. Dies sind zwei sehr nützliche Lehrhilfen.

9. Behandeln Sie andere stets mit Respekt. Beweisen Sie Ihren Respekt, indem Sie zu Sitzungen stets pünktlich erscheinen oder dann den andern mitteilen, warum Sie zu spät kommen werden.

10. Beantworten Sie Anrufe und Briefe sofort – es gibt keine Entschuldigung, dies nicht zu tun.

Entzauberung einiger »Management-Mythen«

1. *Manipulation und Motivation sind oft das gleiche.* In keiner Weise! Manipulation bedeutet Leute dazu bringen, daß sie für Sie arbeiten, und zwar auf Arten, die nicht unbedingt zu ihrem Vorteil gereichen. Motivation hingegen bedeutet Leuten helfen, gemeinsame Ziele zu erkennen, und sie dazu veranlassen, sich der »Sache« anzuschließen, weil beide Teile davon profitieren können.

2. *Es kommt nur darauf an, sich die größte Mühe zu geben.* Nein! Zu viele Leute verwechseln Bemühung mit Leistung. Man arbeitet, um *Resultate* zu erzielen. Wer die besten Resultate mit möglichst wenig Anstrengung erreicht, arbeitet cleverer und härter. Müdigkeit ist kein Maßstab für Erfolg.

3. *Delegieren ist der Schlüssel zum Erfolg als Manager.* Wiederum falsch! Delegieren heißt nicht, jemandem

zu sagen, was Sie wann und wie erledigt haben möchten. Dies nennt man *Anweisung.* Delegieren bedeutet: Zuteilen der *Ergebnisse,* die Sie erwarten, und Aufstellen eines Plans, mit dem Sie *kontrollieren* können, was Sie *erwarten.* Neue Angestellte erhalten Anweisungen, erfahrene Angestellte erhalten Aufgaben delegiert. Feststellen, welche Angestellten Anweisungen brauchen, die Sie ihnen geben, und dann die Resultate und Autorität, sie zu erreichen, an jemanden zu delegieren – das ist ein wichtiger Schlüssel zum Erfolg als Manager.

4. *Manager sind den andern normalerweise physisch, intellektuell und geistig überlegen.* Unsinn! Nur sehr wenige Manager sind »normal«! Und es steht nirgendwo geschrieben, ein Manager sei »überlegen«. Einfach ausgedrückt: Manager sind Leute, die bereit sind, Verantwortung zu übernehmen und durch ihre Leute Resultate zu erzielen. Fred Smith sagt: »Ein Manager ist nicht jemand, der die Arbeit besser als andere erledigen kann, sondern jemand, der andere Leute dazu bringen kann, sie besser zu erledigen, als er es könnte.«

5. *Manager müssen alles unter Kontrolle haben.* Keineswegs! Manager befassen sich mit Problemen und Situationen, und dazwischen gibt es einen klaren Unterschied. Eine Situation existiert, weil man sie nicht unter Kontrolle hat – Leute bekommen Magengeschwüre, weil sie Unkontrollierbares zu kontrollieren versuchen. Ein Problem ist etwas, wogegen man etwas unternehmen kann. Exzellente Manager lernen den Unterschied, packen Probleme an und machen sich um Situationen keine Sorgen mehr.

Ihre Herausforderung

Es sind keine aufsehenerregenden Enthüllungen in diesem kurzen, zusammenfassenden Kapitel. Profis braucht man das nicht zu sagen; sie sind aber dennoch froh, wenn man sie ab und zu daran erinnert. Wenn Sie diese paar Seiten einundzwanzig Tage lang jeden Tag durchlesen, unterstützen Sie Ihre berufliche Karriere gewaltig, weil Sie dann diese Grundsätze zur Anwendung bringen.

Leistungsprinzip

Lesen Sie die Grundsätze in diesem Kapitel einundzwanzig Tage lang jeden Tag einmal durch!

3. Teil

Zu Spitzenleistungen motivieren

Motivation allein ist es, die den Taten der Menschen
Charakter verleiht.   *Bruyère*

12

Ein Rezept zur Motivation

Sie können niemanden zu Begeisterungsstürmen
hinreißen, wenn es niemand fertigbringt,
Sie zu Begeisterungsstürmen hinzureißen.

Clarence Day

Eines Abends landete ich auf dem Flugplatz in Dallas und
bestieg den Bus, um mich zu einem weiter entfernten Parkplatz bringen zu lassen, wo ich mein Auto abgestellt hatte.
Als ich den Bus bestieg, begrüßte mich ein guter alter
Kunde voller Begeisterung. Wir wechselten ein paar Worte,
und dann sagte er, ohne jemanden konkret anzusprechen,
aber so, daß alle im Bus ihn hören konnten: »Von Zeit zu
Zeit lade ich Zig ein, damit er zu meinen Leuten spricht. Er
ist sehr begeisterungsfähig und optimistisch. Er rüttelt sie
alle auf und überzeugt sie, daß alles bestens herauskommen wird, wenn sie nur mit einer guten, positiven Einstellung an die Sache herangehen.« Und dann fuhr er fort:
»Natürlich sehe ich die Dinge ein bißchen anders. Ich erzähle ihnen alles genau so, wie es ist, und ab und zu sage
ich ihnen auch mal ganz tüchtig meine Meinung!«

Da schaltete sich ein anderer Passagier in unser Gespräch ein und sagte: »Mit andern Worten: Ziglar ist unrealistisch, weil er so optimistisch ist, und Sie gehen realistisch vor.« Ich wandte mich diesem Mann zu und erwiderte: »Mein Freund, ich möchte Ihnen eine Frage stellen.

Prozentual wie viele negative Ereignisse, die Sie erwarten, treten tatsächlich ein?« Da mischte sich noch ein weiterer Passagier ein und meinte: »Vielleicht fünf oder zehn Prozent.« Dazu mein Kommentar: »Mit andern Worten: In über neunzig Prozent aller Fälle bleibt das negative Ereignis einfach aus. Das ist realistisch *und* – so sagen die Fachleute – beruht auf Tatsachen. Von mir aus gesehen, ist die Schlußfolgerung offensichtlich. *Es ist vollkommen unrealistisch, negativ zu sein, und absolut realistisch, positiv zu sein.*« Nun, es *wäre* unrealistisch abzustreiten, daß es Probleme gibt. Kümmern wir uns deshalb um ein großes Problem, und befassen wir uns mit ein paar positiven Lösungen.

Die Kluft überbrücken

In den letzten fünf Jahren machte sich im Geschäftsleben ein allgemeiner Trend zu einer steigenden Unzufriedenheit der Angestellten bemerkbar; dies bestätigen viele Forschungsgruppen und Magazine, die sich mit Studien des Geschäftsklimas befassen. Die Arbeitnehmer aller Stufen – Arbeiter im Stundenlohn, Bürokräfte, Berufsleute und sogar Manager – ziehen über ihre Arbeitgeber her. Und zwar geht es weniger um das Geld als um das Arbeitsklima.

Nun, wenn Sie sich fragen, was diese eher weniger erfreuliche Mitteilung in einem derart positiven Buch verloren hat, dann lassen Sie sich sagen, man solle in jeder Situation das Gute suchen. Das darf uns aber nicht daran hindern, Hindernisse zu erkennen, die einer noch positiveren Entwicklung im Weg stehen. Nur weil der Vogel Strauß seinen Kopf in den Sand steckt, löst sich das Problem nicht in Nichts auf. Im Gegenteil: Solange Sie das Problem in einem Unternehmen nicht ganz genau identifizieren, können Sie es nicht lösen, genausowenig wie Ihr Arzt Sie behandeln kann, bevor er Ihre Krankheit diagnostiziert hat. Das Erkennen von Hindernissen oder Problemen ist also der erste Schritt auf dem Weg zu einer Lösung. *Entscheidend ist, daß Sie nicht problemorientiert, sondern lösungsbewußt sind.*

Eine Studie im *Research Institute Report* befaßte sich mit vier Kategorien von Arbeitnehmern, mit Managern, Berufsleuten, Büroangestellten und Arbeitern im Stundenlohn. In drei von diesen vier Kategorien sind heute über 20 Prozent weniger Leute mit ihren Firmen zufrieden als noch vor zwanzig Jahren. Sieben Prozent weniger Berufsleute sind mit ihren Firmen zufrieden. Und zwar ist nicht die Arbeit das Problem; das Problem liegt an *denen, welche die Bedingungen am Arbeitsplatz schaffen und managen.* Und obwohl sich gewisse Einstellungen den Arbeitnehmern gegenüber wieder langsam bessern, wird es noch lange dauern, bis die Arbeitgeber bei ihren Angestellten wieder gleich hoch im Kurs stehen wie vor zehn bis zwanzig Jahren.

Für uns bedeutet dies, daß *sich zwischen Managern und Arbeitern eine immer größere Kluft öffnet.* Eines der Hauptziele dieses Buches ist es, diese Kluft zu schließen und die Befriedigung der Angestellten am Arbeitsplatz entscheidend zu verbessern, da sonst die Produktivität nicht gesteigert werden kann. Und um dieses hohe Ziel zu erreichen, müssen wir uns einige der Tatsachen und *Einstellungen*, die bei diesen Untersuchungen ans Tageslicht gekommen sind, etwas näher besehen:

- Das Alter war bei dieser Studie unwichtig – die Unzufriedenheit stieg in allen Altersgruppen.
- Nur Berufsleute stuften das »Gefühl, etwas geleistet zu haben«, hoch ein. Büroangestellte, Arbeiter im Stundenlohn und selbst *Manager* haben nicht das Gefühl, etwas geleistet zu haben.
- Alle waren mit ihrem Gewinn und mit der Sicherheit des Arbeitsplatzes weniger zufrieden.
- Mit Ausnahme der Berufsleute zeigten alle Kategorien weniger Respekt vor Vorgesetzten, und die meisten Arbeiter meinten, ihre Vorgesetzten verstünden ihre Arbeit ja gar nicht.
- Alle Kategorien fanden, sie erhielten zuwenig Informationen und bekämen nicht genügend Aufstiegsmöglichkeiten.
- Nur einer von zehn Angestellten war der Auffassung, Leistung und Bezahlung würden zusammenhängen.
- »Gerüchte« seien die wichtigste Informationsquelle der meisten Angestellten. Alle hätten ihre Informationen aber lieber von ihren Vorgesetzten und der Firmenleitung.
- *Ganze 50 Prozent der Manager waren der Auffassung, das Topmanagement habe den Kontakt mit den Angestellten verloren. Von den übrigen waren sogar 75 Prozent dieser Ansicht.*

Was können wir tun?

Wir müssen offensichtlich konstruktive Maßnahmen ergreifen, um eine Trendwende herbeizuführen. Die Antwort liegt in der folgenden Aussage:

Des Managements oberstes Gebot ist es, seine Angestellten zu hegen und zu pflegen.

Und Sie sind sich doch Ihres größten Kapitals, Ihrer Leute nämlich, sicher bewußt. Hier ein paar Empfehlungen von seiten der Forscher, die wir in diesem Buch nur aufnehmen und unterstützen können:

● *Respektieren Sie gute Arbeit.* Vergessen Sie trotz Lohn-unterschieden, daß es zweitklassige Arbeiter gibt. Echte Gleichheit bei der Arbeit vermittelt das Gefühl, daß wir am Erfolg unseres Unternehmens beteiligt sind.

● *Wir müssen unsere Angestellten beteiligen.* Wir müssen ihnen Gelegenheit geben, Entscheidungen zu treffen und ihre Meinungen einzubringen. Dies bedeutet nicht, daß wir grundlegende Entscheidungsbefugnisse abtreten. Es bedeutet, daß wir den Angestellten eine Chance geben, mitzumachen, sich zu beteiligen *und* mitverantwortlich zu sein.

● *Achten Sie als Inhaber einer leitenden Position innerhalb des Unternehmens auf Ihre Zunge.* Über andere sprechen kann destruktiv sein und ist nur Klatsch, sofern nicht die erklärte Absicht zu helfen dahintersteckt.

● *Pflegen Sie eine ruhige, überzeugende Stimme. Wie* Sie etwas sagen, ist oft viel wichtiger, als *was* Sie sagen. Bei jeder Diskussion oder Konfrontation ist es Ihr Ziel, Ihre Leute zu gewinnen, nicht sie zu besiegen.

● *Versprechen Sie nicht mehr, als Sie halten können.* Taten sprechen eine deutlichere Sprache als Worte.

● *Interessieren Sie sich für die Ziele, das Wohlbefinden, das Zuhause und die Familie derer, mit denen Sie arbeiten.* Das Leben von Menschen kann verschiedenste Facetten aufweisen. Seien Sie kein eindimensionaler Vorgesetzter. Sie können das Privatleben Ihrer Angestellten ja nicht überwachen, aber Sie können sie spüren lassen, daß es Ihnen *auf gar keinen Fall gleichgültig ist.*

- *Bleiben Sie in allen diskutierbaren Fragen offen.* (Nur weil Sie der Chef sind, haben Sie noch längst nicht immer recht.) Diskutieren Sie, aber streiten Sie nicht. Zeichen der Überlegenheit ist es, eine andere Meinung zu haben, ohne gleich unfreundlich zu werden.
- *Achten Sie auf die Gefühle Ihrer Angestellten.* Witze, verächtliche Bemerkungen und die Herkunft betreffende Seitenhiebe sind verboten.
- *Da die Moral der Angestellten von vielen Faktoren innerhalb und außerhalb des Arbeitsortes beeinflußt wird, werden Leute, die auf die* Integrität *des Managements vertrauen, mit größter Wahrscheinlichkeit und mit Konstanz ihr Bestes geben.* Und das Management kann dieses Vertrauen am besten aufbauen, indem es *seine Fähigkeiten aufrichtig, zuversichtlich und direkt kommuniziert. Nichts kann die Moral der Angestellten besser aufbauen als ein gut geführtes Unternehmen.*

Was die Forscher und ihre Statistiken sagen, ist sehr wichtig; was sie *nicht* sagen, ist aber noch viel wichtiger.

Was die Arbeiter und Angestellten wirklich wollen, ist Führung durch ein Management, auf dessen Kompetenz und Anteilnahme sie vertrauen können.

Die Arbeiter und Angestellten wünschen und verdienen ihrer Meinung nach eine Gelegenheit, geistig, gesellschaftlich, psychisch und physisch zu wachsen, sowie einen Anteil am Gewinn und an der Sicherheit, die sich aus ihrem

Wachsen und ihren Bemühungen als Teil des Teams ergeben.

Andrew Carnegie sagte einmal: »Ein Mensch kann fast in allen Dingen Erfolg haben, für die er sich grenzenlos begeistern kann.« Lonnie Shealey, Präsident der Lone Star Builders, fügt hinzu: »Wie immer wir es nennen – Enthusiasmus, Motivation, Ehrgeiz, Antrieb, Wunsch oder Energie –, es ist eine Eigenschaft, die für den Erfolg eine wesentliche Rolle spielt. *Menschen, die sich nicht selbst motivieren können, müssen sich mit Mittelmäßigkeit abfinden, egal, über welche andern Talente sie sonst verfügen.*« Versuchen wir doch einmal ganz nüchtern herauszufinden, weshalb er das sagt und weshalb Motivation im Privat- und im Geschäftsleben unentbehrlich ist.

Die verlorene Zeit

Was Amerika und seine Menschen sehr viel Geld und zahllose verpaßte Gelegenheiten kostet, ist die ungeheure Menge Zeit, die verlorengeht. Der *U. S. News & World Report* vom 9. Dezember 1985 schätzt, daß die amerikanischen Arbeitnehmer ihren Arbeitgebern pro Jahr rund $ 160 Mrd. »stehlen«, indem sie zu spät zur Arbeit kommen, früher weggehen und Arbeitszeit mißbrauchen. Das ist sehr viel Firmengeld; der eigentliche Verlierer aber ist der einzelne, wie Emerson sehr treffend bemerkte: »Die einwandfreie Erledigung der Pflichten dieser Stunde ist die beste Vorbereitung auf die Stunden oder Jahre, die folgen.«

Professor Tor Dahl, ein international anerkannter Experte in Sachen Produktivität von der University of Minnesota und Präsident eines eigenen Beratungsunternehmens, hat sich eingehend mit Ausnützung von Zeit und mit Produktivität auseinandergesetzt. Er sagt, rund 40 Prozent der Arbeitszeit gehe verloren. Und schuld am wohl größten Zeitverlust während der Arbeit ist das Rauchen. Laut einem Artikel von Dr. William L. Weis im *Personel Administrator* vom Mai 1981 bleibt der durchschnittliche Raucher seinem Arbeitsplatz jährlich 2,2 Tage länger fern als der Nichtraucher und »stiehlt« ausserdem über dreißig Minuten pro Tag, was 18,2 Tage pro Jahr ausmacht. Da sich 1981 der Verlust pro Arbeitnehmer auf durchschnittlich $ 4611 bezifferte, wird es für einen jungen Menschen am Ende dieses Jahrzehntes schwer – wenn nicht sogar unmöglich – sein, eine wirklich gute Stelle zu bekommen.

Laut den konservativsten Schätzungen, die ich sah, vertrödelt der durchschnittliche Arbeiter pro Jahr neun volle Wochen einfach dadurch, daß er Arbeit, die erledigt werden sollte, weglegt oder aufschiebt. Die Ergebnisse dieser Studie beruhen auf Interviews mit den Vizepräsidenten oder Personalchefs von hundert der tausend größten amerikanischen Firmen. In den eingegangenen Antworten wurde geschätzt, *der durchschnittliche Angestellte vertrödle 18 Prozent der Arbeitszeit oder neun volle 35-Stunden-Wochen pro Jahr.* Weshalb? Nun, die letzte Frage dieser Erhebung lautete: »Was sind Ihrer Meinung nach die Hauptgründe für diese Trödeleien bei der Arbeit?« Die Antworten können Sie der folgenden Liste entnehmen. Lesen Sie sie durch, und überlegen Sie sich, ob Motivation nicht doch die wichtigste Eigenschaft sein könnte, die ein Manager in ein Unternehmen einbringen kann.

● Abneigung oder Unfähigkeit, eine Entscheidung zu treffen.

282

- Mangelndes Verständnis der Verpflichtungen.
- Mangelnde Kommunikation.
- Langeweile.
- Schlechte Moral.
- Mangelndes Interesse an der Arbeit oder an einer bestimmten Aufgabe.
- Fehlen klar abgesteckter Ziele.
- Angst, zu versagen oder Fehler zu machen.
- Zu große Arbeitslast.
- Mangel an Disziplin.
- Schlechtes Selbstwertgefühl.

Hier müßte man noch den Gedanken anfügen, daß sich viel zu viele Leute durch das ablenken lassen, was Charles E. Hammel als »Tyrannei der Dringlichkeit« bezeichnet, und »dringenden« Angelegenheiten den Vorzug vor »wichtigen« Angelegenheiten einräumen. Im Grunde genommen haben wir es mit einem Problem der *richtigen Prioritäten*, nicht mit einem Problem der *Zeit* zu tun.

Bei der richtigen Nutzung unserer Zeit und unserer Mittel sind laut Thomas K. Connellan, Präsident der Management Group Inc. in Ann Arbor, Michigan, einige Wahrheiten mit im Spiel, die so einfach und elementar sind, daß sie vielfach oft übersehen werden. Zunächst müssen wir verstehen, daß *es sinnlos ist, etwas gut zu machen, was überhaupt nicht getan werden müßte*. Wenn Sie eine Aufgabe übernehmen, sollten Sie sich fragen, ob Sie das wirklich tun sollten oder ob eigentlich jemand anders das tun sollte. Konzentrieren Sie sich nicht auf eine *effiziente*, sondern auf eine *effektive* Nutzung der Zeit.

Effizient arbeiten heißt Dinge richtig erledigen; effektiv arbeiten heißt die richtigen Dinge erledigen.

Laut Connellan sollten 10 bis 15 Prozent der Aufgaben, welche Manager persönlich erledigen, delegiert und weitere 10 bis 15 Prozent überhaupt eliminiert werden.

Frage: Was geschieht mit jenen effektiven Leuten, die ihre Arbeit ernst nehmen und ihre Zeit klug ausnützen? Antwort: Gemäß einer Meldung von *Associated Press* vom 10. Dezember 1985 werden sie befördert:

> Chicago. Langweilige Leute werden nicht unbedingt als erste zu Partys eingeladen, aber sie stehen in der Regel auf der Beförderungsliste ganz vorn. Eine Studiengruppe einer medizinischen Hochschule führte eine Untersuchung an 88 leitenden Angestellten durch und kam zum Schluß, daß Leute mit »geringer Vergnügungslust« die erfolgreichsten Manager abgeben, und zwar deshalb, weil sie sich auf ihre Arbeit konzentrieren können, ohne sich ablenken zu lassen... Manager, die sagen, sie »suchten gern Spaß«, verdienten eher weniger. (Anmerkung des Autors: Das Schlüsselwort ist *suchen*. Man sollte, ja muß Freude und Spaß an seiner Arbeit haben.)

Und da ist noch etwas mit diesen Frauen und Männern, die befördert wurden: Sie verstanden es alle meisterhaft, mit der Zeit umzugehen. Mein Freund Dan Bellus aus San Diego, Kalifornien, ist meiner Meinung nach die größte Kapazität auf dem Gebiet der Zeiteinteilung im ganzen Land, und er sagt: »Als die Kolonisten ihre Unabhängigkeit von Großbritannien erklärten, machten sie unter anderem folgende Aussage: ›Alle Menschen werden gleich geschaffen.‹ Seither sind über die Wahrheit dieser Aussage schon unzählige Dispute entbrannt. Ich will nicht behaupten, ich könne alles aufklären, aber *eines* weiß ich – jeder Mensch bekommt genau gleich viel Zeit.

Jeder Mensch bekommt vierundzwanzig Stunden pro Tag – sechzig Minuten pro Stunde und sechzig Sekunden pro Minute. Niemand bekommt mehr, niemand bekommt weniger. Es ist nicht wie bei der Armee, wo man sagen kann ›Ich will mehr!‹, wenn man den Kumpel kennt, der das Essen austeilt. Bei der Zeit geht das nicht. Man kann keine größere Zeit-Pipeline bauen und sagen: ›Ich will mehr!‹ Niemand kann mehr als eine Sekunde auf einmal leben. In dieser Hinsicht sind wir also wirklich alle gleich. Und diese Tatsache allein macht Zeit zum wertvollsten aller Güter. Dieser Faktor zwingt uns zu einer unausweichlichen Schlußfolgerung: Wir müssen unsere Zeit für uns einsetzen – es ist der am leichtesten verderbliche und unübertragbare Besitz, den wir haben. Wir müssen aus jeder Sekunde etwas Produktives herausholen.

Wenn wir etwas knapp an Geld sind, können wir zu unserer Bank gehen und uns etwas borgen. Wenn wir zuviel Geld haben, können wir es für schlechtere Zeiten sparen. Mit Zeit geht das nicht. Wenn unsere Fabrik mehr produziert, als wir pro Tag verkaufen können, lagern wir unsere Ware und verkaufen sie später. Mit Zeit geht das nicht. Wenn wir eine großartige Idee haben, können wir sie zwecks späterer Verwendung aufschreiben. Mit Zeit geht das nicht. Wenn wir betrügen wollen, können wir Geld fälschen – unser eigenes drucken. Mit Zeit geht das nicht. Wir können Waren stehlen, Plagiate begehen. Mit Zeit geht das nicht. Zeit ist das einzige Gut, das wir nicht stehlen, fälschen, nachahmen, ertrügen oder lagern können. Und keine Macht auf Erden kann daran etwas ändern. Wenn wir mit dem Sensenmann ein Geschäft abschließen, hängt ein kleines Schild unmittelbar über seiner Kasse, worauf steht: *Jedes Geschäft endgültig – kein Umtausch, keine Rücknahme, keine Vergütung.* Wir können nicht unseren Kassenzettel zurückbringen und ihn gegen irgend etwas eintauschen. Wenn wir bei unserem Geschäft nicht bekommen, was wir wollen, gibt es keine Möglichkeit, die Transaktion zu ändern.«

Dan sagt im weitern, jede Aktivität, Arbeit und Produktivität entspreche dem Niveau der vorausgegangenen Planung und Organisation. »*Wir können nicht mit einem niedrigen Planungsniveau ein hohes Produktionsniveau erreichen.* Wenn wir den goldenen Weg der Produktivität gehen wollen, erreichen wir ihn nur über den goldenen Weg der Planung. Wir müssen die Verwendung jeder einzelnen Sekunde planen, die wir zur Verfügung haben, und sie entsprechend einsetzen.« Und Dan fügt einen Gedanken an, der – sofern wir uns ihm anschließen können – unsere Produktivität und unseren Umgang mit der Zeit sicherlich verbessern wird:

Warum haben wir nur nie Zeit, etwas richtig zu tun, haben aber Zeit, es noch einmal zu tun?

Dan faßt das Ganze sehr schön zusammen: »Es sind offenbar vier Schritte erforderlich. 1. Wir müssen einsehen, wie wertvoll und vergänglich die Zeit ist. 2. Wir müssen planen, wie wir sehr konkret mit unserer Zeit umgehen wollen. 3. Wir müssen begreifen, daß ein einmaliger Versuch sinnlos ist, weil sich unsere Einstellung zur Zeit ändern muß, weil sich unsere Gepflogenheiten im Denken und Tun ändern müssen. 4. Dies kann sich nur ändern, wenn wir eine Entscheidung treffen und eine Verpflichtung eingehen.

Die beiden wichtigsten Wörter in diesem Zusammenhang sind wohl *Entscheidung* und *Verpflichtung*. Alle Regeln der Welt, alle dem Menschen bekannten Verfahren, alle jemals entwickelten Mittel, alle Pläne und alle Ideen, die wir Ihnen hier vorlegen – sie werden alle keinen roten Pfennig wert sein, sie werden Ihnen nicht einen einzigen Sekundenbruchteil einbringen, solange wir uns nicht entscheiden, daß *sie* das tun sollen, und uns verpflichten, daß *wir* es tun werden. Es wird in der Hitze des Gefechtes und aus momentanem Wunschdenken heraus leicht sein, von einer Menge gewonnener Zeit zu träumen, in der wir all das tun können, was wir schon immer tun wollten; aber ohne klare und unwiderrufliche Entscheidung, ohne bindende Verpflichtung kann und wird nichts geschehen. Die Entscheidung und die Verpflichtung sind notwendig, um unsere Einstellung so zu ändern, daß die Zeit uns dient, daß jede Sekunde unseres Lebens auch eine Sekunde lang lebenswert ist. Solche Verpflichtungen sind möglich; eine solche Einstellung kann entwickelt werden. Wir verfügen über das notwendige Wissen und Können – nicht in irgendeiner Zauberformel, sondern in unserem Innern, wo das ganze Potential für unsere Entwicklung ruht.

In einer Zeitung erschien unter der Rubrik ›Verloren‹ folgendes Inserat:

Verloren irgendwo zwischen Sonnenaufgang und Sonnenuntergang eine goldene Stunde mit sechzig Silberminuten, jede besetzt mit sechzig diamantenen Sekunden. Keine Belohnung. Sie sind für alle Zeiten entschwunden und verloren.

Haben Sie dieses Inserat aufgegeben? Werden Sie es morgen noch einmal aufgeben müssen?«

Ich weiß nicht, was Sie dazu sagen. Für mich klingt es nach Inspiration und Motivation, aber auch nach Herausforderung. Ja, ich glaube, Motivation ist wichtig. Ich glaube, wir müssen motiviert sein, um den ungeheuer wichtigen Vorschlag von Dan Bellus annehmen und begreifen zu können.

Einstellung und Erfolg

Allan Cox, Autor des erfolgreichen Buches *Confessions of a Corporate Headhunter* (Geständnisse eines Headhunters), spricht viel über Einstellung und kann dank einer Umfrage bei 1173 leitenden Angestellten von 13 Unternehmen ein paar gut fundierte Meinungen und Tatsachen anbieten. »Die Einstellung bestimmt die Stärke. Sie bestimmt die Richtung. Amerikanische Manager glauben im großen und ganzen, eine positive Einstellung sei für die Karriere verantwortlich.« Bei seiner Umfrage wollte er unter anderem wissen: »Was sind Ihre Erfahrungen in bezug auf die Auswirkung von positivem Denken?« 49 Prozent der Topmanager sagten uns, es habe ihren Erfolg wesentlich mitbestimmt, 46,5 Prozent meinten, es sei ein »wichtiger« Faktor. Rund 95,5 Prozent von allen sagten also, ihre Einstellung habe bei ihrem Erfolg eine wesentliche oder wichtige Rolle gespielt. Die übrigen 0,5 Prozent wollten sich nicht festlegen. Andererseits weist Cox darauf hin, daß *mit niemandem, mit dem Manager zu tun haben, so kurzer Prozeß gemacht wird wie mit einem negativen Denker.*

Positives Denken habe nichts mit Manipulieren oder Manipuliertwerden zu tun, betont Cox. Es bedeutet nicht Großtun oder Naivsein. Es bedeutet nicht, in falsche Begeisterung oder falschen Optimismus auszubrechen. Und vor allem heißt es nicht, von Zeit zu Zeit normale Phasen der Mutlosigkeit zu verleugnen. Positiv denken ist auch nicht *durch Gesetzgebung bewirkte Erfahrung*. Damit will er sagen, man könne nicht einfach positiv denken, weil jemand dies befiehlt, und genausowenig könne man es selektiv erweitern, zum Beispiel auf das Privatleben, und es im Berufsleben seinlassen. Das Leben präsentiert uns ununterbrochen Hindernisse und Gelegenheiten. Positives Denken ist das Mittel, um beides konstruktiv zu bewältigen.

Eine wichtige Gabe, die Sie andern schenken können

Etwas vom wichtigsten und positivsten, das wir andern geben können, ist *Hoffnung* – Hoffnung auf eine gute Zukunft, wo immer sie im Moment auch stehen mögen. Ich werde nie vergessen, was sich vor einigen Jahren in einem Hotel auf Marco Island, Florida, zugetragen hat. Ich saß mit einem Freund zusammen in meinem Hotelzimmer, als das Zimmermädchen anklopfte und um die Erlaubnis bat, das Zimmer machen zu dürfen. Da sie uns nicht stören würde, stimmte ich zu.

Sie war noch keine Minute an der Arbeit, als unser Gespräch verstummte, damit wir ihr zuschauen konnten. Obwohl die Frau ziemlich schwer gebaut und ziemlich übergewichtig war, bewegte sie sich mit verblüffender Geschwindigkeit. Mit drei raschen Handgriffen zog sie Decke und Laken vom Bett. Mit beiden Händen schälte sie gleichzeitig die beiden Kissen aus ihren Bezügen. Dann nahm sie das erste frische Laken, das zweite Laken, die Decke und den Bettüberwurf, bezog das eine Kissen neu und hatte im Handumdrehen die eine Seite des Bettes fertig.

Blitzschnell begab sie sich auf die andere Seite und vollbrachte ein Kunststück, das mir nach wie vor völlig unbegreiflich ist. Irgendwie schlug sie von der andern Seite her den Bettüberwurf und das Kissen, das sie hübsch zurechtgelegt hatte, zu sich herüber und machte das Bett mit zwei, drei weiteren Handgriffen fertig.

Ich übertreibe wohl nicht, wenn ich sage, ich hätte noch nie jemanden in so kurzer Zeit ein ganzes Doppelbett machen sehen. Ich diente selbst zwei Jahre in der Navy und habe in jener Zeit bestimmt mehrere hundert Betten gemacht; an eigener Erfahrung fehlte es also nicht. Aber dieses Zimmermädchen war mit Abstand das beste, das ich je gesehen hatte.

Neugier plagte mich, und so bat ich, ihr ein paar Fragen stellen zu dürfen. »Nur zu«, antwortete sie fröhlich, erledigte aber gleichzeitig die übrigen Dinge, die zu ihrer Aufgabe gehörten. Zunächst fragte ich sie, ob sie pro Stunde oder pro Zimmer bezahlt würde. Pro Zimmer, antwortete sie, und ich fragte lächelnd weiter: »Ich wette, daß Sie dabei gut wegkommen?« Nun hielt sie zum ersten Mal inne und erwiderte: »Nun, ehrlich gesagt, ich habe eine große Familie und muß allein für sie aufkommen; also muß ich hart arbeiten.« Und dann begann sie breit zu grinsen und fügte hinzu: »Und, ja, ich komme gut weg.«

Wo man beginnt, ist unwichtig

Ich bat sie um ihren Namen und ihre Adresse und schrieb ihr zwei Jahre später, nur um feststellen zu müssen, daß sie inzwischen Managerin des Hotels geworden war. Leider – und für mich auch ein bißchen überraschend – bekam ich ihre neue Adresse nicht und kann Ihnen den Rest ihrer Geschichte also nicht erzählen. Ich möchte aber wetten, daß sie immer noch »sehr gut wegkommt«.

Ungefähr ein Jahr später hielt ich einen Vortrag in Zanesville, Ohio, und nahm gemeinsam mit der Managerin eines Holiday-Inn-Hotels, dem Präsidenten der Handelskammer und einem persönlichen Freund das Mittagessen ein. Dabei erzählte ich die Geschichte jenes Zimmermädchens, worauf die Managerin des Holiday Inn sagte: »Nun, das war offensichtlich nicht meine Geschichte, aber es hätte sie sehr gut sein können.« Und dann begann sie zu erzählen. Sie hatte nach Abschluß der Mittelschule geheiratet und mußte arbeiten gehen. Der einzige Job, den sie bekommen konnte, war der eines Zimmermädchens im Holiday Inn. Aber sie hatte beschlossen, ihr Bestes zu geben. Das Ergebnis zeigte sich schon sehr bald: Nach sechs Monaten war sie bereits für eine ganze Etage verantwortlich. Nochmals ein paar Monate später wurde sie zur Leiterin des Hausdienstes ernannt. Ein Jahr danach wurde sie zunächst als Stellvertreterin des Managers ins Restaurant versetzt, das sie kurze Zeit danach selbst als Geschäftsführerin übernehmen konnte. Und noch ein paar Jahre später war sie Managerin des Holiday Inn in Zanesville, Ohio. Diese Frau hätte ganz am Anfang ohne weiteres vollständig blockiert werden können ..., aber sie sah ein, daß es viel mehr darauf ankommt, *wo man aufhört*.

Und ich erinnere Sie daran, daß das so ungefähr das gleiche ist, was ich am Anfang dieses Buches über meinen Koautor gesagt habe.

Können Sie motiviert »dastehen«?

Von allen Themen dieser Welt ist das Thema Motivation bestimmt eines der interessantesten und verwirrendsten. Mit dem folgenden Beispiel möchte ich nur eine Facette daraus herauspicken.

Ich weiß nicht, wie Sie »dastehen«, wenn Sie in einer Schlange darauf warten, daß etwas kommt oder geschieht, aber ich vergesse nie, was mir einmal in Washington passierte. Ich mußte abends einen Vortrag vor dem Amerikanischen Verband der Eltern für eine drogenfreie Jugend halten und kam ausgezeichnet an. Das Publikum lachte an den richtigen Stellen, nickte an den richtigen Stellen Zustimmung, applaudierte an den richtigen Stellen und spendete mir am Schluß tosenden Beifall. Die Komplimente kamen nur so geflogen. Meine Frau hätte sich königlich über all das gefreut, was man mir sagte! Meine Kinder wären wohl ein bißchen in Verlegenheit geraten, und meine Mutter hätte jedes Wort für bare Münze genommen. Kurz und gut, es war für mich ein sehr erfolgreicher Abend.

Am folgenden Morgen wartete ich im Restaurant, bis der Chef de service den Gast vor mir an seinen Tisch begleitet hatte. Ich stand ruhig dort und wartete auf ihn. Da reihten sich hinter mir drei Frauen, die am Abend zuvor unter den Zuhörern geweilt hatten, in die Schlange hinter mir ein. Sie nahmen offensichtlich an, ich sei außer Hörweite oder würde gar nicht auf ihr Gespräch achten. Dennoch bekam ich folgendes mit. Erste Dame: »Das ist doch der Mann von gestern abend.« Zweite Dame: »Ja, und er ist ganz offensichtlich ein Nachtmensch.« Dritte Dame: »Das muß er wohl, denn jetzt sieht er mir gar nicht so aus, als ob er motiviert wäre!«

Ganz ehrlich, ich weiß nicht, wie man motiviert »aussehen« oder »dastehen« kann. Vermutlich erwarteten die drei Damen von mir ein Grinsen von Ohr zu Ohr, oder ich hätte aufgeregt hin und her hüpfen und den Leuten im Restaurant zuwinken sollen. Wenn dies ihre Vorstellung von Motivation war, dann kann ich nur sagen: Sie liegen absolut und vollkommen daneben!

Die Frage, die mir am meisten gestellt wird, lautet: »Sind Sie immer so ›aufgestellt‹?« Und meine Antwort heißt natürlich: »Nein, ich bin nicht immer ›aufgestellt‹.« Aber doch ungefähr zu etwa 95 Prozent meiner Zeit. Wenn ich nicht »aufgestellt« bin, dann meistens deshalb, weil ich aufgrund eines dichtgedrängten Terminplans erschöpft bin. Gesunder Menschenverstand und Erfahrung sagen mir dann, ich solle mich kurz hinlegen oder joggen gehen. Und genau das pflege ich auch zu tun.

Ich sollte allerdings noch erklären, daß es zwischen »aufgestellt« und »auf Trab sein« einen mächtigen Unterschied gibt. Wer vierundzwanzig Stunden am Tag »auf Trab« ist, schaufelt sich sein eigenes Grab. Er wird bald vollkommen ausgebrannt sein und wahrscheinlich unter Depressionen oder gar Psychosen leiden. Oder aber er gerät auf tragische Weise in Abhängigkeit von Drogen, denen schon viel zu viele (selbst einer ist schon zuviel) junge Menschen zum Opfer gefallen sind, bloß weil sie irrigerweise geglaubt haben, man müsse immer »auf Trab« sein und es herrlich haben.

Wer ist denn eigentlich motiviert?

Leider stellen sich zu viele von uns unter einem »motivierten« Menschen jemand vor, der vor lauter Begeisterung beinahe zerplatzt, das Herz immer auf der Zunge trägt und immer im Mittelpunkt steht, ob nun zehn oder zehntausend andere Leute um ihn herum sind. Dies ist nicht unbedingt Motivation. Ich würde es eher als »Hysterie« bezeichnen, und Hysterie hat mit Motivation nicht eben viel zu tun. Damit will ich nicht sagen, daß ein extravertierter Mensch nicht motiviert sein *kann*, aber nur ein lautes Gehabe muß nicht Motivation bedeuten. Einige der »aufgestelltesten« und am besten motivierten Leute, die ich je kennengelernt habe, sind sehr ruhig und bescheiden. Man kann also durchaus »aufgestellt« und motiviert sein, während man still joggt, liest, betet, nachdenkt, mit seinem Liebsten Händchen hält oder sogar schläft.

Während ich diesen letzten Abschnitt schrieb, wartete meine Frau Jean auf mich, damit wir einen Spaziergang durch den Botanischen Garten am Brisbane River in der australischen Stadt Brisbane machen konnten. Ein absolut »aufgestelltes« Erlebnis! Die Blumen, Büsche, Bäume, Steine, Vögel, Boote und Menschen waren herrlich, faszinierend und still. Niemand hätte uns vorwerfen können, wir seien »auf Trab«. Und ganz bestimmt nicht, als wir uns auf eine Bank setzten und die Enten und Vögel bei ihrer endlosen Suche nach Nahrung beobachteten. Es war aber ein sehr »aufgestelltes« Erlebnis, das in meinem Gedächtnis als äußerst angenehmes und motivierendes Zwischenspiel gespeichert ist.

So etwas trägt im übrigen auch dazu bei, alles Häßliche und alle Spinnweben des gestrigen Lebens loszuwerden, damit heute wieder alles sauber und rein für neue Taten ist. Und zudem macht diese Art von *Meditation* sehr viel *Medikation* überflüssig.

Ja, im Leben kann – und *sollte* – es von Zeit zu Zeit solche »aufgestellten« Erlebnisse geben. Ich genieße sie beim Joggen mit einem meiner Enkelkinder oder mit meiner Tochter Cindy, bei einer Partie Golf mit meiner Frau oder meinem Sohn, bei einer ergreifenden Predigt, bei inspirierender klassischer Musik oder bei einer Geschichte aus dem richtigen Leben, in welcher der Gute den Bösen besiegt. Diese Erlebnisse regen mich an, wenn ich Anregung brauche, um sprechen oder reden zu können, wie dies mein Beruf erfordert.

Ich vermute, Ihnen geht es mehr oder weniger gleich, und wie ich haben auch Sie gewisse Dinge, die Sie *nicht* in dem Maße motivieren, wie es für eine optimale Leistung notwendig wäre. Das kann bestimmte Aspekte Ihrer Arbeit betreffen, zum Beispiel den Papierkram oder lange, mühselige Sitzungen. Die Frage aber sollte lauten: Ist es möglich, für etwas motiviert zu sein, wofür ich im Augenblick *nicht* motiviert bin? Und die Antwort ist ja! Vor allem, wenn Sie wissen, daß kleine Probleme, die man durch Aufschieben nährt, immer größer und größer werden.

Und es wird Ihnen noch leichterfallen, wenn Sie eine einfache Formel, meine sogenannte *BAH-Formel zur Motivation*, verstehen, mit der sich die nächsten drei Kapitel befassen werden.

Zuvor aber noch etwas anderes. Sie können unter Umständen bestens motiviert sein, aber die Chancen sind groß, daß es in Ihrem Leben eine Person gibt, die nicht so motiviert ist, wie Sie es eigentlich gern sehen würden. Vergessen Sie also während der nächsten drei Kapitel nicht, daß Sie aus zwei Perspektiven lesen: 1. Was tragen diese Informationen dazu bei, daß ich Spitzenleistungen erbringe? 2. Was tragen diese Informationen dazu bei, daß ich andern helfen kann, Spitzenleistungen zu erbringen? Sie werden sich über die Antworten auf beide Fragen freuen – soviel kann ich Ihnen versprechen!

Leistungsprinzipien

1. Sie müssen Motivation begreifen, damit Sie fortwährend andere motivieren können.

2. Wichtigste Aufgabe des Managements ist es, seine Mitarbeiter zu hegen und zu pflegen.

3. Was die Arbeiter und Angestellten wirklich wollen, ist Führung durch ein Management, auf dessen Kompetenz und Anteilnahme sie vertrauen können.

4. Etwas vom wichtigsten und positivsten, das wir andern geben können, ist Hoffnung.

5. Wo man beginnt, ist nicht so wichtig, wie wo man aufhört.

6. Man kann »aufgestellt« sein, ohne »auf Trab« zu sein.

13

Warum Sie führen – und warum die andern Ihnen folgen

Die echten Motive für unser Handeln sind, genau wie
die echten Pfeifen einer Orgel, normalerweise verborgen.
Doch der vergoldete und leere Vorwand wird großartig
in den Vordergrund gerückt.   *Charles Caleb Colton*

Bewußtwerden
Analysieren
Handeln

Das B in unserer BAH-Formel steht für *Bewußtwerden*,
und zwar meine ich damit die Antworten auf die Frage
»*Warum?*«. Warum lesen Sie dieses Buch? Warum arbeiten Sie in Ihrem Beruf weiter? Warum kümmern Sie sich
weiterhin um die alltäglichen Dinge, die Ihr Leben erfüllen? Die *ehrliche* Antwort auf die Frage »*Warum?*« ist
auch die Antwort auf Ihre *persönliche* Motivation. Es ist
nicht die Motivation, die jemand anders in Ihnen bewirkt
hat, sondern Ihre eigene, persönliche Motivation. Motivierte Menschen haben ein Motiv; sie haben einen Grund,
ein Ziel, einen Anlaß. Und auf diesen Grund, dieses Ziel
oder diesen Anlaß hin handeln sie dann. Frage: *Haben Sie
schon einmal darüber nachgedacht?*

Ein Freund von mir wurde im College in einen Eng-
lischkurs eingeteilt, der jeweils am Samstag um 7 Uhr 30
morgens begann. Dazu pflegt er zu sagen: »Die Studienbe-

rater wußten offenbar, daß ich kommen würde. Sie sagten sich wohl: ›Der Junge da kommt doch vom Land! Teilen wir ihn in die Klasse vom Samstag früh ein, und er wird wohl kommen!‹ Und ich kam!«

Und mein Freund erzählte weiter, der Professor habe sich vor der Klasse aufgebaut und ihnen sofort eine Aufgabe gestellt. Sie sollten einen kurzen Aufsatz zum Thema »Weshalb ich aufs College gehe« schreiben. Pflichtgemäß machten sich die Studenten an die Arbeit. Nach ungefähr zehn Minuten stand einer von ihnen auf und verließ den Raum. Nach dem Unterricht machten sich ein paar seiner Freunde auf die Suche nach ihm und entdeckten ihn vor der Bibliothek. »Ray, was machst du denn?« fragten sie ihn verwirrt.

»Komisch, ich habe vorher nie darüber nachgedacht«, sagte Ray, »aber ich will ja gar nicht aufs College! Ich bin nur hier, weil ihr auch da seid und weil auch meine andern Freunde da sind und weil Mutter und Vater wollten, daß ich aufs College gehe. Aber ich will nicht aufs College. Ich will lieber in der Fabrik arbeiten, in der auch mein Vater arbeitet, heiraten, eine Familie gründen, am Abend etwas Tennis spielen und die Wochenenden mit meiner Familie verbringen. Ich habe einfach nie darüber nachgedacht, bis der Professor nun dieses Thema gab.«

Das Ironische an dieser wahren Geschichte liegt darin, daß Ray zuvor ein hervorragender Schüler gewesen war und wohl jedes Studium problemlos hätte absolvieren können. Mit seiner Einstellung wäre er aber höchstens ein mittelmäßiger Arzt, Rechtsanwalt, Wissenschaftler, Lehrer oder Manager geworden. Und er wäre nicht über das Mittelmaß hinausgekommen, weil er seine persönlichen Gründe, Ziele und Anlässe nicht gekannt hatte. Wenn wir uns selbst motivieren sollen, müssen wir die wahren Gründe kennen, weshalb wir das tun, was wir eben tun.

Wenn wir andere Menschen motivieren wollen, müssen wir ihren Grund, ihr Ziel oder ihren Anlaß herausfinden. Die Leute lassen sich nicht *Ihrer* Gründe wegen motivieren, sondern nur aus ihren eigenen Gründen. Wir müssen begreifen, daß alle den *gleichen* Radiosender eingestellt haben, dem wir nach amerikanischem Vorbild die Kennbuchstaben WID-FM geben könnten. Und sie stehen für: *Was ist drin für mich?* Diese Information müssen Sie weitergeben, wenn Sie andere motivieren wollen. Sie müssen ihre Motive, Gründe und Ziele herausfinden – und sie dann zum Handeln auffordern.

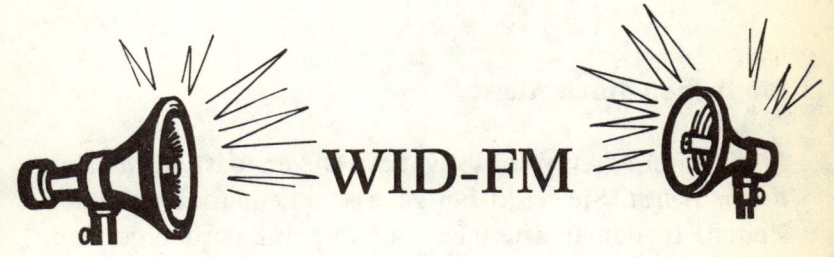

Wenn Sie zum ersten Mal hinter die Motive eines andern Menschen kommen wollen, werden Sie wahrscheinlich eine Antwort hören, die Sie seiner Meinung nach hören wollen. Wenn Sie aber weiterbohren, kriegen Sie eine Antwort, welche eine diesem Menschen sehr nahestehende Person hören möchte. Und wenn Sie noch tiefer schürfen, bekommen Sie vielleicht die *Wahrheit.* Dabei wollen die Leute Sie ja gar nicht täuschen. Sie haben sich einfach nicht gründlich überlegt, was für sie wirklich wichtig ist.

Sehen Sie, Geld motiviert niemanden. Wenn Sie eine Million hätten und das Geld in Ihrem Wohnzimmer als Salontischchen aufbauen würden, hätten Sie wohl am Anfang Riesenspaß an der Sache, und Sie würden alle Freunde und Nachbarn einladen, damit sie sich Ihren »Millionentisch« anschauen könnten. Nach drei Wochen dürften Sie aber von diesem merkwürdigen Gebilde in Ihrem Wohnzimmer schon genug haben. Geld motiviert nicht... Was uns und andere wirklich motiviert, ist das, was wir *mit dem Geld tun können*. Ob wir uns das größte Haus an der Straße kaufen oder ein Waisenhaus beschenken wollen, unsere Motive sind komplett verschieden. Wenn wir Motivation begreifen wollen, müssen wir zunächst unsere wirklichen Motive (oder die der andern) ergründen.

Motivation durch Angst

Es gibt drei Arten von Motivation. Die erste ist *Motivation durch Angst*. Sie wirkt bei gewissen Leuten zu gewissen Zeiten. In den meisten Fällen zwar nur vorübergehend, aber immerhin, sie wirkt. Wenn die Wirtschaftslage angespannt ist und es mehr Arbeiter als Stellen gibt, geben sich viele Arbeiter ganz bewußt viel mehr Mühe, um durch höchste Produktivität ihren Arbeitsplatz zu sichern. Sie kommen früher, bleiben länger und arbeiten mehr. Wenn die Sicherung des Arbeitsplatzes aber ihr einziges Motiv ist, werden sie ihrer guten Leistung nach einer gewissen Zeit sehr wahrscheinlich überdrüssig; sie verfallen in ihre alten Gewohnheiten zurück und verlieren ihre Stelle letztlich doch, wenn die wirtschaftliche Lage sich noch nicht gebessert hat. Zumindest vorübergehend wird Motivation durch Angst aber eine Steigerung der Produktivität bewirkt haben.

Motivation durch Angst wirkt auch bei ganz kleinen Kindern, die ständig nach Dingen greifen wollen, die sie zerstören können oder die für sie gefährlich sind. Ein paar leichte Klapse auf die Hand bewirken in den meisten Fällen, daß sie das Interesse verlieren und sich anderen Dingen zuwenden. Motivation durch Angst wirkt auch bei einem Sechs-, Sieben- oder Achtjährigen, wenn es zum Beispiel um das Rauchen geht. Drohungen der Eltern, sie würden ihm »den Hosenboden« strammziehen, wenn sie ihn mit einer Zigarette erwischten, sind durchaus wirksam und halten ihn vom Rauchen ab. Das gleiche Vorgehen bei einem Fünfzehnjährigen dürfte aber wirkungslos sein und vielleicht sogar das Gegenteil bewirken.

Motivation durch Anreiz

Die zweite Art ist die *Motivation durch Anreiz*. Wir alle haben schon irgendwann einmal das bekannte Bild gesehen, auf dem ein Esel, vor dessen Nase eine Karotte hängt, einen Karren zieht. Der Esel zieht ganz offensichtlich, weil er die Karotte erreichen und ein Stück abbeißen möchte. Damit dieser Anreiz klappt, darf die Last, die er ziehen muß, nicht zu schwer sein; der Esel muß so hungrig sein, daß er auch Lust auf die Karotte hat; und die Karotte muß so lecker aussehen, daß er auch wirklich ein Stück davon abbeißen möchte. Wenn der Esel aber nicht früher oder später sein Stück Karotte bekommt, wird er merken, daß es sich um einen faulen Trick handelt, und er wird den Karren nicht mehr ziehen.

Aber da gibt es ein Problem. Wenn Sie den Esel zuviel von der Karotte fressen lassen, wird er keinen Hunger mehr haben, und seine Motivation, den Karren zu ziehen, nimmt gewaltig ab. Und dann können Sie ihn nur zum Weiterziehen bewegen, indem Sie seine Ladung erleichtern und ihm die Karotte versüßen. Nun wird die Last in der Geschäftswelt aber weitgehend durch den Markt bestimmt, und wenn Sie sie zu leicht machen (den Esel zuviel von der Karotte abbeißen lassen), rentiert das Unternehmen nicht mehr, und Sie werden über kurz oder lang aus dem Geschäft sein. Vergessen Sie nicht: Die kleinen Gewinne von heute sind die Erwartungen von morgen. Was also tun? Machen Sie aus dem Esel ein Vollblut und sorgen Sie dafür, daß es laufen *will*.

Motivation durch Wachsen

Und damit sind wir bei der dritten Art, der *Motivation durch Wachsen*. Ihr Hauptzweck besteht darin, das Denken, die Fähigkeit und die Motivation des Arbeiters zu ändern. Wir müssen ihn dazu bringen, daß er den Karren ziehen (seine Arbeit tun) will. Wir müssen ihm Gründe liefern, damit er tut, was wir wollen *und* was er will. Mit andern Worten: Wir müssen so mit den Angestellten arbeiten, daß wir ihnen helfen können, die Dinge zu bekommen, die sie in ihrem Leben haben wollen. Und das ist auch der Hauptzweck dieses Buches: Es will Ihnen spezifische Methoden, Verfahren und Techniken zeigen, mit denen Sie jeden einzelnen inspirieren können, besser zu arbeiten – nicht nur zum Vorteil des Unternehmens, sondern auch zu seinem eigenen. Wie bereits gesagt, in Wirklichkeit sitzen wir ja alle im gleichen Boot und haben folglich auch die gleichen Ziele. Wenn Management und Arbeiterschaft wirklich verstehen, daß alle auf der gleichen Seite sind, werden beide Seiten gern, ja sogar unbedingt mittun wollen.

Als kleiner Junge spielte ich häufig mit meinen Freunden auf den Gleisen einer stillgelegten Eisenbahnlinie. Zu zweien versuchten wir jeweils, auf je einer Schiene balancierend, möglichst weit um die Wette zu gehen. Meistens war das Vergnügen schon nach wenigen Schritten zu Ende. Hätten wir uns nur in der Mitte an den Händen gehalten, wir hätten gemeinsam bis ans Ende der Strecke gehen können.

Wenn im Geschäftsleben Manager und Arbeiter, Arbeitgeber und Arbeitnehmer wirklich begreifen würden, daß sie auf der gleichen Seite stehen und die gleichen Ziele haben, wenn sie sich die Hände reichen würden, würde dies allen zum Vorteil gereichen; davon bin ich fest überzeugt. Dann würden wir nicht nur als einzelne unser volles Potential entwickeln, sondern auch unser Unternehmen könnte seine maximale Produktivität entfalten, was wiederum die Stabilität und das Wachstum des Unternehmens gewährleistete. Diese Art von Denken und Motivation erbringt optimale Ergebnisse und dauerhafte Vorteile für Arbeiter und Management.

Ich bin überzeugt, daß jedermann irgendwann in seinem Leben für etwas motiviert ist. Sieger sind über weite Zeitspannen hinweg motiviert. *Manager auf Siegeskurs* sind *meistens* motiviert und *fast immer*, wenn *etwas auf dem Spiel steht*. Von meinem Freund Gene Lewis, einem der großen Leader mit gesundem Menschenverstand, mit denen ich zusammenarbeiten durfte, stammt folgende

Analogie, die deutlich macht, was nur allzu vielen Menschen passiert:

> Ein Glühwürmchen fischt nicht im Wasser, sondern in der Luft. Es spinnt feine, klebrige Fäden und läßt sie herunter. Wenn nun eine Mücke oder ein anderes kleines Insekt vom Licht angelockt wird und an einem dieser merkwürdigen Angelfäden hängenbleibt, holt das Glühwürmchen ihn ein und verspeist seine Beute. Ist sein Hunger gestillt, löscht das Glühwürmchen sein Licht aus. Sonst läßt es den Faden in der Hoffnung auf einen weiteren Leckerbissen wieder herunter. Das sanfte Licht, das dem Glühwürmchen seine unirdische Schönheit verleiht, geht nicht von einem »gesättigten« Tier aus. Das Licht wird von Glühwürmchen ausgesandt, die hungrig und auf einen guten Fang aus sind.
>
> So einzigartig Glühwürmchen sind, haben sie doch gewisse Eigenschaften mit dem Menschen gemeinsam. Bei ihnen hat ein voller Magen genau wie bei uns zu oft einen Zustand der Selbstzufriedenheit zur Folge, welcher den Wunsch nach Erfüllung in den Hintergrund drängt.
>
> Ein junger Mann, der sich ins Leben stürzt, wird durch kräftige Anreize wie »Brot und Butter« angespornt. Damit er regelmäßig etwas zu essen bekommt, muß er gewisse Prüfungen bestehen. Er muß die elementaren Dinge seines Berufes beherrschen und sich den Bedingungen anpassen, die in diesem Beruf Erfolg versprechen. Er ist hungrig nach den Notwendigkeiten des Lebens und ist in seinem Beruf »auf einen guten Fang aus«, und wenn er die richtigen Eigenschaften mitbringt, wird sein »Leuchten« den Erfolg anziehen.

Nachdem er aber ein gewisses Maß an Erfolg gehabt hat, steht er vor einer anderen Prüfung. Verspürt er in sich immer noch einen starken Drang, die Angel nach den wirklich großen Brocken auszuwerfen?

Viele, die die ersten Prüfungen glänzend bestanden haben, bleiben an dieser zweiten Prüfung hängen. Sie bleiben oben auf dem ersten Hügel stehen. Sie sind so darauf erpicht, die Früchte ihres Erfolgs zu genießen, daß sie kein Interesse mehr haben, sich weiterzubilden, sich spezielle Kenntnisse anzueignen oder irgend etwas anderes zu tun, um noch weitere Höhen zu erklimmen.

Von *Führernaturen* spricht Gene in diesem letzten Abschnitt offensichtlich nicht. Ein echter Leader, der auch motiviert ist, benützt einen Erfolg, um darauf andere aufzubauen. Ein Leader weiß, daß er das Beispiel *ist*, zu dem die Untergebenen aufblicken. *Als Manager weiß er, daß man ihn an der Anzahl seiner Untergebenen, die ihn übertreffen, messen und beurteilen wird.* Er weiß, daß wahre Größe sich durch die Fähigkeit auszeichnet, sie auch bei andern zu entwickeln.

Ein großes Mißverständnis

Wenn Sie beständig Spitzenleistungen erbringen wollen, müssen Sie unbedingt verstehen, was Glück wirklich ist. Viele Leute behaupten, sie würden *dann* glücklich sein, wenn sie – eine Reise nach Hawaii gewännen. Viele Leute sagen, sie werden glücklich sein, wenn sie ihr neues Haus haben; aber sie sind es nicht. Also werden sie dann glücklich sein, wenn auch die Umgebung fertig ist; aber sie sind es nicht. Dann sagen sie, sie werden dann glücklich sein, wenn die neuen Vorhänge da sind – aber auch das stimmt nicht. Also werden sie dann glücklich sein, wenn die Hypotheken abbezahlt sind; aber auch das ist ein Irrtum. Sie werden glücklich sein, wenn noch ein weiteres Zimmer angebaut worden ist, und dann, wenn sie das kleine Ferienhaus am See gebaut haben – aber sie sind es einfach nicht.

Glück ist nicht eine Frage von dann, wenn, sondern von *jetzt!* Nicht was Sie *haben*, macht Sie glücklich. Was Sie *sind*, wird Sie glücklich machen! Materielle Dinge werden uns nie glücklich machen. Ich habe ja bereits gesagt: Adam und Eva hatten das ganze Paradies. Gott gab ihnen alles, und sie durften über alles verfügen – nur nicht über den einen Baum. Er warnte sie eindringlich davor, Früchte von diesem Baum zu essen. Sie hatten also materiellen Besitz in Hülle und Fülle, und was war das einzige, was sie wollten? Eben: die Früchte von jenem Baum.

Geld und Stellung machen nicht glücklich

Viele Leute sagen: »Wenn ich eine Million bekomme, werde ich glücklich sein, weil ich dann auch Sicherheit habe.« Aber dem ist nicht unbedingt so. Die meisten Leute, die zu einer Million kommen, wollen noch eine, und dann noch eine. Oder sie tun es einem Freund von mir nach, der eine Million hatte und alles wieder verlor. Er war nicht gerade erfreut darüber, aber er erklärte: »Zig, ich weiß immer noch alles, was es braucht, um eine Million zu machen, und ich habe gelernt, was man tun muß, um sie nicht wieder zu verlieren. Ich werde mich einfach wieder an die

Arbeit machen und sie wieder verdienen.« Und genau das – und noch mehr – tat er. Nein, Sicherheit beruht nicht auf Geld. General Douglas Mac Arthur sagte, Sicherheit beruhe auf unserer Fähigkeit zu produzieren – und ich glaube, er hatte recht.

Viele Leute sagen: »Ich werde glücklich sein, wenn ich an der Spitze der Firma stehe, weil dies Sicherheit bedeutet.« Das stimmt nicht. Sie wissen, man kann sogar Präsident der Vereinigten Staaten werden und seinen Job verlieren, wenn man seine Sache nicht richtig macht! Nein, wenn wir glücklich, sicher und weiterhin motiviert sein wollen, müssen wir begreifen, daß Sicherheit von innen heraus kommt. Sie liegt in unserer Fähigkeit zu produzieren. Wenn Sie sichergehen wollen, daß Sie auch weiterhin produzieren, auch wenn Ihre Bedürfnisse schon längst erfüllt sind, wenden Sie meiner Meinung nach am besten einfach die Prinzipien und Methoden an, die Sie in diesem Buch kennengelernt haben.

Glückliche und erfolgreiche Menschen haben für alles, was sie tun, einen Grund

Ein sehr reicher Texaner hatte eine Tochter in heiratsfähigem Alter, und er war entschlossen, alle Junggesellen aus der Gegend zu einer Party einzuladen. Sein Grund dafür war offensichtlich: Er wollte für seine Tochter nur den allerbesten auswählen.

Nachdem alle ehefähigen Jünglinge aus dem Umkreis von hundert Meilen um seinen gewaltigen Landbesitz (mit zahlreichen sprudelnden Ölquellen und vieltausendköpfigen Viehherden) eingetroffen waren, bat er sie ins Freie zu seinem von der Größenordnung her durchaus olympiareifen Schwimmbecken, in dem er raffinierterweise Wasserschlangen, Alligatoren und andere gefährliche Biester ausgesetzt hatte. Dann versprach er den jungen Männern, der erste, der hineinspringe und eine Länge schwimme, dürfe wählen zwischen einer Million Dollar bar, zehntausend Quadratmeter seines besten Landes oder der Hand seiner schönen Tochter. Er wies sogar darauf hin, seine Tochter sei seine einzige Erbin, und das alles würde einst ihr und ihrem Ehemann gehören, wenn er selbst und seine Frau nicht mehr lebten.

Kaum hatte er geendet, spritzte das Wasser auf der einen Seite des Beckens hoch auf, und einen kurzen Augenblick später kletterte ein triefender junger Mann am andern Ende wieder heraus. Er hatte bestimmt einen fabelhaften Weltrekord geschwommen, an den nie jemand auch nur herankommen würde.

Als sich die gesamte Gästeschar samt Vater auf ihn stürzten, um ihm zu gratulieren, stand der junge Mann voller Erwartung da. Begeistert rief der Gastgeber aus: »Nun, mein Freund, Sie haben die Wahl. Wollen Sie die Million in bar?« Der junge Mann antwortete: »Nein, Sir.« – »Wollen Sie die zehntausend Quadratmeter von meinem besten Land?« – »Nein, Sir.« – »Dann wollen Sie also die Hand meiner schönen Tochter!« Und der junge Mann antwortete: »Nein, Sir.« Ziemlich verwirrt und einigermaßen frustriert, erkundigte sich der reiche Texaner: »Nun, mein Sohn, was wollen Sie dann?« Und der junge Mann erwiderte: »Ich will wissen, welcher Idiot mich hineingestoßen hat!«

Nun, dieser junge Mann hatte offensichtlich einen Grund für das, was er tat. Es ist vielleicht nicht das, was Sie anfänglich angenommen hatten, aber er hatte einen Grund. Frage: Haben Sie einen Grund für das, was Sie tun? Kennen Sie wirklich Ihren Grund, Ihre Sache ... Ihr *Motiv*? Und sind Sie bereit, aus diesem Grund oder für diese Sache etwas zu unternehmen?

Eine gleichermaßen wichtige Frage: Wenn Sie versuchen, andere zu motivieren, haben Sie dann *deren* Grund eindeutig abgeklärt? Oder versuchen Sie etwa, diese Leute aufgrund *Ihrer* Motive dazu zu bringen, etwas zu tun? Erfolgreiche Leute, die sich selber und andere motivieren, sind sich ihrer Motive bewußt und ergründen sie *ehrlich* und unternehmen dann die Schritte, die zum Erfolg führen. Gute Manager ermutigen andere, die für ihren persönlichen Erfolg notwendigen Schritte zu unternehmen!

Leistungsprinzipien

1. Wissen Sie, weshalb Sie tun, was Sie tun?

2. Motivation = die Motive, aufgrund deren wir handeln.

3. Glück ist nicht eine Frage von »Wo« oder »Wann«, sondern von »Jetzt« und »Hier«.

4. Um sich selbst zu motivieren, ergründen Sie Ihre Motive und handeln Sie danach; um andere zu motivieren, ergründen Sie deren Motive und ermutigen Sie sie, danach zu handeln.

14

Bildung gegen Lähmung des Managements

Nur wer gebildet ist, ist frei.
Epiktet

Bewußtwerden
Analysieren
Handeln

Das A in unserer BAH-Formel steht für *Analyse*. Wenn ich von Analyse spreche, spreche ich von Bildung. Es gibt drei große Hemmnisse, die Sie vom Erfolg abhalten, ja eigentlich uns alle davon abhalten zu leisten, was wir leisten könnten. Und diese drei Hemmnisse können wir *nur* durch Analyse und Bildung überwinden. Es sind dies: *Angst, Zweifel* und *Sorge*. Es sind die drei negativen Anwendungen unserer Vorstellungskraft.

Man könnte vielleicht sagen, wer *Angst* hat, nimmt Schein für Sein. Lassen Sie mich das an einem Beispiel erklären. Ich nehme ein Stück Stoff und meinen Finger. Damit könnte ich in der nächsten Stadt eine Bank überfallen. Ich könnte das Stück Stoff als Taschentuch benützen und mein Gesicht maskieren. Den Finger könnte ich in die Manteltasche stecken, damit es so aussieht, als ob ich eine Pistole in der Hand hätte. Wenn ich so die Bank betreten und »Geld her!« rufen würde, bekäme der junge Mann hinter dem Schalter bestimmt feuchte Handflächen, und sein Herzschlag würde sich rasant beschleunigen. Und dann würde er mir das Geld aushändigen. Alle Beweise wären falsch, aber weil alles echt aussähe, würde auch der Mann hinter dem Schalter handeln, als ob es echt wäre.

Vielleicht haben Sie seinerzeit auch von dem jungen Kubaner gehört, der mit einem Stück Seife ein Flugzeug nach Kuba entführen konnte. Er legte die Seife in einen Schuhkarton, rief die Stewardess und sagte zu ihr: »He, ich habe eine Bombe da drin.« Sie erwiderte: »Oooooohhh, dann müssen Sie aber mit dem Kapitän sprechen!« Der junge Mann ging ins Cockpit und sprach: »He, ich habe eine Bombe da drin, und ich möchte nach Kuba fliegen.« Und die Maschine flog nach Kuba. Alle Beweise waren falsch, aber weil alles echt zu sein *schien*, handelte der Pilot in der Annahme, es sei echt.

Eine Herausforderung für Sie

Ich fordere Sie auf, Ihre zehn größten Ängste, Zweifel und Sorgen in die Liste einzutragen. Nun sagen Sie vielleicht: »Da brauche ich aber mehr als zehn Linien!« Nein: ich habe gesagt, Ihre zehn *größten* Ängste, Zweifel und Sorgen. Sie werden anschließend folgendes feststellen: Von den zehn Dingen, die Sie aufgeschrieben haben, sind sieben oder acht schon geschehen oder können nicht geschehen. Ein oder zwei von den restlichen Dingen entziehen sich vollständig Ihrer Kontrolle und Ihrem Einfluß. Und somit bleiben ein oder zwei Punkte übrig, die Sie tatsächlich selbst kontrollieren oder beeinflussen können.

Meine 10 größten Ängste, Zweifel und Sorgen

1. _____

2. _____

3. _____

4. _____

5. _____

6. _____

7. _____

8. _____

9. _____

10. _____

Frage: Ist es sinnvoll, Ihre Energie auf eine lange Liste von Dingen aufzuteilen, die sich Ihrer Kontrolle entziehen, anstatt Ihre Energie auf ein oder zwei Dinge zu konzentrieren, die Sie effektiv in der Hand haben? Die Antwort lautet offensichtlich nein. Aber weshalb konzentrieren wir unsere Energie dann nicht auf lösbare Probleme? Antwort: Wir weigern uns, unsere Energie auf lösbare Probleme zu konzentrieren, weil wir Gewohnheitstiere sind. Wir haben unsern Alltagstrott, und die kleinste Kleinigkeit, die sich darin ändert, regt uns auf und verdirbt uns womöglich den ganzen Tag.

Leider ist es eine unserer destruktivsten Gewohnheiten, daß wir ständig meckern, klagen oder stöhnen. Mein Partner Bryan Flanagan sagt: »Wir werden Mitglied im Mekker-, Stöhn- und Weitermach-Club.« Ist Ihnen bewußt, daß viele Menschen sich lieber beklagen als Erfolg haben? Klingt Ihnen das zu absurd, dann beweisen Sie mir, daß ich unrecht habe. Hören Sie auf zu klagen und schauen Sie, ob Sie auf diese Weise nicht rascher zum Erfolg kommen. Wir leben in einer Gesellschaft, die gewohnheitsmäßig eher negativ als positiv ist. Mein Sprecher Don Hutson sagt zum Beispiel, die Wirtschaftsfachleute hätten von den letzten zwei Rezessionen achtzehn vorhergesagt! Die Leute suchen Fehler, als ob es Preise dafür gäbe! Viel zu viele Menschen suchen bei den andern immer die schlimmsten Seiten und lassen keine Gelegenheit aus, über andere herzuziehen oder sie zu kritisieren.

Negative Anwendung der Vorstellungskraft

In der Regel besteige ich zwei- bis zehnmal pro Woche ein Flugzeug. Natürlich ist mir bekannt, daß es hie und da zu einem Absturz kommt, und somit ist mir bewußt, daß ich mich in Gefahr begebe, wenn ich ein Flugzeug besteige. Realistisch gesehen ist die Gefahr für das Flugzeug aber viel größer, denn wenn Flugzeuge schneller herunterkommen als aufsteigen, sinkt ihr Tauschwert praktisch auf Null. Damit will ich sagen, man kann sie überhaupt nicht mehr in Zahlung geben!

Auch wenn für ein Flugzeug in der Luft Gefahr besteht, ist die Gefahr interessanterweise aber viel größer, wenn das Flugzeug *am Boden* bleibt. Fachleute werden Ihnen schnell bestätigen, daß der Rost ein Flugzeug am Boden viel stärker bedroht als die Abnützung, wenn es fliegt –

denn Flugzeuge werden ja eigentlich zum Fliegen gebaut. Wenn ein Schiff ausläuft, kommen gewisse Gefahren auf es zu, denn hie und da geht ein Schiff unter. Aber die Gefahr ist größer, wenn es im Hafen bleibt. Fachleute werden Ihnen nämlich bestätigen, daß ein im Hafen vor Anker liegendes Schiff infolge einer Krustenbildung am Rumpf viel schneller seeuntüchtig wird, als wenn es auf hoher See unterwegs ist – wofür es ja eigentlich gebaut worden ist.

Wenn Sie Ihr Haus vermieten, gehen Sie das Risiko ein, daß die Mieter gewisse Schäden anrichten. In manchen Fällen haben die Mieter einfach nicht den gleichen Stolz wie die Besitzer und tragen nicht die gleiche Sorge zu Ihrem Haus wie Sie. Andererseits versichern mir Freunde, die im Immobiliengeschäft tätig sind, die Gefahr für ein leerstehendes Haus sei größer. Sie sagen, es würde schneller verfallen, als wenn jemand drin wohnt – und schließlich würden Häuser ja gebaut, um bewohnt zu werden.

Offensichtlich ist alles, was man tut, mit einer gewissen Gefahr verbunden, aber im Management ist die Gefahr in der Regel noch größer, wenn man *gar nichts* tut. Der Mensch und die Natur sind wenigstens in einer Hinsicht genaue Gegenteile: *Wir erschöpfen die Schätze der Natur, indem wir sie aufbrauchen. Wir bringen die natürlichen Schätze des Menschen zur Erschöpfung, indem wir sie überhaupt nicht benützen.*

Oliver Wendell Holmes sagte zu Recht, die große Tragödie in Amerika sei nicht die Zerstörung der Natur, obwohl das eine sehr große Tragödie sei. Die wirkliche Tragödie aber sei die Zerstörung der menschlichen Potentiale, indem wir unsere Fähigkeiten nicht in vollem Maße ausschöpfen. Und diese Tragödie wird noch verschärft, wenn wir, die wir Führungspositionen einnehmen, unsere Fähigkeiten nicht nützen, um die Leute in unserer Einflußsphäre so anzuleiten und zu inspirieren, daß auch sie das Beste aus sich machen können.

Unser Unternehmen trägt sozusagen den Untertitel *The People Builders* (Die Aufbauer von Menschen), denn unser Ziel und der Grund, weshalb wir überhaupt im Geschäft sind, ist es, den Menschen zu helfen, ihre Fähigkeiten zu erkennen, zu entwickeln und einzusetzen. Ein Mittel, das diesem Zweck dient, ist unser »Ich kann«-Kurs, der von Mamie McCullough aufgebaut worden ist. Er beruht auf der Philosophie, die ich in meinem Buch *See You at the Top* darlege, und sie hat über drei Millionen Schüler und Lehrer in den USA und in Kanada positiv beeinflußt.

Vor mehreren Jahren nahm in Rockford im Staat Illinois eine junge Dame namens Marcie Lemaree am »Ich kann«-Kurs teil. Ich sage »teilnehmen«, aber eigentlich mußte sie buchstäblich ins Kurszimmer geschleppt werden, so sehr schrie und wehrte sie sich. Sie störte derart, daß der Lehrer schließlich zu ihr sagte: »Marcie, wenn du dich in die Bibliothek setzt und dir die Tonbänder zum Kurs anhörst, melde ich dich nicht beim Direktor!« Das klang schon viel besser, als da im Zimmer zu hocken, und so hörte sich Marcie die Bänder an, und mit der Zeit gab es doch Dinge, die ihr einzuleuchten begannen. Nach und nach änderte sich ihre Einstellung. Marcie begann für die Schule zu leben; es wurde ihr klar, weshalb ihre Einstellung so wichtig war; sie stellte Analysen an und erhielt Anweisungen, wie sie effizienter werden konnte; sie wurde Leiterin des Basketballteams und belegte von sieben Mädchen in der Schützenmannschaft den vierten Rang.

Enttäuscht? Nun, wenn ich Ihnen noch den Rest der Geschichte erzähle, dürfte sich das rasch ändern. Marcie

ist sozusagen blind. Sie kann hell und dunkel kaum unterscheiden. Wenn sie ihr Gewehr abfeuerte, mußte ein anderes Mädchen ihr sagen: »Nein, der Schuß saß links und zu
tief; du mußt höher und mehr rechts halten.« Hatte Marcie
Grund zu Angst, Zweifel und Sorge? Ganz sicher! Hat sie
diese Ängste, Zweifel und Sorgen überwunden? Und ob!
Wie? Genau so, wie Sie und ich unsere Ängste, Zweifel
und Sorgen überwinden..., nämlich durch *Analyse* und
Bildung! Überflüssig hinzuzufügen, daß sie ihr Denken änderte und damit auch ihre Leistung.

Es ist wahrscheinlich auch Ihnen passiert

Ich glaube, Sie können sich mit diesem Beispiel identifizieren, wenn Sie ein wenig in sich gehen. Die Damen werden
natürlich eine etwas andere Perspektive haben, aber,
meine Herren, erinnern Sie sich doch einmal an die Zeit, in
der Sie zum ersten Mal mit einem Mädchen ausgehen
wollten. Erinnern Sie sich, wie Sie nach dem Telefonhörer
griffen und ihn nicht aufnehmen konnten, weil er eine
Tonne wog? Nicht einmal mit einem Kran hätten Sie ihn
heben können! Also gaben Sie es für den Moment auf und
beschlossen, Sie würden am nächsten Tag nach der Schule
bei der Auserwählten zu Hause vorbeigehen. Erinnern Sie
sich, wie Sie sich zur Haustür schlichen und wie der Mut
Sie genau dann verließ, als Sie klingeln wollten? Sie hatten
die Kraft nicht, anzuklopfen oder zu klingeln. Dann hörten
Sie Geräusche hinter der Tür und flohen Hals über Kopf,
weil Sie nicht wollten, daß Ihr Mädchen oder dessen Mutter ein solches »Häufchen Elend« vor ihrer Haustür fand.

All diese Ereignisse ließen aber einen *Entschluß* in Ihnen heranreifen. Sie eilten auf kürzestem Weg nach Hause, nahmen den Telefonhörer auf, bekamen die ersehnte Person an den Draht . . . und brachten kein einziges Wort heraus!

Nun waren Sie aber entschlossener denn je! Was konnte noch schlimmer sein, als kein Wort herauszubringen? Sie nahmen erneut den Hörer auf, bekamen die Ersehnte an den Apparat, luden Sie ein, mit Ihnen auszugehen – und erlitten eine Abfuhr!

Als Sie den Hörer auflegten, bemerkten Sie zu Ihrer eigenen Überraschung, daß Sie noch atmeten und daß Ihr Herz noch schlug (ein bißchen schneller vielleicht, aber immerhin). Sie sagten zu sich: »Ihr Nein hat mich nicht umgebracht. Also rufe ich ein anderes Mädchen an.« Also riefen Sie so lange an, bis Ihre Pechsträhne irgendwann einmal abbrach und Sie ein Mädchen überreden konnten, mit Ihnen auszugehen. Wer weiß, dieses Mädchen ist heute vielleicht sogar Ihre Frau. Der Grund, weshalb Sie ein zweites oder drittes Mal anrufen konnten, ist der: Sie haben Ihre Ängste, Zweifel und Sorgen überwunden, weil Sie gelernt hatten, daß eine Absage niemanden umbringt.

Die größten Wahrheiten sind oft die einfachsten

Die meisten Management-Bücher befassen sich mehr oder weniger eingehend mit dem Thema Motivation aus der Sicht der Verhaltenswissenschaftler, und manchmal geht es da so technisch zu und her, daß man kaum mitkommt. Meine Art mag Ihnen vielleicht als allzusehr vereinfacht erscheinen, aber ich habe schon oft gesagt, die größten

Wahrheiten im Leben seien oft die einfachsten. Aus diesem Grund schreibe und spreche ich normalerweise auf dem Niveau von Fünfzehn- oder Sechzehnjährigen. Und ich habe festgestellt, daß dabei selbst Universitätsprofessoren mit mir mithalten können. Mein alter Freund Dr. Steve Franklin, Professor an der Emory University in Atlanta, Georgia, von dem ich meine obige Weisheit habe, sagt: »Die großen Wahrheiten im Leben sind die einfachen. Es braucht nicht drei bewegliche Teile und fünfsilbige Wörter, damit etwas bedeutsam sein kann.«

Steve wies mich darauf hin, es gebe nur drei Grundfarben – aber sehen Sie sich an, was Michelangelo mit diesen drei Farben gemacht hat! Es gibt nur sieben Töne in der Tonleiter – aber hören Sie sich an, was Chopin, Beethoven oder Vivaldi mit diesen sieben Tönen gemacht haben! (Oder was Elvis mit zweien gemacht hat!) Präsident Lincolns berühmte Gettysburg-Rede umfaßt nur 262 Wörter, und 202 davon waren einsilbig. Stellen Sie sich nur vor, was für einen Einfluß diese einfachen, direkten Worte auf unsere Gesellschaft gehabt haben! Ich weiß, daß viele unserer Probleme komplex sind, aber ich glaube, ein einfaches (nicht simplizistisches), direktes Vorgehen in einfachen, verständlichen Worten führt zu den besten Ergebnissen. Und nun wollen wir uns doch anschauen, was drei weltweit anerkannte Kapazitäten auf dem Gebiet der Verhaltensforschung über drei wichtige Aspekte unseres Lebens zu sagen haben.

Maslow – McGregor – Herzberg

Die drei am häufigsten zitierten Verhaltensforscher sind Abraham Maslow – er befaßte sich mit den *Bedürfnissen* des Menschen und mit der Reihenfolge, in der sie befriedigt werden müssen –, Douglas McGregor – er setzte sich mit *Persönlichkeiten, Werten und Annahmen* auseinander – und Frederick Herzberg – er untersuchte, wie der Mensch auf Arbeit *reagiert* oder eben *anspricht*.

Manager und Angestellte bewegen sich immer in diesen oder um diese Bereiche, und wenn wir unsere Aufgabe verstehen und erfolgreich lösen wollen, müssen wir von allen dreien ein elementares Verständnis haben. Beginnen wir mit Maslows Theorie.

Abraham Maslow war der Auffassung, Motivation sei eine »innere« Angelegenheit, die nicht von äußeren Faktoren bestimmt werde. Die inneren Faktoren beginnen mit den *Grundbedürfnissen* wie Nahrung, Unterkunft, Wasser und Luft. Dann kommt das Bedürfnis nach *Sicherheit*, nach Schutz vor Gefahr. Die dritte Stufe der Motivation ist *sozialer* Natur; dabei geht es um unser Bedürfnis, zum Team zu gehören und von den andern respektiert zu werden. Das vierte Niveau ist das *Ego*, wo Selbstwertgefühl, Status und Anerkennung ins Spiel kommen. Und letztlich geht es um *Selbstverwirklichung*, das heißt um das Erkennen unseres persönlichen Potentials und um das Erreichen des Optimismus, zu dem wir fähig sind.

Maslow bezeichnete diese Bedürfnisse als *hierarchisch*; damit will er nur sagen, daß sie in dieser Reihenfolge befriedigt werden müssen. Ein interessanter Teil seiner Theorie besagt allerdings:

Ist ein Bedürfnis einmal befriedigt, dient es nicht mehr der Motivation.

Wie können wir andern mit Maslows Theorie helfen? Um die *Grundbedürfnisse* eines Menschen am Arbeitsplatz zu befriedigen, müssen wir (und nun *langsam:* Sie müssen die folgenden Punkte lesen und *in die Tat umsetzen*, nicht nur lesen und damit einverstanden sein):

1. eine möglichst angenehme und bequeme Umgebung am Arbeitsort schaffen;
2. für ein angemessenes Einkommen sorgen, so daß die unmittelbaren persönlichen Bedürfnisse befriedigt werden können, und gleichzeitig die Möglichkeit für ein höheres Einkommen schaffen, damit zusätzliche persönliche Annehmlichkeiten erschwinglich sind.

Um die Bedürfnisse eines Menschen in bezug auf die *Sicherheit* am Arbeitsplatz zu befriedigen, müssen wir:

1. nicht vergessen, wie wichtig es ist, daß die *Grundbedürfnisse* befriedigt werden;
2. für ordentliche und beständige Beziehungen zu den Vorgesetzten sorgen;
3. Regeln und Bestimmungen zum Schutz der Arbeitnehmer einführen;
4. für zusätzliche Vorteile und den Schutz nach Dienstalter sorgen;
5. klare und beständige Grundleistungen festlegen.

Um die Bedürfnisse der *Zugehörigkeit* zum Arbeitsplatz zu befriedigen, müssen wir:

1. nicht vergessen, wie wichtig es ist, daß die *Grund-* und die *Sicherheitsbedürfnisse* befriedigt werden;
2. Gelegenheit bieten, Mitglied eines Teams zu sein;
3. Gelegenheit zur Entwicklung von Beziehungen bieten, damit der einzelne von den andern Teammitgliedern anerkannt und geschätzt wird;
4. aufrichtige Anteilnahme für jeden Mitarbeiter zeigen und ihn ermutigen, das gleiche zu tun.

Um die Bedürfnisse eines Menschen in bezug auf seinen *Ego-Status* zu befriedigen, müssen wir:

1. nicht vergessen, wie wichtig es ist, daß die *Grund-, Sicherheits-* und *Zugehörigkeitsbedürfnisse* befriedigt werden;
2. ein Prämiensystem ausarbeiten, das diejenigen Eigenschaften belohnt, die das Unternehmen für seinen Erfolg als wesentlich erachtet;
3. ein Prämiensystem ausarbeiten, das eine Einzelperson für besondere Leistungen belohnen kann;
4. ein Prämiensystem mit unterschiedlichen Stufen ausarbeiten, damit unterschiedliche Leistungsniveaus belohnt werden können und damit die Angestellten mit sich selber und nicht gegeneinander konkurrieren;
5. Gelegenheit bieten, damit er in Bereiche vorstoßen kann, wo er Verantwortung übernehmen muß und wo er »anforderungsreiche« Aufgaben bekommt, um seine Fähigkeiten unter Beweis zu stellen;
6. ihn in die Planung einbeziehen und ihn um seine Meinung bitten.

Um die Bedürfnisse eines Menschen in bezug auf seine

Selbstverwirklichung am Arbeitsplatz zu befriedigen, müssen wir:

1. nicht vergessen, wie wichtig es ist, daß die *Grund-, Sicherheits-, Zugehörigkeits-* und *Ego-Bedürfnisse* befriedigt werden;
2. ihm Gelegenheit bieten, anspruchsvollere Arbeiten zu erledigen, und ihm seine kreative Freiheit lassen;
3. ihn in seinem Gefühl bestärken, daß er persönlich gewachsen ist;
4. die Arbeit zu einer »Kunst« oder Mission werden lassen;
5. ihm Autonomie garantieren.

Wir haben im 4. Kapitel Douglas McGregors Theorien X und Y kennengelernt, und nun wollen wir untersuchen, wie sie sich ganz spezifisch auf die Motivation anwenden lassen. Sie erinnern sich: Die Theorie X ist die grundlegend *negative Management-Annahme.* Danach mögen die Arbeiter Arbeit von Natur aus nicht und drücken sich davor, wo immer es möglich ist. Das Management muß also jede Bewegung erzwingen, kontrollieren und steuern und bei mangelnder Kooperationsbereitschaft mit Strafen drohen. Die Arbeiter wollen gemäß dieser Theorie geführt werden; sie sind ohne jeden Ehrgeiz, drücken sich vor Verantwortung und suchen nur Sicherheit. Dies bedeutet, daß wir als Manager:

1. starre und unbeugsame Richtlinien für die Arbeit festlegen müssen;
2. die Ziele ohne die Mitwirkung der Angestellten bestimmen müssen;

3. nur die belohnen, die sich an das System halten, die andern dagegen bestrafen.

Die Theorie Y ist die *positive Management-Annahme*. Laut Theorie Y empfinden die Arbeiter Arbeit als genauso natürlich wie Spiel und Erholung. Sie setzen sich ein, wenn sie angemessen entschädigt werden, vor allem wenn sie für Bereiche belohnt werden, die persönliches Wachstum und Eigenwerbung ermöglichen. Die meisten Arbeiter sind kreativ und suchen sogar mehr Verantwortung. Dies bedeutet, daß wir als Manager:

1. hohe Erwartungen hegen und hohe Normen ansetzen;
2. uns noch mehr um Belohnung und Anerkennung kümmern;
3. die Normen fest, gerecht und beständig durchsetzen.

Nun möchte ich Ihnen etwas sehr *Tiefschürfendes* anvertrauen (ich wollte Sie einfach warnen). Offensichtlich steckt etwas von beiden Arbeitern in jedem von uns . . . , und der Schlüssel liegt nicht in der Fähigkeit des Arbeiters, sondern in dem, was die *Annahme* im Manager bewirkt. Unsere *Annahmen* prägen unsere *Einstellungen*, die wiederum unser *Verhalten* bestimmen.

Annahmen des Managements + Einstellungen des Managements = Verhalten des Managements

Der dritte unserer Verhaltensforscher ist Frederick Herzberg, und um seine Konzepte zu verstehen, müssen wir die Unterschiede zwischen unbefriedigenden/demotivierenden und befriedigenden/motivierenden Faktoren kennen. Motivierend sind interessante Arbeit, anspruchsvolle

Arbeit, persönlicher Erfolg, Anerkennung und die Gelegenheit, mehr Verantwortung zu übernehmen. Hierbei sind nach oben keine Grenzen gesetzt.

Unbefriedigend dagegen sind Beziehungen am Arbeitsplatz, Firmenpolitik, Arbeitsbedingungen, Überwachung und Kompensation. Und hier ist der Schlüssel dazu: Obwohl man in diesen Bereichen Befriedigung erreichen kann, *erhöht Befriedigung die Motivation nicht.* Eine schlechte Firmenpolitik zum Beispiel schafft Unzufriedenheit; eine gute Firmenpolitik hingegen verschafft nur Befriedigung, nicht aber Motivation. Unbefriedigende Faktoren lösen unterschiedliche Stufen der Unzufriedenheit aus, haben aber nicht unterschiedliche Stufen der Motivation zur Folge. Zum Beispiel wandeln sich im Laufe der Zeit Ihre Vorstellungen von guter Entlohnung, so daß in Zukunft ohne weiteres mit Unzufriedenheit gerechnet werden muß.

Übertragen wir das alles auf spezifische Dinge, die der Manager unternehmen kann, und versuchen wir herauszufinden, welche motivierenden Faktoren beteiligt sind:

Handlung	Motivation
● weniger Kontrolle	● Gelegenheit zu Wachstum/Verantwortung/Leistung
● mehr Rechenschaft fordern	● Verantwortung/Anerkennung/Belohnung
● Autonomie gewähren	● Verantwortung/Leistung/Anerkennung
● mehr informieren	● innere Anerkennung/Befriedigung des Ego

- neue und zunehmend schwierigere Aufgaben zuteilen
- persönliches Wachstum/ Karriere/finanzielle Fortschritte

Als Spitzenmanager müssen wir alle drei Bereiche verstehen und sie nach unseren persönlichen Bedürfnissen und Ambitionen mischen und formen.

Das nächste Beispiel aus dem Buch des Lebens faßt sehr schön zusammen, worum es in diesem Kapitel eigentlich geht.

Spitzenleistung mit echter Bildung

Nachdem Sie so weit gelesen haben, dürfte es Sie nicht überraschen, daß ich an eine Person mit nur gerade minimaler Schulbildung denke, wenn ich den cleversten und gebildetsten Menschen nennen soll, den ich je gekannt habe. Dieser Mensch ist meine Mutter. Die folgende Geschichte mag vielleicht im Anschluß an Maslow, McGregor und Herzberg etwas ungewöhnlich erscheinen, aber ich glaube, sie verkörpert das Beste von allen dreien.

Als kleiner Junge in Yazoo City, Mississippi, hatte ich ab und zu Gelegenheit, kleinere Besorgungen und Arbeiten für ein älteres Ehepaar in unserer Nachbarschaft zu erledigen. Sie führten eine kleine Molkerei und dürften damals Ende sechzig oder Anfang siebzig gewesen sein. Der Mann war blind. Wir waren um die paar zusätzlichen Dollars sehr froh, denn in den dreißiger Jahren war die allgemeine Lage alles andere als rosig.

Ich erinnere mich nicht mehr an alle Einzelheiten, aber irgendwie schien etwas danebengegangen zu sein. Die alte

Dame schalt mich gnadenlos aus und warf mir vor, ich hätte nicht getan, was ich zu tun versprochen hätte (sie war offensichtlich Anhängerin der Theorie X), und deshalb würde sie mich für die nicht unbeträchtliche Arbeit, die ich geleistet hatte, nicht bezahlen.

Weinend lief ich nach Hause, und als ich meiner Mutter berichtete, ich würde für meine Arbeit nicht bezahlt werden, war sie natürlich unglücklich. Meine Mutter war aber der liebevollste, weiseste und sanfteste Mensch, den ich je gekannt habe (der Inbegriff aller Spitzenmanager und die Verkörperung aller positiven Management-Eigenschaften, von denen in diesem Buch die Rede ist). Sie war auch sehr gläubig, sehr hilfreich und loyal. Nachdem ich ihr mein Leid gebeichtet hatte, legte sie ruhig ihre Schürze ab und sagte: »Komm, wir wollen mit ihnen darüber reden, mein Sohn.«

Meine Mutter war eine kleine Frau, damals an die fünfzig Jahre alt, und die Jahre harter Arbeit hatten ihren Tribut gefordert. Als wir bei den Nachbarn eintraten, erklärte die alte Frau meiner Mutter klipp und klar, ich hätte nicht geleistet, was sie von mir erwartet hätte; ich sei unzuverlässig, ich hätte sie belogen und so weiter und so weiter. Wie alle guten Manager ließ meine Mutter die Frau geduldig ausreden, hörte aber sehr, sehr aufmerksam und ruhig zu.

Dann sagte sie: »Nun, ich möchte Sie daran erinnern, daß ich dabei war, als Sie meinen Sohn für diese Arbeiten anstellten. Ich weiß noch ganz genau, was Sie in Ihrem Hof und Garten erledigt haben wollten. Und bevor ich anklopfte, ging ich absichtlich an Ihrem Garten vorbei. Und ich versichere Ihnen: Mein Sohn hat nicht nur alles getan, was Sie ihm aufgetragen hatten, und er hat meiner Meinung nach nicht nur ausgezeichnete Arbeit geleistet, sondern noch einiges darüber hinaus getan. Mein Sohn hat Sie diesbezüglich nicht belogen, und Sie sollen wissen, daß mein Sohn Sie nie wegen irgend etwas anlügen würde.« Und dann faßte sie zusammen: »Sie schulden meinem Sohn das Geld, aber ob Sie es ihm geben oder nicht, liegt einzig und allein bei Ihnen. Ich wollte Ihnen nur klarmachen, daß mein Sohn ehrlich ist. Wenn Sie ihn für das, was er gearbeitet hat, nicht bezahlen, werden wir auch ohne dieses Geld weiterleben. Aber können Sie weiterleben mit dem Geld und dem Wissen, daß Sie meinen Sohn ungerechterweise einer Sache bezichtigen, bei der er nichts Falsches getan hat? Ich überlasse es Ihnen, ob Sie ihn bezahlen wollen oder nicht.«

Soweit ich mich erinnere, beharrte die alte Frau auf ihrem Standpunkt, und endlich beendete meine Mutter das Gespräch, indem sie sagte: »In Ordnung. Wir kommen ohne das Geld aus. Lassen Sie sich von Ihrem Gewissen führen.«

Ein paar Tage später kam die alte Frau bei uns zu Hause vorbei, gab mir das Geld und entschuldigte sich bei Mutter und mir.

Dies war eine ziemlich einschneidende Erfahrung in meinem Leben, denn meine Mutter hatte sich hinter mich gestellt, und obwohl das viele, viele Jahre zurückliegt, werde ich nie vergessen, wie dankbar ich ihr dafür war. Ich glaube, Vorfälle wie diese haben mein Leben entscheidend beeinflußt. Die Unterstützung, die wir als Manager unsern Leuten geben, wenn sie im Recht sind, ist ungeheuer wichtig, und selbst wenn sie im Unrecht sind, können wir ihre Integrität verteidigen, auch wenn wir nicht mit all ihren Handlungen einverstanden sind.

Zwei der Lieblingssprüche meiner Mutter lauteten: »Es

geht nicht darum, *wer* recht hat, es geht darum, *was* recht ist ...« und »Wenn man den richtigen Mann hat, kann er tun, was er will, es wird richtig herauskommen.« Ja, meine Mutter hatte die Schule des Lebens mit *Magna cum laude* abgeschlossen. Wenn Sie sich an die Prinzipien dieses Buches halten, für die sie ein so gutes Vorbild ist, werden auch Sie Anerkennung finden als Manager, der seinen Angestellten über Angst, Zweifel und Sorge hinweghilft und der von seinen Leuten Spitzenleistungen bekommt!

Leistungsprinzipien

1. Angst, Zweifel und Sorge werden Sie und Ihre Leute stillegen und blockieren, wenn die richtige Bildung fehlt.

2. Ein befriedigtes Bedürfnis dient nicht mehr als Motivation ... Befriedigung erhöht die Motivation nicht.

3. Annahmen des Managements + Einstellungen des Managements = Verhalten des Managements.

15

Das Geheimnis zur Motivation des Managements

Oft kommen zuerst die Taten, dann die Gefühle.

Anonym

Bewußtwerden
Analysieren
Handeln

Das H in unserer BAH-Formel steht für *Handeln*. Sie sind ein Mann der Tat. Und das begann schon heute morgen. Sie lagen im Bett, als diese Uhr (negative Menschen nennen sie »Wecker«) eine »günstige Gelegenheit« einläutete. Sie tasteten danach und stellten sie ab, und dabei streckten Sie Ihren Arm in die Kälte hinaus. Und was dann kam, war vollkommen natürlich und normal: Sie zogen Ihren Arm schleunigst unter die Decke zurück! Und nun standen Sie vor einer sehr elementaren Entscheidung: »Soll ich mich nun *ganz* in diese Kälte hinauswagen, oder soll ich mich *ganz* hier drin in der kuscheligen Wärme behalten?« Und da Sie ein verantwortungsvoller Mensch mit allen erfolgversprechenden Eigenschaften sind, die wir im ersten Teil unseres Buches besprochen haben, ging der Kampf zwischen *Was ich tun möchte* und *Was ich tun muß* zugunsten der zweiten Option aus: Sie standen auf. Es ist Ihnen und jedem andern auf Erfolg ausgerichteten Menschen klar, daß nichts geschieht, wenn Sie nicht zuerst etwas unternehmen – es geschieht nichts, bis Sie sich daran gewöhnt haben, etwas zu tun.

Ich möchte Ihnen einen Satz mitgeben, der meiner Meinung nach allein den Preis dieses Buches rechtfertigt. Denken Sie jetzt: *Warum hat er ihn dann nicht auf die erste Seite geschrieben und sich den Rest geschenkt?* Nun, ich möchte eben nicht, daß Sie nur bekommen, was Ihr Geld wert ist . . ., ich will, daß Sie ein Geschäft machen! Der Grund dafür ist zum Teil menschenfreundlich, zum Teil egoistisch. Wie schon gesagt, glaube ich fest daran, daß man alles im Leben bekommen kann, was man will, wenn man nur genügend andern Menschen hilft, das zu bekommen, was sie wollen. Warum will ich also, daß Sie so viel von diesem Buch haben? Je mehr Sie bekommen, desto mehr Leuten werden Sie von diesem Buch erzählen, und das bedeutet einfach, daß mehr Bücher verkauft werden. Hier also dieser magische Satz:

Logik kann an einem Gefühl nichts ändern, eine Tat hingegen schon!

Oder mit andern Worten:

Oft kommen zuerst die Taten, dann die Gefühle!

So muß ich Ihnen – auch wenn ich es nicht gern tue – zum Beispiel sagen, daß es Tage geben wird, an denen Sie nicht aufstehen und zur Arbeit gehen wollen. Das wird Sie überraschen, ich weiß, aber es wird solche Tage geben. Manchmal wird die beste Arbeit allerdings von Leuten geleistet, die gar nicht tun wollen, was sie tun müssen, die aber jenes altmodische Pflichtgefühl haben, das sie aus dem Bett und an die Arbeit treibt! Wer ist erfolgreich? Erfolgreich sind jene Menschen, die das tun, was erfolglose Menschen zu tun ablehnen! Sie begreifen, daß alles, was sie tun, eine Art Selbstporträt von dem ist, der es getan hat, und sie haben sich selber dazu verpflichtet, jede Arbeit mit ihrer Unterschrift zu versehen.

Als ich noch im Verkauf tätig war, kam ich in einem Jahr auf Rang zwei in einer landesweiten Organisation mit über siebentausend Verkäufern. Später wurde ich gar erster in einem anderen Unternehmen mit über dreitausend Verkäufern. Ich kann ganz offen zugeben, daß es viele Tage gab, an denen ich gar keine Lust verspürte, an die Arbeit zu gehen; aber oft kam die Lust, nachdem ich mich an die Arbeit gemacht hatte. Und das ist entscheidend: Nicht ein einziges Mal war ich in jenem Jahr, in dem ich auf Platz zwei landete, unter den zwanzig Besten der Woche. Nicht einmal in dieser Zeit war ich unter den zwanzig Besten des Monats. Und dennoch war ich am Ende des Jahres insgesamt der Zweitbeste. Wie das kam? Einfach! Ich zwang mich dazu, *jeden* Tag spätestens um 09.00 Uhr vor meinem ersten Kunden zu stehen. Daraus ergab sich *jede* Woche ein *bißchen* Umsatz, und das reichte aus, um mich am Ende des Jahres insgesamt eben auf Platz zwei zu bringen.

Sie wissen ja, große Aufgaben erledigt man, indem man sie in viele kleine Schritte aufteilt. Wie verliert man 30 kg an Gewicht? Indem man zehn Monate lang jeden Tag 50 g abnimmt. Wie führt man seine Leute effektiv zu größeren Leistungen und klettert auf der Erfolgsleiter nach oben? Indem man sich bei seiner Arbeit ständig und jeden Tag möglichst viel Mühe gibt.

Schon oft gehört: Nur ein Schritt auf einmal

Meine Schwägerin, Eurie Abernathy, leidet schon seit vielen Jahren an MS (Multiple Sklerose). An Weihnachten 1985 verbrachte sie ein paar Tage bei uns, und dies war ihr erster Besuch in unserem neuen, zweistöckigen Heim. Wegen ihrer Krankheit nahm ich an, sie würde die Treppe zur zweiten Etage nicht schaffen, und war um so mehr überrascht, als ich eines Tages nach Hause kam und sie zusammen mit meiner Frau Jean oben in unserem Schlafzimmer bei einem gemütlichen Plauderstündchen antraf. Ein paar Minuten später wollte Eurie wieder nach unten gehen. Vorsichtshalber stieg ich vor ihr her, damit ich sie gegebenenfalls auffangen könnte. Auf dem Weg nach unten gab ich meiner Überraschung Ausdruck, daß sie diese doch ziemlich steile Treppe nach oben geschafft hatte. Sie erwiderte rasch und sehr einfach: »Ja, ich schaffe alles, was ich will, solange ich einen Schritt nach dem andern mache.« Charlie Cullen, ein wahrer Meister auf dem Gebiet des Verkaufens, pflegte zu sagen, die Gelegenheit zu Großem ergebe sich nicht, wenn man sich mit der Gewalt der Niagarafälle in eine Sache hineinstürze; sie komme vielmehr sehr langsam, Tropfen um Tropfen!

Hier eine neue Herausforderung an Sie: Stellen Sie auf dieser Liste die zehn wichtigsten Taten auf dem Weg zum Erfolg zusammen. Nicht, was jemand anderer tun muß, um Erfolg zu haben; nicht, was Sie nach Meinung anderer tun sollten, um Erfolg zu haben, sondern *was Sie jeden Tag tun müssen*! Ich begreife, daß Sie mehr als zehn Dinge pro Tag tun, aber welches sind die zehn *wichtigsten* Handlungen, die Ihnen zum Erfolg verhelfen?

10 Taten auf dem Weg zum Erfolg

1. _____

2. _____

3. _____

4. _____

5. _____

6. _____

7. _____

8. _____

9. _____

10. _____

Als ich den erwähnten Rekord aufstellte, verkaufte ich Kochtöpfe. Ich organisierte Vorführungen und kochte den Gästen etwas in den Pfannen, die ich anzubieten hatte. Oft wurde es ein Uhr morgens, bis ich die Küche aufgeräumt und alle Gäste verabschiedet hatte, aber dennoch stand unter Nummer 1 auf meiner Liste immer: Am folgenden Morgen spätestens um 09.00 Uhr bei einem Kunden sein! Auch wenn unser Baby uns bis halb vier Uhr früh nicht schlafen ließ, auch wenn mein Wagen einen platten Reifen hatte, auch wenn irgend etwas anderes geschah: Um 09.00 Uhr wollte ich bei meinem ersten Kunden sein, und zwar *jeden Morgen*! Wenn wir uns Ziele setzen und sie in kleine Teilziele zerlegen, sind unserem Leistungsvermögen keine Grenzen gesetzt. Eine Verpflichtung, jeden Tag um die gleiche Zeit und auf gleiche Art *anzufangen*, ist eigentlich eine Verpflichtung, fertigzumachen, denn beginnen ist offensichtlich der erste Schritt auf dem Weg zum Ziel. Oder wie die Chinesen sagen: Eine Reise über tausend Meilen beginnt mit einem einzigen Schritt.

Was hält Sie zurück?

Es ist eine erwiesene Tatsache, daß man die größte und stärkste Lokomotive der Welt mit einem kleinen Stück Holz aufhalten kann. Wenn man das Holz vor eines der acht Antriebsräder legt, bewegt sie sich keinen Millimeter vom Fleck. Und doch kann die gleiche Lokomotive unter Volldampf eine eineinhalb Meter dicke Stahlbetonmauer durchbrechen! Und das können auch wir, wenn wir Handeln zu unserer Gewohnheit machen. Das nächste Beispiel von William Moulton Marsten stammt zwar aus der Welt des Sportes, läßt sich aber bestimmt für uns auf die Geschäftswelt übertragen.

Den Ball treffen

Ich fragte Babe Ruth nach dem aufregendsten Augenblick seiner Karriere als Baseballspieler, und er meinte, das sei beim dritten Spiel seiner letzten World Series in Chicago gewesen. Er hatte zwei Fehlschläge zu verzeichnen gehabt, und das Publikum begann ihn auszubuhen. Babes Wunsch zu siegen wurde immer stärker, und so entschloß er sich zur Tat. Er deutete auf einen Punkt weit außerhalb des Feldes und schrie den tobenden Fans zu: »Dorthin werde ich den Ball schlagen, für euch!«

Babe schmetterte den nächsten Ball genau auf jenen Punkt. Er konnte um das ganze Feld bis zur Basis zurücklaufen. Einen weiteren Schlag hatte man auf diesem Feld zuvor noch nie erlebt. Ich fragte ihn, woran er gedacht habe, als der Ball geworfen wurde. »Woran sollte ich schon denken?« knurrte er. »Woran ich immer denke – nur den Ball treffen!«

Das ist der wahre Meister, der Mann, der seine Aufmerksamkeit immer auf sein jetziges Tun konzentriert und der auf jede Krise oder jeden Wunsch mit allem, was in ihm steckt, anspricht. Als es um den Ausgang der World Series und um die Verlängerung seines Vertrages für die folgende Saison ging, dachte Babe nur daran, den Ball zu treffen. Und weil er mehr gewinnen wollte als je zuvor, traf er den Ball mit aller Kraft.

Wenn Sie sich das nächste Mal in einer Klemme befinden, wenn Sie eine Reihe von Fehlern gemacht haben und alles von Ihrem nächsten Zug abhängt, vergessen Sie die Vergangenheit und die Zukunft. Denken Sie an Babe Ruth, und konzentrieren Sie sich nur auf eines – den Ball treffen.

Lassen Sie sich gehen – stecken Sie alles hinter den Wunsch, zu siegen, bevor die Krise vorbei ist. Es wird die beste Leistung sein, die Sie je erbracht haben, weil besonders viel Dampf dahinter steckt. Jede Krise bietet ihnen die ersehnte zusätzliche Kraft.

Persönliche Überzeugung: positives Denken und positiver Glaube

Wenn wir sagen, wir seien Leute der Tat, wissen wir auch, daß Taten Mut erfordern. Gerhard Gschwandtner aus Fredericksburg, Virginia, publiziert eine hervorragende Verkaufszeitschrift, *Personal Selling Power*, die ich nur bestens empfehlen kann. Was mir darin besonders gefällt, sind die Interviews mit Leuten, die auf Taten aus sind. Letzthin wurde Mo Siegel interviewt. Mo Siegel ist der Gründer und frühere Besitzer von Celestial Seasonings; dieses Unternehmen handelt mit Kräutertee und eroberte sich auf dem viele Millionen Dollar schweren Teemarkt einen tüchtigen Anteil. Mo baute seine Organisation auf einer Art Wertsystem auf, das er mit den vier Beinen eines Stuhls verglich. Das erste Bein war die *Liebe zum Produkt*. Mo Siegel umgab sich mit Leuten, die Kräutertee wirklich liebten und an seinen Wert für ihre Kunden glaubten. Das zweite Bein war die *Liebe zum Kunden* (im Fall von Celestial Seasonings waren dies die Verteiler). Bei Entscheidungen bezüglich der Teequalität stand der Kunde im Vordergrund. Das dritte Bein war die *Liebe zur Kunst und zu Schönheit*; sie veranlaßte Mo Siegel, eines der liebevollsten (und teuersten) Verpackungsprogramme im Einzelhandel zu entwickeln. Das vierte Bein schließlich war die *Würde des Menschen*. Celestial Seasonings behandelte jedermann (auch die Angestellten) mit der Würde, die jedes menschliche Wesen verdient. Jedesmal, wenn innerhalb des Unternehmens eine ernsthafte Frage auftauchte, meinte Mo Siegel, die Lösung liege in den Antworten auf zwei weitere Fragen: 1. Ist der Kunde zufrieden? 2. Machen wir wirklich das bestmögliche Produkt?

Die Antwort auf diese zweite Frage veranlaßte ihn, »Blindtests« durchzuführen, in denen sein Produkt die andern Sorten von Schwarz- oder Nicht-Kräutertees, die den Löwenanteil am Markt hatten, regelmäßig übertraf. Trotz überwältigender Beweise, daß Celestial Seasonings bessere Produkte hatte, weigerte sich Mo Siegel, dies in seinen Werbekampagnen auszunützen. Seinen persönlichen Überzeugungen folgend, verbrauchte er Zeit und Geld lieber damit, die Kundschaft besser zu bedienen. Er sagte: »Ich beschloß, ich wolle kein Vermögen verdienen, indem ich über irgend jemanden Schlechtes erzähle!«

In einer Zeit, in der die Werbung genau in diese Richtung geht, erforderte Mo Siegels Entscheidung einiges an Mut und Integrität. Er sagte weiter: »Ein Unternehmen hält die Werte hoch, für die es seine Zeit und sein Geld einsetzt.« Er selbst hält offensichtlich Integrität hoch. Der Grund, weshalb sein Unternehmen so rasch aufblühte, lag nach Mos eigenen Worten im großen Wert, den er auf Ausbildung legte. Er war der Auffassung, Manager müßten mindestens dreißig Stunden im Jahr auf Weiterbildung verwenden, Verkaufspersonal sogar noch mehr. Ich bin durchaus mit ihm einverstanden, daß Aus- und Weiterbildung ungeheuer wichtig ist, weil sie aus einem »positiven Denker« einen »positiv Glaubenden« macht.

Und das ist der Unterschied: Positives Denken ist die – nicht unbedingt auf Tatsachen beruhende – optimistische Hoffnung, daß man Berge versetzen oder andere unglaubliche Leistungen erbringen kann. Ich habe erlebt, wie positives Denken und positive Denker wahrlich Unglaubliches vollbracht haben. Ich habe aber auch erlebt, wie Menschen in ernsthafte Schwierigkeiten gerieten, weil sie *nur* positives Denken und Enthusiasmus vorzuweisen hatten. Sie hatten keine Grundlagen, keine Fertigkeiten, keine Ausbildung. Folglich ließen sie sich von ihrer Begeisterung mitreißen und gerieten prompt in große Schwierigkeiten. (Jemand hat einmal gesagt, positives Denken und Begeisterung könne man mit einem Lauf in der Nacht vergleichen – man komme unter Umständen ans Ziel, möglicherweise unterwegs aber auch ums Leben!) Fügen Sie zum positiven Denken und zur Begeisterung noch Ausbildung hinzu, und Ihr Weg an die Spitze wird hell beleuchtet sein – das heißt, Sie werden lebend oben ankommen.

Positiver Glaube ist die gleiche optimistische Hoffnung wie positives Denken, nur darf man jetzt aus guten Gründen glauben, daß man Berge versetzen oder andere scheinbar unmögliche Dinge möglich machen kann. Ich habe erlebt, daß positiv Glaubende weit mehr geleistet haben als positiv Denkende. Positiv Glaubende besitzen noch mehr Enthusiasmus als positiv Denkende, weil ihr Enthusiasmus auf soliden Grundlagen beruht, und das schenkt ihnen Motivation auf lange Sicht, auch wenn im Augenblick nicht alles zum besten bestellt ist.

Ein gutes Ausbildungsprogramm – und davon sprach Mo Siegel offensichtlich – gibt den Angestellten seiner Firma handfeste Gründe zum Glauben, sie könnten in ihrem Leben sehr viel erreichen. Sie glauben an ihre Firma, sie glauben an ihr Produkt, und dank der Ausbildung glauben sie auch an ihre Fähigkeit, diesen Glauben auf andere zu übertragen, die dann ihrerseits handeln bzw. kaufen.

Ich füge noch ein weiteres, einfaches Beispiel für den Unterschied zwischen positivem Denken und positivem Glauben an. Wenn Sie ein positiver Denker sind, könnten Sie sich wahrscheinlich vorstellen, noch heute nach Frankreich auszuwandern und Ihr Produkt dort erfolgreich an den Mann zu bringen. Wenn Ihr Produkt so hervorragend ist, daß Sie es nur in großen Städten an erfolgreiche Geschäftsleute verkaufen, stünden die Chancen vermutlich nicht schlecht für Sie, denn die meisten Leute sprechen wohl eine zweite Sprache – vielleicht sogar Deutsch –, und so wäre die Kommunikation gewährleistet. Wenn Sie Ihr Produkt aber eher in ländlichen Gegenden absetzen, könnten Ihre Kunden vermutlich nur französisch sprechen. Wenn Sie nun an Fähigkeiten nur »positives Denken« vorzuweisen haben, dürften Sie ernsthafte Probleme haben, Ihren potentiellen Kunden die Vorteile Ihres Produktes klarzumachen. Ein positiv Glaubender hingegen wäre einer, der Französisch kann und auch einigermaßen Bescheid weiß über die Kultur und Mentalität der Franzosen. Wenn Sie also die betreffende Sprache lernen, sich mit der Kultur vertraut machen und sich gründlich auf die Situationen vorbereiten, mit denen Sie es im ländlichen Frankreich zu tun bekommen werden, sind Ihre Erfolgsaussichten mit einem Schlag entscheidend gestiegen.

Positives Denken ist immer wichtig, und Sie werden damit bestimmt mehr erreichen als mit negativem Denken – mit positivem Glauben werden Sie aber unendlich viel mehr erreichen als mit positivem Denken allein. Und deshalb zeigen wir Ihnen in *Spitzenleistungen* so viele Schritte, Verfahren und Verhaltensweisen, damit Sie als Manager mehr und mehr in den Bereich des positiven Glaubens vorstoßen.

(K)ein sehr »zügiges« Erlebnis

In den Monaten April und Mai 1985 mußte die Zig Ziglar Corporation ihren Hauptsitz verlegen. Unser altes Bürogebäude war zu klein geworden, weil aus fünfzehn Angestellten im Verlaufe von fünf Jahren mehr als sechzig geworden waren. Nun werden Sie sich vielleicht schon fragen, weshalb der Umzug einer Firma mit weniger als hundert Angestellten denn volle zwei Monate in Anspruch genommen habe. Ehrlich gesagt, hatte ich mir diese Frage auch gestellt!

Bedingt durch Umstände, die außerhalb unseres Einflusses lagen, mußten wir unsere Lokalitäten, die uns gehört hatten, aber verkauft worden waren, bis am 31. März räumen. Unser neues Gebäude war aber erst am 15. Mai bezugsbereit. Nun war es natürlich alles andere als ideal, ein Geschäft sechs bis acht Wochen lang ohne die entsprechenden Räumlichkeiten führen zu müssen. In dieser Zeit hätten sich sehr gut Unmut und Unlust unter unseren Angestellten breitmachen können. Dank der hervorragenden Führungsarbeit von Ron Ezinga und Den Roossien, Präsident bzw. Vizepräsident der ZZC, und unserer Abteilungsleiter wurden diese zwei Monate aber zu den erfolgreichsten bis zu jenem Zeitpunkt. Fast alle Angestellten arbeiteten von zu Hause aus; nur ein paar wenige Leute betreuten den Computer und erledigten die Aufträge von einem Büro aus, das wir im alten Haus noch behalten hatten; und ein wahrhaft tapferes Team besetzte die Telefone in unserem neuen Bürogebäude. »Tapfer« deshalb, weil sie in einem kleinen, vielleicht drei mal vier Meter messenden Zimmer arbeiten mußten, das später als Lagerraum dienen sollte. Und am Anfang gab es dort drin weder elektrisches Licht noch Heizung.

Ungefähr eine Woche lang bedienten unsere tapferen Ladies die Telefone im spärlichen Licht, das durch die offenstehende Tür einfallen konnte. Sie hüllten sich in Dekken, um sich gegen die Kälte zu schützen. Nach einer Woche wurden dann wenigstens die Stromleitungen installiert; so konnten sie die Tür schließen und es sich mit kleinen elektrischen Öfen ein bißchen bequemer machen. Aber *nie* hörte ich jemand von diesen Leuten (die sich übrigens freiwillig für diesen Telefondienst gemeldet hatten) klagen oder murren. Sie bedienten die Telefone und koordinierten die Aktivitäten zwischen zwei Bürolokalitäten und fünfundvierzig oder fünfzig privaten Arbeitsstätten.

Jeder einzelne in unserer Firma *mußte* mitmachen, wenn das Räderwerk weiterlaufen sollte, und die meisten von uns wären wohl schon mehr als zufrieden gewesen, wenn wir in der Zeit keine allzu großen Verluste gemacht hätten. Aber ich bin stolz darauf, Ihnen sagen zu können, daß unser »People Building Team« wie Pech und Schwefel zusammenhielt, um zu beweisen, daß sie »Produkte unseres Produktes« waren, und so machten sie aus einem durchaus denkbaren Verlust einen gewinnbringenden Sieg!

Das »Team«-Konzept

Gute Management-Bücher widmen dem Team-Konzept fast immer sehr viel Raum. Auch in der Zig Ziglar Corporation glauben wir an dieses Konzept. Im Grunde genommen funktioniert jede Einheit als Team und wird auch so bezeichnet. Unser Organigramm sieht wie folgt aus:

Die meisten Leute würden wohl sagen, unser Dreieck stehe auf dem Kopf. Nachdem Sie in unserem Buch aber

Der Kunde: Letztlich bezahlt der Kunde den Lohn jedes einzelnen Mitarbeiters. Dank ihm sind wir noch im Geschäft, also gehört er an die Spitze unseres Diagramms.

People Building Team: Mit diesem Namen bezeichnen wir unsern Stab. Er arbeitet für den Kunden.

Leadership Team: Damit bezeichnen wir unsere Abteilungsleiter. Ihre Aufgabe ist es, das Unternehmen zu führen und in die richtige Richtung zu dirigieren. Sie arbeiten für das People Building Team.

Development Team: Diesen Namen geben wir unseren juristischen Mitarbeitern. Sie führen nicht nur die betreffenden Abteilungen des Unternehmens, sondern sind auch für die langfristige Planung und Entwicklung verantwortlich. Sie arbeiten für das Leadership Team.

Zig Ziglar: Das ist mein Name. Mein Titel lautet Aufsichtsratsvorsitzender. Meine Aufgabe ist es, zu sprechen und zu schreiben und unserer Organisation »Ziel« und »Richtung« zu verleihen. Ich arbeite für all diese Leute.

schon so weit gekommen sind, verstehen Sie wohl, daß ein Unternehmen sein volles Potential auf diese Art am besten ausschöpfen kann. Bei einer der letzten Sitzungen des People Building Teams besprachen wir auch den folgenden Artikel, den ich hier in voller Länge wiedergeben möchte, da er meiner Meinung nach dieses Team-Konzept ganz ausgezeichnet zusammenfaßt:

»Gehören Sie auch zum Team?«

Die meisten von uns arbeiten in Abteilungen als Teil einer ganzen Gruppe von Leuten, die das Team unserer Firma bilden. Bietet unsere Firma eine gute Dienstleistung oder ein gutes Produkt an, gibt es andere, mit denen die Ehre geteilt wird. Ist das Produkt schlecht, gibt es Leute, denen man die Schuld zuschiebt. Wenn wir aber glauben, daß eine Kette nur so stark ist wie ihr schwächstes Glied, wissen wir, daß die Leistung unserer Firma nur so gut ist wie unsere Leistung.

Jeder von uns wählt die Rolle, die er in diesem Team spielen will. Wir treten ihm entweder als aktives und engagiertes Mitglied bei, oder wir schauen von der Seitenlinie aus zu. Wenn wir dem Team beitreten, können wir unsere Arbeit besser und sicherer erledigen, und das verschafft uns Befriedigung. Wir haben die Wahl. Und dies sind die Einstellungen, die uns von der Seitenlinie weg ins Team hineinbringen.

Hier kommt's auf mich an. Ich weiß, was ich tue, trage dazu bei, daß alles in meinem Büro glatt läuft. Die Bemühungen, die ich in meine Arbeit stecke, zeigen sich in der Qualität der Dienstleistungen, die mein Büro erbringt, und in den Einnahmen meiner Firma.

Ich bin ein Teil dessen, was Außenstehende sehen, wenn sie meine Firma beurteilen. Mit jedem Brief, jedem Telefongespräch und jedem persönlichen Kontakt sage ich etwas über das Kaliber der Leistungen aus, die wir anbieten. Im Laufe eines Jahres stelle ich Hunderte von wertvollen Geschäftskontakten her.

Wie ich mich an einem bestimmten Tag fühle, wirkt sich auf die Leute aus, mit denen ich zusammenarbeite. Ich weiß, wenn ich echte Begeisterung mitbringe, trage ich etwas dazu bei, was mir nur wenige andere gleichtun können.

Ich übernehme die Verantwortung für das, was mir Sorgen bereitet. Wenn mir eine Situation bei der Arbeit Sorgen macht, betrachte ich sie als mein Problem. Ob es um ein Verfahren geht, das nicht funktioniert, um eine Ungerechtigkeit oder einen Mitarbeiter, mit dem ich Schwierigkeiten habe – ich tue alles, um die Situation zu ändern. Manchmal braucht es Geduld. Und in den meisten Fällen muß ich wissen, ob es an der Zeit ist, zu sprechen oder zu schweigen, und wie ich meine Überzeugungskraft vernünftig einsetzen kann.

Wenn ich eine Situation nicht ändern kann, prüfe ich, wie ich die Auswirkungen auf mich mildern kann. Und vor allen Dingen vergesse ich nicht, daß *ich* es war, der hier arbeiten wollte, und deshalb gebe ich mein Bestes, solange ich hier bin.

Ich zeige Interesse für meine Firma. Ich weiß, daß eine Organisation größer ist als die Summe ihrer Teile; sie hat ein eigenes Leben und eine eigene Persönlichkeit. Es interessiert mich, wie die Organisation zu dem geworden ist, was sie heute ist, und wie die Leute mit ihr gewachsen sind.

Meine Kenntnisse über die Funktionsweise meiner Firma helfen mir nicht nur bei meiner Arbeit, sondern machen die Arbeit auch interessanter. Es ist das, was mich unter anderem zu einem wertvollen Mitarbeiter macht, und es hilft mir, die Ziele für meine eigene Karriere abzustecken und meine Zukunft zu planen.

Ich versuche, die großen Zusammenhänge zu sehen, über meine besonderen Aufgaben hinauszudenken an die Produkte oder Dienstleistungen, die ich meinen Kunden bieten möchte. Weil mich interessiert, was unsern Erfolg ausmacht, achte ich auch darauf, was in der Geschäftswelt, in der Politik oder im technischen Bereich irgendwie Einfluß auf uns haben könnte.

Ich bin stolz darauf, ein starkes und zuverlässiges Mitglied im Team meiner Firma zu sein. Ich weiß, daß *mein* Erfolg, aber auch der Erfolg meiner Firma davon abhängt.

Handeln ist also der letzte Teil unserer Formel. Bewußtsein und Analyse tragen erst durch Taten Früchte. Spitzenleistungen als Mensch oder Manager hängen von allen dreien ab. Wenn Sie nach den Konzepten handeln, die wir in diesem Kapitel besprochen haben, und sich ganz bewußt dazu entschließen, zum Team zu gehören, werden Sie noch bessere Spitzenleistungen erbringen.

Leistungsprinzipien

1. Mehr Menschen arbeiten sich mit Taten ins Denken vor, als sich in ihre Taten hineinzudenken.

2. Logik vermag keine Gefühle zu ändern, Taten aber wohl.

3. Oft kommen zuerst die Taten, dann die Gefühle.

4. Wenn Sie das Gefühl haben, die ersten drei Prinzipien klängen sehr ähnlich: Ich gratuliere – Sie machen Fortschritte!

16

Es braucht Zeit

Es kann ohne tiefes Empfinden für den Wert der Zeit
keine beständige Industrie geben.

Lydia H. Sigourney

Leider sind allzu viele leitende Angestellte so in ihre Laufbahn vertieft und auf ihre Ziele ausgerichtet, daß sie die
Perspektive und das Gleichgewicht in bezug auf ihr persönliches, ihr Familien- und Gesellschaftsleben vollkommen verlieren. Dieses Kapitel, das ich für das wichtigste im
ganzen Buch halte, soll Sie ermutigen, nicht nur in Ihrem
Beruf, sondern auch in Ihrem persönlichen, familiären und
gesellschaftlichen Leben Spitzenleistungen anzustreben.
Wenn Sie ein ausgeglichenes persönliches Familien- und
Gesellschaftsleben führen, wird sich interessanterweise auf
lange Sicht auch in Ihrem Berufsleben Erfolg einstellen. Ja,
ich weiß, was Sie jetzt denken: *Aber Ziglar, der Tag hat ja
nur vierundzwanzig Stunden!* Ja, ich weiß, es braucht Zeit,
und dies ist ja schließlich auch die Überschrift über diesem
Kapitel. Also, worauf wollen wir noch warten?

Nehmen Sie sich Zeit für den Anfang

Es ist durchaus wahrscheinlich, daß auch Sie dieser Gewohnheit verfallen sind, am Morgen möglichst lange liegenzubleiben und dann, wenn diese »Uhr der günstigen Gelegenheit« läutet, aus dem Bett zu springen und das übliche morgendliche Prozedere abzuspulen.

Wir stehen in der Regel dreißig Minuten zu spät auf, setzen dann die Kaffeemaschine in Betrieb, drehen das Radio an und verschwinden im Badezimmer, um zu duschen, uns zu rasieren oder um das Make-up aufzulegen. Dann wecken wir in aller Eile die Kinder, holen sie aus dem Bett und treiben sie an mit den Worten: »Macht doch bitte schneller, wir werden zu spät kommen!« Normalerweise braucht es aber zwei Besuche bei den Kindern, um sie richtig zu wecken, und der zweite ist meist schon ziemlich unangenehm. Die Kinder sind noch schlaftrunken und bewegen sich nur langsam. Wenn wir sie einigermaßen angezogen haben, stellen wir ihnen einen Teller zuckerhaltige und nährstoffarme Cornflakes vor die Nase, ermahnen sie nochmals zur Eile, während wir unseren Kaffee schlürfen und ein Stück Toast oder sonst etwas vollkommen Ungeeignetes herunterschlingen.

Wir ziehen uns eiligst an, stellen das Geschirr in die Spülmaschine, vergewissern uns, daß die Katze ihr Futter gehabt hat und nun im Freien ist, treiben die Kinder zusammen, rasen in die Garage, fädeln uns in die kleinste Verkehrslücke ein – in der Regel schweigend oder bei gewissen Gelegenheiten sehr laut – und schimpfen über all die Leute, die uns daran hindern, unser Ziel so schnell wie möglich zu erreichen. Wir lassen die Kinder bei der Schule aussteigen, rasen wie ein Irrwisch ins Büro, wo wir uns den ganzen Tag lang in einer ähnlich hektischen Umgebung aufhalten.

Kurz: Es ist ein schwerer Fehler, den Tag auf diese Weise zu beginnen. Denn wie Sie Ihren Tag anfangen, bestimmt oft, wie er sich weiterentwickeln wird, und spielt somit auch eine Rolle bei der Frage, *wie viele* Tage Sie haben werden.

Ich beschwöre Sie deshalb, Ihren Tag auf organisierte, aber angenehme und entspannte Art zu beginnen. Sie sollten eines von drei Dingen tun, und für alle drei müssen Sie früher aufstehen.

Eine Möglichkeit ist es, den Tag sehr ruhig auf zwei Arten anzufangen. Suchen Sie sich dazu eine stille Ecke aus, zum Beispiel ein Büro, eine Bibliothek oder ein anderes Zimmer, wo Sie weg vom Lärm sind. Als Manager in Ihrem Unternehmen sollten Sie den Tag erfrischt angehen und auf die Ereignisse des Tages vorbereitet sein. Aus eigener Erfahrung kann ich Ihnen verraten, daß mein Tag viel besser läuft, wenn ich früher aufstehe und mir diese Zeit der Stille gönne. Der folgende Ausschnitt aus einem Artikel von Eugene Peterson aus *Christianity Today* vom 5. November 1985 rückt dies ins richtige Licht:

In Herman Melvilles *Moby Dick* gibt es eine wilde, turbulente Szene, in der ein Walfangboot in stürmischer See hinter Moby Dick, dem weißen Wal, herjagt. Die Matrosen rudern aus Leibeskräften, die Muskeln gespannt, die ganze Aufmerksamkeit und Energie auf ihre Aufgabe konzentriert. Der kosmische Konflikt zwischen Gut und Böse ist ausgebrochen: die aufgebrachte See und das dämonische Monstrum gegen den wütenden und rachsüchtigen Mann, Kapitän Ahab.

Ein einziger Mann im Boot tut nichts. Er hält kein Ruder, er schwitzt nicht, er schreit nicht. Er hält sich zurück. Es ist der Harpunier, ruhig und ausgeglichen, abwartend. Und dann dieser Satz: »Um die Lanze möglichst wirksam einzusetzen, müssen die Harpuniere dieser Welt ausgeruht, nicht abgerackert sein, wenn sie dann aufspringen.«

Im Geschäftsleben besteht wohl keine Gefahr für Leib und Leben, und es ist uns wohl auch nicht nach physischen Ausbrüchen zumute, doch haben wir es mit andern »Gelegenheiten« zu tun, die psychisch und physisch anstrengen. Wenn wir uns diesen Gelegenheiten nach einer Zeit der Erholung und Ruhe stellen, kann dies für unsere Effizienz einen entscheidenden Unterschied ausmachen.

Am liebsten beginne ich den Tag in meinem Büro zu Hause, wenn – vor allem an kalten Tagen – das Feuer im Kamin flackert. Manchmal sitze ich ruhig da, denke ein Projekt oder den Terminkalender noch einmal durch, überlege, wie ich eine »Gelegenheit« am besten anpacke, lese in der Bibel oder gebe mich inspirierenden Gedanken hin. Die ersten paar Minuten sind die schwierigsten. Die Versuchung, aufzustehen und etwas zu tun, ist manchmal beinahe überwältigend, aber ich versichere Ihnen, wenn Sie ruhig dasitzen, werden sich ein paar sehr inspirierende und kreative Gedanken festgesetzt haben, wenn Sie dann aufstehen.

Sie können auch – ganz ohne Unterlagen – den einen oder anderen Fall noch einmal durchdenken. Vielleicht gibt es ein Problem oder ein Rätsel, das sie noch nicht gelöst haben. Wenn Sie dasitzen (meistens noch nicht ganz wach), befinden Sie sich immer noch in der Alpha-Phase

Ihres Bewußtseins, und in dieser Phase erreicht Ihre Kreativität ihr absolutes Maximum. Also eine herrliche und äußerst produktive Art, Ihren Tag zu beginnen!

Die zweite Möglichkeit, die allerdings ebenfalls bedingt, daß Sie etwas früher aufstehen, besteht darin, sich irgendeiner inspirierenden Lektüre zu widmen oder sich Musik anzuhören, die Sie motiviert. Lesen und Zuhören sind ausgezeichnete Varianten, um sich auf den Tag vorzubereiten. Psychologen behaupten sogar, die erste Begegnung wirke sich viel unmittelbarer auf Ihre Einstellung für den betreffenden Tag aus als die nächsten fünf Begegnungen. Damit meine ich natürlich nicht Begegnung im Sinne nur einer Begrüßung, sondern eine bedeutsamere Begegnung, bei der man eine gewisse Zeit mit einem andern Menschen verbringt. Wenn Sie sich also am Morgen fünfzehn bis dreißig Minuten für eine »Begegnung« mit einem Menschen Ihrer Wahl reservieren, sich inspirierende Aufnahmen anhören oder sich in ein ebensolches Buch vertiefen, haben Sie sich ganz bewußt dazu entschieden, den Tag mit einem Menschen zu beginnen, der Sie inspiriert und anregt. Und nach einem solchen Start ist es viel leichter, in Bewegung zu bleiben.

Die dritte und ebenfalls sehr wirksame Möglichkeit, den Tag zu beginnen, ist körperliche Ertüchtigung. Ich werde Ihnen später in diesem Kapitel noch die Gründe für ein sportliches Ertüchtigungsprogramm darlegen; für den Augenblick genügt es zu sagen, daß man den Tag kaum schöner beginnen kann als mit irgendeiner sportlichen Aktivität, sei dies nun Gymnastik, Schwimmen, Radfahren oder Joggen. Ein gutes Programm bringt aber auf jeden Fall den Körper so in Schwung, daß Sie Ihren Tag mit einem fliegenden Start in Angriff nehmen können.

Ich bin fest überzeugt, daß Ihr Tag wesentlich produktiver sein wird, wenn Sie ihn auf eine dieser drei Arten beginnen und erst dann die andern Mitglieder Ihrer Familie wecken. Ihr Partner wird dies ganz besonders schätzen, und Sie können einiges zu seiner guten Laune beitragen, wenn Sie ihn mit einer guten Tasse Kaffee (oder noch besser Kräutertee) wecken und ihm noch ein paar Minuten Zeit lassen, ebenfalls den neuen Tag zu begrüßen. Wecken Sie dann gemächlich und liebevoll die Kinder, und während ein Teammitglied sich um das Frühstück kümmert, hilft das andere den Kindern, sich für die Schule fertigzumachen.

Da das Frühstück physisch und psychisch ein sehr wichtiger Teil des Tages ist, sollten Mann und Frau (und natürlich auch die Kinder, sofern Kinder da sind) sich hinsetzen und gemeinsam in aller Ruhe ein gesundes und nahrhaftes Frühstück genießen. Dies wird insgesamt einen wesentlichen Einfluß auf Ihre Einstellung und Ihr körperliches Wohlbefinden ausüben – ganz zu schweigen von dem, was es den Kindern und Ihrem Partner bringen wird. Das Familienleben wird sich viel harmonischer gestalten.

Eines zeichnet sich nämlich immer deutlicher ab: Wenn in der Familie Harmonie herrscht, kann der Manager seine Effizienz bei der Arbeit wesentlich steigern. Es ist auch bekannt, daß ein gutes, nahrhaftes Frühstück den Menschen für den ganzen Tag leistungsfähiger und effizienter macht. Ein gemeinsames Frühstück stärkt Bande zwischen den Familienmitgliedern, die auf keine andere Art zustande gebracht werden können. Sie sind äußerst wirksam. Also noch einmal: Nehmen Sie sich Zeit für den Anfang!

Nehmen Sie sich Zeit zum Wachsen

Wir haben schon im ganzen Buch betont, wie wichtig persönliches Wachstum für einen durchschlagenden Erfolg im Beruf ist. Wir kennen alle die Geschichte von jenem Holzfäller, dessen Produktivität rapid zurückging, weil er sich keine Zeit nahm, seine Axt zu schärfen. Alle Spitzenunternehmen haben Ausbildung und persönliches Wachstum zu ihren wichtigsten Firmenzielen gemacht. Auch *Sie* müssen sich Zeit zum Wachsen nehmen.

Dazu gibt es natürlich wieder zahlreiche Möglichkeiten, aber eine der besten ist zweifellos die Benützung des Kassettengerätes in Ihrem Auto. Es gibt buchstäblich Tausende von Stunden von Material, von dem Sie auf dem Weg zum und vom Büro unendlich viel profitieren können. Von chinesischer Kunst bis zu Fremdsprachen können Sie da alles lernen. Sie können lernen, wie man Ziele setzt oder zum Verkaufserfolg kommt. Sie können lernen, wie man im Immobiliengeschäft investiert oder wie man bei seinen Steuern sparen kann.

Überlegen Sie es sich. Wenn Sie die Zeit in Ihrem Auto nützen, können Sie sich auf einem Gebiet Ihrer Wahl oder gar auf mehreren sehr gute – vielleicht sogar meisterhafte – Kenntnisse aneignen. Und dies verleiht Ihnen eine ungeheure Sicherheit, ganz egal, was mit Ihrer Firma oder mit den Beziehungen zu Ihrer Firma passiert. Und es gibt wohl kaum eine schnellere, leichtere und »schmerzlosere« Art, sich Wissen und Kenntnisse anzueignen.

Aber auch Bücher können ihr Teil zu Ihrem Wachstum beitragen. In den Buchhandlungen gibt es heute eine ungeheure Auswahl an Titeln, die sich mit praktisch jedem Thema im Zusammenhang mit Ihrem Beruf, aber auch im

Zusammenhang mit zwischenmenschlichen Beziehungen beschäftigen. Auch Ihre Gemeinde- oder Stadtbibliothek bietet eine große Auswahl, falls Sie keine Bücher kaufen wollen. Ich bin aber persönlich davon überzeugt, daß Sie sich als Manager und Führer von Menschen selbst eine gute und umfassende Bibliothek zulegen sollten. Ich möchte mich da nicht auf Zahlenspielereien einlassen, aber der Wert meiner eigenen Bibliothek beläuft sich bestimmt auf mehrere tausend Dollar.

Ich möchte Ihnen an dieser Stelle ein paar Vorschläge machen, wie Sie Ihre Bücher lesen und benützen sollten. Zunächst – und das klingt vielleicht egoistisch – sollten Sie zu Ihren Büchern Sorge tragen, d.h. sie bei sich behalten oder anderen Leuten nur erlauben, sie in Ihrer Bibliothek zu lesen. In den meisten Fällen würde ich Ihnen empfehlen, nein zu sagen, wenn jemand ein Buch von Ihnen ausleihen will. (Ich weiß, daß Leute ausgeliehene Bücher oft nicht zurückgeben. In meiner eigenen Bibliothek stehen zum Beispiel mehrere Bücher herum, von denen ich keine Ahnung habe, wie sie dahin gekommen sind!) Wenn jemand sich ein Buch nicht leisten kann, sollten Sie eines von zwei Dingen tun: Fordern Sie die Person auf, sich an die öffentlichen Bibliotheken zu wenden, oder – falls es ein Freund ist – kaufen Sie ihm das Buch. Wenn Sie sich Ihre Karriere aufbauen und Ihre Führungseigenschaften entwickeln, müssen Sie Ihre Quellen stets griffbereit haben. Auch die meisten Ärzte und Rechtsanwälte leihen ihre Bücher nie aus. Ihre Bedürfnisse sind genauso groß, und Sie sind in Ihrem Beruf genauso engagiert wie ein Arzt oder ein Anwalt.

Wenn ich ein Buch oder sonst etwas lese, habe ich immer einen Kugelschreiber in der Hand und markiere die interessantesten Stellen sehr ausgiebig. Ich unterstreiche, kreise ein, mache Notizen usw. Vorne im Buch schreibe ich die Seitenzahlen von Stellen auf, die mir besonders wichtig erscheinen und die ich eventuell später einmal brauchen kann. Dann ordne ich die Bücher nach Themen und Sachgebieten ein. Wenn ich nun Informationen über irgendein bestimmtes Thema brauche, kann ich das Buch nur aus dem Gestell nehmen und finde anhand der vorne eingetragenen Seitenzahlen sehr schnell, was ich gesucht habe.

Ich glaube, von all den Fertigkeiten, die ich mir angeeignet habe, sind Lesen und die Freude am Lesen mit die wichtigsten. Es wäre schön, wenn Sie als Manager Ihren Kindern nicht nur das Lesen, sondern auch die *Freude* am Lesen beibrächten. Und das gleiche gilt natürlich auch für Ihre Kollegen und Angestellten. Wenn Sie gute Bücher lesen und gute Aufnahmen hören, ist Ihnen eine tägliche Quelle ausgezeichneter Inspiration gewiß.

Als drittes sollten Sie die Gelegenheit benützen, an Kursen und Seminaren teilzunehmen. Es werden heute so viele Weiterbildungsmöglichkeiten angeboten, die Ihnen helfen können, Ihre Fertigkeiten zu vervollkommnen und sie so weit zu entwickeln, daß Sie auf der Erfolgs- und Glücksleiter viel schneller und besser vorankommen. Sie sollten sich im Grunde genommen jedes Jahr eine ganze Woche für Seminare, Kurse und ähnliche Veranstaltungen reservieren. Sie sollten sich überdies auch bereit erklären, berufsspezifische Seminare oder Kurse zu besuchen.

Ich sage es noch einmal: Wenn Sie in Ihrem Leben – und zwar in allen Bereichen – weiterkommen wollen, müssen Sie sich Zeit zum Wachsen nehmen. Die Frage ist nicht, ob Sie die Zeit haben oder nicht. Diese Frage stellt sich gar nicht. Sie haben keine Zeit, *nicht* zu wachsen.

Nehmen Sie sich Zeit für Ihre Gesundheit

Bei meinen Vorträgen frage ich oft, ob jemand unter den Zuhörern zufällig ein Vollblutpferd im Wert von über einer Million Dollar besitzt. Bis jetzt hat sich noch nie jemand gemeldet. Dann frage ich weiter: »Wenn Sie ein solches Pferd *hätten*, würden Sie es dann zulassen, daß es die halbe Nacht lang aufbleibt, Kaffee oder Alkohol trinkt, Zigaretten raucht und sich mit Knabberzeug vollstopft?« Ob dieser Frage bricht allgemeines Gelächter aus, denn jedermann realisiert, daß Vollblüter weder Kaffee noch Alkohol trinken noch rauchen; und allein der Gedanke, die Gesundheit eines solchen Pferdes aufs Spiel zu setzen – und damit sein Leistungsvermögen zu beeinträchtigen –, ist so lächerlich, daß sich jede Diskussion erübrigt.

Dann frage ich weiter: »Angenommen, Sie hätten einen Hund im Wert von 20 Dollar. Würden Sie ihn dann so behandeln?« Erneutes Gelächter. »Und wie wäre es mit einer 5-Dollar-Katze?« Und dann weise ich darauf hin, daß die meisten von uns ihre 5-Dollar-Katze nicht so behandeln würden, wie wir es mit unserem eigenen Körper tun, der Milliarden von Dollar wert ist. Wenn wir ein Millionen-Pferd hätten, würden wir es vermutlich im Sommer in einem Stall mit Klimaanlage und im Winter in einem Stall mit Dampfheizung halten. Wir würden den besten Tierarzt holen, damit er sich um dieses wertvolle Tier kümmert, und sogar Fachleute konsultieren, damit es auch ja richtig ernährt würde. Zusätzlich würden wir den besten Trainer der Welt engagieren. Sie können darauf zählen: Wir würden uns um unser Millionen-Vollblut kümmern, und dabei vernachlässigen wir unsere Milliarden-Dollar-Körper.

Sich um den eigenen Körper zu kümmern ist eigentlich verhältnismäßig einfach. Ich sage nicht »leicht«. Es sind da mehrere Faktoren im Spiel, aber da ich auf diesem Gebiet nicht Fachmann bin, beschränke ich mich auf ein paar Beobachtungen und verweise Sie an die Experten. Zunächst würde ich Ihnen einmal raten, sich ein Buch in der Art von Dr. Coopers *The Aerobics Program for Total Well-Being* (Das Gymnastik-Programm für totales Wohlbefinden) zu kaufen, das sich nicht nur mit körperlicher Ertüchtigung, sondern auch mit der richtigen Ernährung befaßt.

Sehr wichtig ist auch die Frage, wieviel Sie schlafen. Viele Menschen kommen sehr gut mit vier oder fünf Stunden aus. Ich selbst brauche siebeneinhalb Stunden, um meine Spitzenleistung zu erbringen. Da ich das weiß, versuche ich ganz bewußt, jede Nacht soviel Schlaf zu bekommen. Nun, eine Nacht komme ich problemlos mit viel weniger aus, und auch eine zweite Nacht überstehe ich noch einigermaßen. Nach drei aufeinanderfolgenden Nächten mit weniger Schlaf kann ich aber garantieren, daß ich am folgenden Tag alles andere als in Topform bin. Aus diesem Grund achte ich ganz besonders darauf, jede Nacht genügend Schlaf zu bekommen.

Eine zweite sehr wichtige Sache ist die körperliche Ertüchtigung. Ich selbst habe mich für Joggen entschieden – ja, ich *liebe* Joggen. Es gibt aber viele Leute, die das nicht mögen. Laut Dr. Cooper ist es einfach wichtig, daß Sie Ihre Herzfrequenz rund viermal pro Woche während zwanzig Minuten in die Höhe treiben. Schnell gehen ist eine ausgezeichnete Übung. Radfahren – ob auf dem Hometrainer oder auf der Straße – ist eine ausgezeichnete Übung. Oder gehen Sie schwimmen; es gibt Fachleute, die behaupten, Schwimmen sei überhaupt das Beste. Wieder andere bevorzugen Langlauf, Squash oder Tennis. Wichtig ist nur, daß Ihre Herzfrequenz ungefähr viermal wöchentlich während mindestens zwanzig Minuten in der Höhe bleibt. Kluge Erwachsene beginnen Ihr Ertüchtigungsprogramm mit einer Visite bei ihrem Arzt. *Bitte vergessen Sie diesen allerwichtigsten Schritt nicht.*

Man fragt mich oft: »Zig, Sie haben doch so viel zu tun, wann haben Sie denn überhaupt noch Zeit zum Joggen?« Ich erwidere oft, ich hätte so viel zu tun, daß ich gar keine Zeit hätte, *nichts* für meinen Körper zu tun. Übrigens: Wenn ich unterwegs bin und das Wetter schlecht ist, jogge ich im Gang des Hotels oder Motels, in dem ich gerade wohne, manchmal auch im Ballsaal oder in einem Sitzungszimmer. Auch in Einkaufszentren habe ich mich schon ausgiebig joggerisch betätigt. Ich bin kein Held und laufe deshalb nachts nicht durch die dunklen Straßen. Wenn es dunkel und gutes Wetter ist, ich die Gegend aber zuwenig gut kenne, jogge ich einfach auf dem Parkplatz oder in der Parkgarage des Hauses, in dem ich wohne.

Was die Zeit angeht, möchte ich folgendes sagen: Wenn Sie sich körperlich betätigen, aktivieren Sie die Hypophyse. Die Hypophyse versorgt den Körper mit Endorphinen, die über zweihundertmal potenter als Morphium sind. Das Ergebnis ist, daß Sie sich zwei bis vier oder fünf Stunden lang in einem »natürlichen chemischen Hoch« befinden. Ich habe meiner Meinung nach Zeit nie besser investiert als in meine körperliche Ertüchtigung. Eine einzige Stunde (umziehen, joggen, duschen, abkühlen usw. inbegriffen) ergibt zwei bis vier Stunden äußerster Produktivität. Die ideale Zeit ist laut Dr. Cooper der späte Nachmittag oder frühe Abend. Wenn Sie Ihre sportliche Stunde in dieser Zeit ansetzen, verlängern Sie Ihren effektiven Arbeitstag um mehrere Stunden.

Als drittes empfehle ich Ihnen, vernünftig zu essen. Damit meine ich eine ausgeglichene Kost. Ich selbst beschränke mich auf frisches Gemüse, Fisch, Huhn und Vollkorngetreide, und ich esse möglichst viel Rohkost. Man hört oft, bei einer ausgeglichenen Ernährung bekomme man gerade das für eine gute Gesundheit notwendige Minimum. Ich selbst bin nicht an einem notwendigen Minimum an Essen interessiert, sondern an einem Maximum an täglicher Leistung.

Viertens sollten Sie alle Laster aufgeben, in erster Linie natürlich das Rauchen. Neunzehn von hundert Todesfällen werden heute direkt oder indirekt auf das Rauchen zurückgeführt. Jedesmal, wenn Sie eine Zigarette anzünden, haben Sie beschlossen, vierzehn Minuten früher zu sterben. Zu sagen, daß sich ein Zigarettenraucher nicht der optimalen Gesundheit erfreut, ist wohl überflüssig.

Alkohol ist ein weiteres Element in Ihrem Leben, das in den meisten Fällen enorm viel Unheil anrichten kann. Und da möchte ich auch die sogenannten »Zufallstrinker« nicht ausschließen. Ich bin zwar kein Experte auf diesem Gebiet, aber ich habe sehr viel Elend gesehen, für das letztlich der Alkohol verantwortlich war, und ich weiß auch, daß einer von neun sogenannten »Gesellschaftstrinkern« früher oder später mit ernsthaften Alkoholproblemen rechnen muß. Zudem ist mir auch bekannt, daß Alkohol depressive Schwankungen auslösen kann und daß Leute, die Alkohol getrunken haben, nicht in gleichem Maße leistungsfähig sind wie Leute, die ohne Alkohol auskommen.

Selbstverständlich wollen Sie auch nichts mit anderen legalen oder illegalen Drogen zu tun haben. Die Beweise gegen Haschisch, Kokain, Heroin usw. sind erdrückend. Ich glaube nicht, daß jemand, der intelligent genug ist, um eine Position im Management einzunehmen, so dumm sein kann, über diese Beweise hinwegzusehen und dann bewußt mit Drogen spielt, mag es auch nur gelegentlich sein.

Bisher habe ich in meiner eigenen Laufbahn noch keinen einzigen Menschen kennengelernt, der es bewußt darauf angelegt hätte, dem Alkoholismus oder dem Drogenkonsum zu verfallen. Die Frage, die Sie sich stellen müssen, lautet: »Lohnt sich nur das geringste Risiko, mit solchen Substanzen zu experimentieren, die mich gleichzeitig persönlich, gesellschaftlich und beruflich erledigen und meine Familie zerstören können?« Nein, wenn ich sage, Sie sollen sich Zeit für Ihre Gesundheit nehmen, dann meine ich damit, ohne all die Gifte zu leben, die sich gewisse Leute in voller Absicht einverleiben.

Nehmen Sie sich Zeit zum Spielen

Die meisten dieser hochgestochenen Geschäftsleute, die ich kenne, haben sich zum Ziel gesetzt, neue Autos zu kaufen, befördert zu werden, ein dickes Bankkonto zu haben, ein eigenes Haus zu bewohnen, einen gewissen Bildungsstand zu erreichen, da möglichst viel zu leisten und sich dort selbst zu übertreffen. Sie setzen sich für alle Bereiche ihres Lebens Ziele, aber sie setzen sie oft nicht richtig, wenn es um die Zeit zum Spielen geht. Ich bin absolut davon überzeugt, daß unsere eigenen geistigen, seelischen, gesellschaftlichen und familiären Beziehungen leiden, wenn wir uns nicht die notwendige Zeit zur Erholung für uns und unsere Familie nehmen. Und wenn diese Beziehungen leiden, ist es nur eine Frage der Zeit, bis auch unsere berufliche Laufbahn leidet.

Eines der häufigsten Probleme im Topmanagement, also bei den Leuten in verantwortlicher Position, ist ein vollkommenes Ausbrennen. Dies läßt sich zumindest teilweise verhindern, indem wir uns Zeit zum Spielen nehmen. Das kann Federball, Tennis oder eine regelmäßige Runde Golf sein. Es kann Handball oder Basketball im firmeneigenen Team sein. Mein Freund Dr. James Dobson, der als christlicher Psychologe sehr viel über das Radio und durch Publikationen leistet, zählt zu den beschäftigtsten Menschen, die ich kenne. Aber er nimmt sich regelmäßig Zeit für ein Basketballspiel. Er geht mit seiner Familie skilaufen. Mit diesen Aktivitäten sorgt er für sein körperliches und familiäres Wohlbefinden.

Ich glaube, die Fähigkeit, zu entspannen und sich zu vergnügen, ist ein absolutes Muß für jedermann, der die Leiter erklimmen und dann seine Position da oben halten will.

Sie bringen frischen Wind und frische Begeisterung in alles, was Sie tun, wenn Sie Freude am Leben haben. Ich meine nicht nur Freude an Ihrer Arbeit, sondern Freude daran, daß Sie leben und daß es Ihnen gutgeht. Die nächsthöhere Sprosse in der Erfolgsleiter und Anerkennung als Führungskraft können, ja *sollten* Ihre Ziele sein. Finanzieller Erfolg und Aufstieg in der Firma sind lohnenswerte Ziele; aber sie machen Sie an und für sich nicht glücklich, wenn Sie nicht auf der ganzen Linie Spaß und Freude haben. Warum sollten Sie Ihre Freizeitbeschäftigung nicht genau gleich begeistert planen wie Ihre Arbeit? Sie verstehen mich schon richtig: Ich meine nicht, daß Sie soviel spielen wie arbeiten sollten, aber einmal pro Woche Handball, Tennis oder Golf spielen oder regelmäßig mit Ihrer Familie ins Kino, ins Theater oder sonstwohin ausgehen kann einen großen Unterschied in Ihrer Lebensqualität und in Ihren Leistungen ausmachen.

Nehmen Sie sich Zeit zur Ruhe

Wenn ich auf das nächste Thema zu sprechen komme, bereite ich meine Zuhörer immer wie folgt darauf vor: »Meine nächste Aussage wird Sie vielleicht überraschen, weil ich im allgemeinen ziemlich aus mir herausgehe. Ich bin auf der Bühne so ›laut‹, daß Sie mich kaum für einen ruhigen Menschen halten würden. Aber ich bin eigentlich von Natur aus ein sehr ruhiger Mensch.« Was immer wir auch von Natur aus sind, wir *alle* müssen uns hie und da Zeit zur Ruhe nehmen. Ich kenne niemanden, der im Leben große Ziele erreicht und sich nie Zeit für ein bißchen Ruhe genommen hätte.

Wir leben nun einmal in einer geschäftigen und lauten Welt, und es gibt Zeiten, in denen die Batterien einfach allmählich nachlassen. Dann kann kein oberflächliches Aufladen diese Batterien wieder ganz erneuern, wenn wir uns nicht die Zeit für etwas Ruhe nehmen. Ich jogge für mein Leben gern, und am liebsten jogge ich – vor allem natürlich im Sommer – so um neun Uhr abends unter einem hellen Mondhimmel. Wenn diese Bedingungen gegeben sind und ich in meiner Umgebung laufe, die mir so vertraut ist, dann scheint sich meine Energie auf unglaubliche Art zu erneuern. Meine produktivsten Einfälle kommen mir oft während des Joggens. Ja, sogar viele Gedanken für dieses Buch kamen mir, während ich am Joggen war.

Eine andere Ruhezeit, die ich ebenfalls sehr schätze, ist der frühe Morgen, wenn ich aufstehe und in mein Büro gehe. Dann habe ich oft meine kreativsten Phasen. Im Sommer gehe ich auch gern abends in meinen Swimmingpool, den wir ursprünglich für unsere Großkinder angelegt haben. Ich benütze ihn eigentlich nur sehr selten zum Schwimmen, aber spät abends paddle ich gern in die Mitte, lege mich auf den Rücken und denke einfach an gar nichts. Im Grunde genommen gehe ich hinein, weil ich mir dabei irgendwelche Ideen erhoffe, und es ist sehr selten, daß ich ohne einen neuen Gedanken oder ein neues Konzept aussteige, das für mein persönliches, berufliches oder familiäres Leben wertvoll ist.

Ich möchte Ihnen dringend empfehlen, sich Zeit für ein bißchen Ruhe zu gönnen. Es gibt Augenblicke, in denen Sie diese Zeit mit jemandem, den Sie lieben, teilen möchten – ein gemütlicher Spaziergang (nicht um der körperlichen Ertüchtigung willen) mit Sohn, Tochter oder Partner, wenn Sie nichts anderes tun müssen, als mit dieser

Person zusammenzusein. Es ist erstaunlich, wie nahe man einem Menschen bei einem solchen Spaziergang kommen kann, es ist aber auch erstaunlich, wie man Ideen weiterspinnen kann, wenn man mit einem geliebten Menschen absolut ungezwungen und entspannt über Konzepte oder Ideen spricht, die man schon lang im Kopf herumgewälzt hat. Es ist manchmal erstaunlich, wie viele neue Einsichten ein Partner vermitteln kann, wenn Sie mit ihm zum Beispiel über Ihre Firma sprechen, auch wenn er bei weitem nicht über die gleiche Erfahrung oder das gleiche Wissen wie Sie verfügt. Ehepartner haben in der Regel nicht die gleichen Vorurteile über Ihre Arbeit wie Sie, können sich also auf ein Gesamtbild konzentrieren und absolut sinnvolle und hilfreiche Einfälle haben. Die Fragen, die sie stellen, regen möglicherweise Ihr kreatives Denken an und zwingen Sie vielleicht dazu, sich ein Problem auch aus einem andern Blickwinkel anzusehen.

Nehmen Sie sich Zeit zur Ruhe. Gehen Sie ein paar Minuten durch Ihren Garten, entfernen Sie Unkraut oder bestaunen Sie ein paar Wunder der Natur, an denen wir uns erfreuen können, wenn wir uns nur die Zeit nehmen, sie überhaupt zu bemerken. Muß ich Sie daran erinnern, daß George Washington in jenen stillen, ruhigen Augenblicken in Valley Forge die Kraft fand, mit den Problemen unseres Freiheitskampfes fertig zu werden und sich um die frierenden und hungernden Soldaten zu kümmern? Muß ich Sie daran erinnern, daß Abraham Lincoln in jenen stillen, dunklen Augenblicken während des Großen Bürgerkrieges, der unsere Nation zu spalten drohte, die Kraft und die Entschlossenheit fand, die Nation wieder zu einen und dafür zu sorgen, daß sie auch geeint blieb? In stillen, ruhigen Augenblicken erschließen sich Quellen, von deren

Existenz Sie vielleicht keine Ahnung gehabt haben. Nehmen Sie sich Zeit zur Ruhe – und zum Zuhören.

Nehmen Sie sich Zeit für Ihre Lieben

Ein tragischer Mythos, der unsere Gesellschaft durchläuft, ist der Glaube, man könne nicht gleichzeitig ein harter, erfolgreicher Geschäftsmann *und* ein liebevoller, fürsorglicher Ehemann und Vater sein. Dieser Mythos wurde zum Glück vor einigen Jahren durch einen Artikel über die eine Million »gewöhnlicher« Millionäre im *U.S. News & World Report* zerstört. Darin hieß es, 80 Prozent dieser Millionäre kämen aus der mittleren und unteren Gesellschaftsschicht und ein solides Familienleben mit wenig Ablenkungen verleihe ihnen die notwendige Kraft und Ausdauer für ihr Geschäft. Die meisten von ihnen führen – oft mit ihren Freundinnen aus der Mittelschul- oder Universitätszeit – eine glückliche Ehe und »verwöhnen« ihre Frauen und Kinder (d.h., sie sind besonders nett zu ihnen). Oft hatten sie auch viel Pech gehabt. Im Alter von sechzig Jahren sind doppelt so viele Verkäufer wie Ärzte Millionäre, und weniger als 1 Prozent dieser Millionäre sind Künstler, Entertainer, Schriftsteller oder Sportler. Für mich bedeutet das eigentlich nur, daß erfolgreiche Menschen – erfolgreiche Manager inbegriffen – sehr ausgeglichen an ihr Leben herangehen. Das nächste Beispiel bestätigt diese Vermutung.

Vor einigen Jahren wollte ich dem Präsidenten eines großen Unternehmens zu seiner kurz zuvor erfolgten Beförderung gratulieren. Er begrüßte mich hocherfreut und bestand darauf, mir dort und dann zu erzählen, welche Rolle ich bei seiner Beförderung gespielt habe. Dies kam für mich vollkommen unerwartet, da ich eigentlich nur eine Minute eingeplant hatte, um ihm schnell zu gratulieren. Aber davon wollte der frischgebackene Präsident nichts wissen.

»Wissen Sie, Zig«, sagte er, »ich glaube allen Ernstes, Ihr Vortrag ›Freien nach der Hochzeit‹, den wir in unserer Video-Abteilung brauchen, hat bei meiner Beförderung eine ganz entscheidende Rolle gespielt.« Und dann erzählte er mir seine Geschichte.

»Unsere Ehe war eine wirkliche Bilderbuchehe. Wir stammten beide aus guten Familien und besuchten ausgezeichnete Schulen. Nach dem Studium heirateten wir; ich wurde Mitglied der ›richtigen‹ Clubs, und meine Frau arbeitete in den ›richtigen‹ Wohltätigkeitsorganisationen mit. Wir waren aktive Mitglieder unserer Kirche und hatten die ›richtige‹ Anzahl Kinder.« (Sie hatten zwei. Was bin ich froh, daß meine Eltern nicht auch der Ansicht waren, dies sei die ›richtige‹ Zahl, war ich selbst doch das zehnte von zwölf Kindern!)

»Ich möchte betonen, Zig, daß wir eine gute Ehe führten, aber im Laufe der Jahre war unsere Beziehung etwas ins Platonische abgeglitten. Aber als ich Sie über Ihre Jean sprechen hörte, wurde mir klar, daß Ihre Ehe noch viel aufregender ist, obwohl ich rund zwanzig Jahre jünger bin, und so beschloß ich halt herauszufinden, ob so etwas auch in meiner Ehe möglich wäre. Was mich ganz besonders faszinierte, war dieser Bericht einer deutschen Versicherungsgesellschaft, von dem Sie sprachen; danach sollen Männer, die Ihre Frau zum Abschied küssen – und ich meine *wirklich* küssen [nicht nur so brüderlich-schwesterlich] –, durchschnittlich 5,6 Jahre länger leben als Männer, die ihr Leben lang ohne diese kleine tägliche Aufmerksamkeit auskommen. [Männer, es geht um euer Leben!] Und nicht nur das, diese Männer verdienen zwanzig bis dreißig Prozent mehr.

Und da beschloß ich, meiner Frau wieder so richtig den Hof zu machen. Ich rief sie zwei- oder dreimal am Tag in einer kurzen Pause an. Ich schrieb ihr häufig ein kleines Briefchen oder eine nette Karte, oder ich brachte ihr eine einzelne Blume nach Hause. Gelegentlich gingen wir auch wieder richtig miteinander aus und verbrachten wunderschöne Abende. Ich machte ihr wieder alle Türen auf, stand auf, wenn sie vom Tisch wegging, rückte ihr den Stuhl zurecht, wenn sie sich wieder setzte – all diese kleinen Aufmerksamkeiten, die unsere Frauen so lieben. Nun, ich gebe zu, daß sich unsere Beziehung nicht von einem Tag auf den andern änderte, aber im Laufe von ein paar Wochen kam doch neuer Wind in unsere Ehe. Und nun das Verblüffende: Diese Begeisterung übertrug sich auf meinen Beruf. Ich war als Manager glücklicher und produktiver. Ich bin überzeugt, daß meine Bemühungen für die Firma festgestellt wurden und daß ich nur Präsident geworden bin, weil ich jetzt effizienter bin, wofür wiederum der frische Wind in meiner Ehe verantwortlich ist. Und deshalb möchte ich Ihnen einfach danken.«

Ich verließ sein Büro und ging eine Etage höher, um dem Verwaltungsvorsitzenden zu gratulieren, durch dessen eigene Beförderung der Präsidentenposten frei geworden war. Der Präsident meldete mich bei ihm an. Der oberste Chef begrüßte mich ebenso begeistert und bat mich, Platz zu nehmen, weil auch er mir eine Geschichte zu erzählen hatte. Er deutete auf das Telefon hinter einem Bücherschrank und sagte: »Wissen Sie, Zig, lange Zeit war ich bei jedem Läuten dieses Telefons versucht, den Hörer abzunehmen und zu fragen: ›Was haben die kleinen Ungeheuer denn jetzt schon wieder angestellt?‹ Ja, ich muß leider sagen, daß mein Sohn und meine Tochter als Teenager richtige kleine Monster waren, die mich die Wände hochtrieben. Alles, was mein Sohn aß, schien er in seinen Haarwuchs zu stecken, in seinem Zimmer herrschte das absolute Chaos, und seine Musikanlage war auf eine Entfernung von dreihundert Metern zu hören. Er war vollkommen unmotiviert, und obwohl (oder vielleicht weil?) ich ihn ständig antrieb, wurde nichts erledigt. Seine vierzehnjährige Schwester war wohl eines der respektlosesten und frechsten Kinder weit und breit. Ehrlich gesagt, manchmal wußte ich kaum mehr weiter, und ich realisierte eigentlich erst später, daß ich in jener Zeit jeden Kontakt mit ihnen tunlichst mied.

Aber etwas, was Sie in einem Ihrer Vorträge sagten, erregte meine Aufmerksamkeit. Sie sagten, von Zeit zu Zeit müßten wir alle einmal die Augen schließen und uns vorstellen, alles, was wir liebten, wäre plötzlich nicht mehr da. [Dieser Gedanke stammt von meinem Freund und Kollegen Herb True.] Und da dämmerte mir allmählich, daß ich ein gebrochener Mann wäre, wenn einem von meinen Kindern etwas zustoßen sollte, weil ich sie trotz aller Kommunikationsprobleme sehr, sehr liebte.

So griff ich eines Nachmittags aus einer Laune heraus nach dem Telefon und fragte meinen Sohn, ob er sich gern das Spiel der Detroit Tigers gegen die Texas Rangers anschauen möchte. Nachdem er sich von seinem Schock erholt hatte, rief er: ›Klar, Dad!‹ Am nächsten Tag ging ich eine Stunde früher weg, holte meinen Sohn ab und traf mit ihm eine gute Stunde zu früh im Stadion ein. Wir bekamen ausgezeichnete Plätze und kamen an jenem Abend echt ins

Feuer, auch wenn wir nicht totale Baseballfans sind. Wir lernten schnell, daß wir die Gästemannschaft auspfeifen und das Heimteam anfeuern mußten, daß es wohl angebracht war, Seh- und Urteilsvermögen des Schiedsrichters in Zweifel zu ziehen, daß unsere Jungs immer recht und die andern Jungs immer unrecht hatten. Wir futterten jede Menge Erdnüsse, tranken Unmengen Mineralwasser und verschlangen eine Menge Hot dogs. Nach dem Spiel gingen wir noch eine Kleinigkeit essen und kehrten erst weit nach ein Uhr früh nach Hause zurück.

An jenem Abend verbrachte ich mehr Zeit mit meinem Sohn als in den sechs Monaten zuvor. Nun, es änderte sich nicht alles auf einen Schlag, aber die Wand wurde mit der Zeit immer dünner, und die Kommunikationsschranke war durchbrochen. Wir begannen wieder miteinander zu sprechen und eine Beziehung aufzubauen.« Mit Tränen in den Augen fuhr er weiter: »Wissen Sie, Zig, ich mußte wieder lernen, daß mein Sohn nicht nur ein sehr heller Kopf ist, sondern daß er auch einen sehr guten Charakter hat, und ich bin überzeugt, daß er etwas aus seinem Leben machen wird. Seltsamerweise habe ich nie wieder über sein langes Haar gemeckert, und heute trägt er es ganz anständig. Ich habe nie wieder eine Bemerkung über das Chaos in seinem Zimmer gemacht, und heute würde es zwar bestimmt nicht den Anforderungen des Gesundheitsamtes an eine Restaurantküche genügen, aber wir sind zufrieden. Und was seine Musik angeht, so freuen wir uns alle darüber, daß er sie in seinem Zimmer zwar klar und deutlich hört, daß sie aber nicht mehr bis zu sämtlichen Nachbarn dringt.

Aber damit noch nicht genug, Zig. Ein paar Tage später rief ich meine vierzehnjährige Tochter an und fragte, ob sie an jenem Abend mit mir essen gehen wolle. Sie war begeistert, und ich sagte ihr, sie solle ihr hübschestes Kleid anziehen, weil ich mit ihr in eines jener Restaurants gehen würde, in denen ich auch mit meinen Kunden essen gehe. Wir saßen über drei Stunden in jenem Restaurant und ließen uns nach allen Regeln der Kunst verwöhnen. Es war ein herrlicher Abend!

Es ist fast die gleiche Geschichte wie mit meinem Sohn. Die Schranken sind gefallen. Ich mußte feststellen, daß sie ein sehr kluges Köpfchen ist und ganz klare Ziele vor Augen hat. Eines Tages wird sie eine wunderbare Ehefrau und Mutter sein, falls sie sich für ein Familienleben entscheidet, oder dann wird sie eine brillante Karriere machen, wenn sie sich für ein Berufsleben entscheidet. Und das Schönste am ganzen ist, Zig: Jeden Tag, wenn ich von zu Hause weggehe, weiß ich nun, daß ich mich nur noch intensiv auf meine Arbeit konzentrieren muß. Ich bin überzeugt, daß ich heute auf diesem Stuhl sitze, weil sich die Situation bei mir zu Hause so sehr gebessert hat. Ich kann meine ganze Energie voll auf meine Arbeit konzentrieren, wenn ich hier bin, weil ich weiß, daß zu Hause alles in Ordnung ist.«

Ist es nicht ironisch, daß diese zwei so erfolgreichen Manager, die zahllose Stunden von zu Hause weg bei ihrer Arbeit waren und andern Leuten oft gesagt hatten: »Ich tue das für meine Familie«, entdecken mußten, daß sie bei der Arbeit wesentlich effizienter waren, wenn sie ihre Familien nicht mehr vernachlässigten? Sobald ihr Familienleben wieder im Gleichgewicht war, ging es auch im Berufsleben mit ihnen aufwärts. Ich bin überzeugt, daß Sie – ob Sie nun Sportler oder Entertainer sind, eine eigene Firma haben oder für ein großes Unternehmen arbeiten – in Ihrem Beruf rascher und besser vorankommen und zufriedener sind, wenn Sie auch auf die Feuer zu Hause achten und sie angemessen nähren und unterhalten.

Ja, aber woher nehme ich die Energie?

Ich habe eine Idee, der wohl jeder Leser zumindest im Prinzip zustimmen wird: Ein gutes Familienleben wirkt sich positiv auf Ihre berufliche Laufbahn aus. Vielleicht denken Sie aber: *Ja, aber woher soll ich die Energie nehmen, um ein guter Ehemann und Vater und ein Topmanager zu sein?*

Das nächste Beispiel sollte Ihnen diese Frage wenigstens teilweise beantworten.

Wir alle sind irgendwann in unserem Leben wegen einer Person oder einer Sache motiviert. Das ist wichtig, denn Motivation schafft ja buchstäblich Energie. Wenn wir sagen, wir seien »müde«, sind wir doch in den meisten Fällen psychisch oder emotionell, nicht aber physisch erschöpft. Kurz: Unser Motivationspegel ist gesunken. Beispiel: Haben Sie schon einmal einen von »diesen« Tagen erlebt? Es begann mit einer Reifenpanne, deretwegen Sie eine wichtige Verabredung verpaßten. Ihr Bürochef meldete sich krank, und Sie mußten sich mit Unmengen von administrativem Kram herumschlagen, den Sie auf den Tod nicht ausstehen können. Die Klimaanlage funktionierte nicht richtig und ließ eine ohnehin langweilige Sitzung zur Qual werden. Und zu allem Unglück reichte auch noch Ihr produktivster Abteilungsleiter seine Kündigung ein. Alles ging also schief, und überdies spricht alles dafür, daß Sie sich auch noch eine Sommergrippe zugezogen haben. Endlich ist dieser Tag zu Ende, und *punkt*

17.00 Uhr machen Sie sich müde auf den Heimweg, um sich zu Hause ein bißchen zu erholen.

Ihre Frau begrüßt Sie lächelnd und fröhlich. Sie zeigt sich erfreut, daß Sie heute nicht länger im Büro bleiben mußten, weil »heute dieser Tag ist«. Ziemlich ungehalten fragen Sie: »Welcher Tag denn?« Ihre Frau: »Liebling, weißt du denn nicht mehr? Diesen Tag haben wir doch nun schon seit drei Wochen geplant. Wir wollen die Garage räumen.« Ihre Reaktion schwankt irgendwo zwischen Erschöpfung und Ärger, und Sie protestieren: »Nach all diesen Mühen und Plagen im Büro nun auch noch das!« Sie sind viel zu müde, und jetzt sollen Sie noch die ganze Garage ausräumen! Unverzagt antwortet die Gefährtin Ihres Lebens, sie würde Ihnen ja helfen und die ganze Sache würde ohnehin nicht länger als drei oder vier Stunden dauern.

In diesem Augenblick läutet das Telefon. Mit letzter Energie heben Sie den Hörer ans Ohr und sagen mit der Begeisterung eines Kamikaze-Piloten auf seinem dreiunddreißigsten Einsatz: »Hallo?« Am andern Ende ist Ihr alter Golfpartner mit der frohen Botschaft, daß es ihm gelungen ist, einen Platz zu buchen, und ob Sie nicht Lust hätten auf neun Löcher, bevor es dunkel wird. Und nun? Dieser so vollkommen erschöpfte, zu keinem einzigen Schritt mehr fähige Körper explodiert plötzlich vor lauter Energie! Diese todmüden Beine tragen Sie im Nu hinaus in die Garage – nicht um aufzuräumen, sondern um Ihre Eisen einzupacken und in den Country Club zu fahren. Sie sind *motiviert*!

Nun, ich will nicht sagen, daß Ihr Golfpartner Sie besser motivieren kann als Ihre Frau, aber der motivierende Anreiz, der neue Energie freigesetzt hat (Golf zu spielen), war

Ihnen wesentlich lieber als das Angebot Ihrer Frau (beim Aufräumen der Garage noch ganz zusammenzubrechen). Ihr Golfpartner war ein effizienter Manager, indem er Ihre *Energien in eine Richtung* lenkte, in der Sie ohnehin gehen wollten. Effiziente Manager richten ihre eigene Energie und die Energie ihrer Leute auf ein Ziel, das sie erreichen wollen und müssen. In diesem Buch haben Sie gelernt, wie. Nun tun Sie es.

Leistungsprinzipien

1. Nehmen Sie sich Zeit für den Anfang.

2. Nehmen Sie sich Zeit zum Wachsen.

3. Nehmen Sie sich Zeit für Ihre Gesundheit.

4. Nehmen Sie sich Zeit zum Spielen.

5. Nehmen Sie sich Zeit zur Ruhe.

6. Nehmen Sie sich Zeit für Ihre Lieben.

Epilog

Eine einzigartige Gelegenheit

Als kleiner Junge verdiente ich mir mein bißchen Taschengeld in einem Kolonialwarengeschäft. Ende der dreißiger und Anfang der vierziger Jahre waren die Dinge überall in den Staaten, auch in Yazoo City, Mississippi, ganz wesentlich anders als heute. Damals verfügten nur sehr wenige Kinder über Geld, um sich hie und da Süßigkeiten zu kaufen. Melassebonbons gehörten damals zu den ganz großen Leckereien. Die Leute kauften die Melasse im Laden und stellten die Bonbons dann zu Hause selber her. Auch in »meinem« Kolonialwarengeschäft stand ein großes Faß mit Melasse. Die Kunden brachten Töpfe oder Krüge mit, und wir füllten sie einfach aus diesem großen Faß. Von Zeit zu Zeit kamen auch die kleinen Jungen aus der Stadt in den Laden, wenn sie gerade nichts anderes zu tun hatten. Und natürlich hofften auch sie auf eine milde Gabe.

Eines Tages kam auch wieder so ein kleiner Junge ins Geschäft. Als er sich für einen Augenblick unbeobachtet glaubte, nahm er den Deckel vom Melassefaß ab, steckte einen Finger hinein und führte ihn schnell zu seinem Mund. Er leckte sich noch die Lippen, als plötzlich der

Besitzer auftauchte, ihn bei den Schultern packte, ein bißchen schüttelte und sagte: »Daß du mir das nie mehr machst, mein Sohn! Das gehört sich doch nicht, und ich dulde das nicht!«

Der kleine Junge war einigermaßen verdattert, aber ich war sicher, daß er überleben würde. Ein paar Tage später tauchte er prompt wieder auf. Er sah sich einige Minuten im Geschäft um, konnte den Besitzer nirgends entdecken, nahm den Deckel vom Faß und steckte seine Hand in die Melasse. Er wollte den Finger eben zum Mund führen, als aus heiterem Himmel der Besitzer erschien. Diesmal setzte es ein paar Klapse auf die Rückseite und die Warnung ab, sich nie mehr im Laden sehen zu lassen.

Man könnte nun annehmen, der kleine Junge hätte seine Lektion gelernt, aber ein paar Tage später hatte ihn die Lust auf Süßigkeiten offenbar erneut gepackt, und da war er wieder im Laden. Wieder war der Besitzer nirgends zu sehen, wieder nahm er vorsichtig den Deckel vom Faß, wieder steckte er den Finger in die Melasse. Sein Finger näherte sich just seinem Mund, als der Besitzer auf geheimnisvolle Weise wieder erschien. Diesmal sprach er kein Wort. Er packte den kleinen Jungen und steckte ihn einfach ins Faß. Als er langsam nach unten sank, hörte man ihn förmlich flehen: »Lieber Gott, gib mir doch eine ganz große Zunge, damit ich auch von dieser Gelegenheit profitieren kann!«

Ihre Herausforderung

Als ich meine Gedanken über Spitzenleistungen zu Papier brachte, war es mein Flehen *und* meine Absicht, Ihnen gewisse Informationen und Inspirationen zu geben, die Ihr Leben verändern sollten. Das Bedürfnis nach Information und Inspiration in unserer persönlichen und in unserer Geschäftswelt ist enorm. Die Gelegenheit, vielen Menschen zu helfen, ist großartig. Ich hoffe, daß der eine oder andere Gedanke auf fruchtbaren Boden gefallen ist, so daß Sie ihr Leben besser genießen und heute noch produktiver als gestern sein können.

Die Strafe der Führerschaft

Wer in irgendeinem Bereich menschlichen Schaffens der Erste ist, muß fortan im hellen Licht der Öffentlichkeit leben.

Ob diese Führungsrolle nun einem Menschen oder einem Produkt zukommt, Nacheiferer und Neider gibt es immer. Ob in der Kunst, in der Literatur, in der Musik oder in der Industrie: Belohnung und Bestrafung sind immer gleich. Die Belohnung besteht in allgemeiner Anerkennung, die Bestrafung in heftiger Ablehnung und Verunglimpfung.

Wenn das Werk eines Menschen zum Standard für die ganze Welt wird, wird es auch zum Ziel für die Pfeile der paar Neider. Ist sein Werk nur mittelmäßig, läßt man ihn gänzlich allein; schafft er aber ein Musterwerk, setzt es Millionen von Zungen in Bewegung. Neid richtet seine gespaltene Zunge nicht auf einen Künstler, der ein ganz gewöhnliches Bild malt.

Was immer Sie schreiben, malen, spielen, singen oder bauen, niemand wird danach streben, Sie zu übertreffen oder zu schmähen, wenn Ihr Werk nicht den Anstrich von Genie hat. Lange, lange Zeit, nachdem ein großartiges oder ein gutes Werk geschaffen worden ist, werden die Enttäuschten oder Neidischen immer noch in die Welt hinausschreien, daß dies nicht möglich sei. Boshafte kleine Zungen aus der Kunstwelt bezeichneten unseren großen Maler James Abbott Whistler noch lange, nachdem die Welt sein großes künstlerisches Genie anerkannt hatte, als Scharlatan. Scharenweise pilgerten die Menschen nach Bayreuth zu Wagners musikalischem Schrein, während die kleine Gruppe derer, die er entthront und verdrängt hatte, wütend geltend machte, er sei doch überhaupt kein Musiker. Die kleine Welt versicherte auch weiterhin, Fulton könne nie ein Dampfschiff bauen, während die große Welt an die Ufer des Flusses eilte, um sein Schiff vorbeidampfen zu sehen.

Wer führt, wird angegriffen, weil er führt, aber die Anstrengungen, es ihm gleichzutun, sind nur der zusätzliche Beweis für die Führerschaft. Wer nicht gleichtun oder übertreffen kann, macht sich daran, abzuwerten und zu zerstören – beweist damit aber nur einmal mehr die Überlegenheit dessen, was er zu zerstören sucht.

Da ist nichts Neues dran. Das ist so alt wie die Welt und so alt wie die menschlichen Leidenschaften – Neid, Angst, Gier, Ehrgeiz und der Wunsch zu übertreffen. Und es hilft alles nichts. Wenn ein Führer wirklich führt, bleibt er – der Führer. Der große Dichter, der große Maler, der große Arbeiter: Jeder wird angegriffen, aber jeder behält seine Lorbeeren, mag noch so viel Zeit vergehen. Was gut oder groß ist, wird von selbst bekannt, gleichgültig, wie laut die Stimmen der Verleumdung auch rufen.

Ja, auch Führerschaft kennt ihre Strafen. Zum Glück wird sie aber auch belohnt. Und ich hoffe – und glaube –, daß die Prinzipien von *Gemeinsam an die Spitze* Ihnen helfen werden, diese Belohnungen zu ernten.